シリーズ
地域研究のすすめ
②

ようこそアフリカ世界へ

MOROCCO
TUNISIA
ALGERIA
LIBYA
EGYPT
MAURITANIA
MALI
NIGER
CHAD
SUDAN
ERITREA
DJIBOUTI
CABO VERDE
GAMBIA
SENEGAL
BURKINA FASO
NIGERIA
CENTRAL AFRICAN REPUBLIC
SOUTH SUDAN
ETHIOPIA
GUINEA-BISSAU
GUINEA
TOGO
SOMALIA
SIERRA LEONE
LIBERIA
CÔTE D'IVOIRE
GHANA
BENIN
CAMEROON
UGANDA
KENYA
SAO TOME AND PRINCIPE
EQUATORIAL GUINEA
GABON
DEMOCRATIC REPUBLIC OF THE CONGO
RWANDA
BURUNDI
TANZANIA
REPUBLIC OF CONGO
SEYCHELLES
ANGOLA
MALAWI
COMOROS
ZAMBIA
NAMIBIA
BOTSWANA
ZIMBABWE
MOZAMBIQUE
MADAGASCAR
REPUBLIC OF SOUTH AFRICA
ESWATINI
MAURITIUS
LESOTHO

遠藤 貢
阪本拓人 =編

昭和堂

はしがき

　なぜ今アフリカを学ぶ意味があるのか。現在進行形の問題を補助線として考えてみよう。

　この原稿を書いている2022年3月末の時点で，世界はロシアによるウクライナへの軍事侵攻という事態を目の当たりにしている。その悲惨な光景，そして人道的危機とも認識される状況，さらには越境して隣国に逃れる難民・避難民の姿が日々映像とともに配信され，なぜこのようなことが起きているのかと暗澹たる思いにさいなまれる日々である。

　本書が扱うアフリカは，日本において多くの情報が日々配信されるべき地域としては位置づけられていない。よほど注意して主体的に情報収集などを行わない限り，アフリカ諸国で生起していることを考えるすべも得られない。その意味では，アフリカは「遠い」大陸であり続けているのかもしれない。

　しかし，アフリカでは1990年代以降多くの武力紛争が起こり，ルワンダのジェノサイドのようにわずか3ヶ月の間に数十万人に上る死者が出た紛争を経験したり，隣接するコンゴ民主共和国東部地域のようにその余波を受けて始まった紛争の火種が今日までくすぶり続け，いっこうに安定を取り戻すことができない地域も存在したりしている。こうした紛争地では，継続的に難民が発生し，周辺国での難民キャンプの設立やそこにおける新たな社会関係の形成など，難民をめぐって様々な経験をしてきた。また，国内にとどまる国内避難民の問題としても顕在化してきた。

　西アフリカのマリでは近年，イスラーム主義武装勢力への対抗措置として，政府がロシアのワグネル社の傭兵と契約を結び紛争対応を図るなどの動きが見られる。さらには，2020年11月以降紛争状況にあったアフリカ北東部のエチオピアでも，2021年11月末あたりから，連邦政府軍側が，ウクライナによるロシアへの反撃で用いられているとされるトルコ製の無人攻撃機を用い，反政府武装勢力の支配地域への攻勢を強めた結果，戦局が変わるなど，紛争の形も変化している。

また，2022年3月2日に開催された国連総会緊急特別会合におけるロシアによるウクライナに対する侵攻への非難決議では，世界の141ヶ国が賛成した一方で，アフリカの1ヶ国（エリトリア）が反対に回ったほか，南アフリカを含む17ヶ国が棄権，エチオピアを含む7ヶ国が意思表示をしない結果となった。ここには，ロシア（旧ソ連）とアフリカ諸国の近年の軍事協力の強化に加え，特に冷戦期の国際関係が反映されている面があることには留意する必要がある。

　さらに，経済的な関係も絡んでくる。ロシアとウクライナは世界有数の小麦の輸出国（世界全体の14％）であることが知られている。現在の戦争の結果，両国からの小麦の輸出が滞っており，小麦の価格が高騰していることから，本書の直接の対象ではないが，北アフリカ諸国（エジプトを中心）で食料不足や食料価格の高騰などの影響が出る懸念も指摘されている。量的には大きな比率ではないもののエチオピアも小麦の輸入国であり，影響は皆無ではない。

　今日の世界は，様々に結び合っている。現下のウクライナ危機は，単にその地域の危機であるだけでなく，そことつながる様々な地域で生起する危機と無関係ではない。ウクライナ危機は，これまで経験してきたアフリカの様々な危機ともどこかで重なるように思えるし，また重ならない要素も含み込んでいる。本書はアフリカを様々な角度から考えながら，その学びを通じて，アフリカが構成する現代世界を改めて見渡し，考えるための一つの入り口を提供しようとするものである。一つの地域を起点として，より深い現代世界の理解へと皆さんを誘うことにつながればと願っている。

　　2022年4月

　　　　　　　　　　　　　　　　　　　　遠藤　貢

目　次

はしがき　i

序　章　アフリカ世界の魅力 ……………………………… 遠藤　貢　1
　1　「なぜアフリカを研究するのか」という問いをめぐって　2
　2　アフリカでの調査のエピソード──地域研究にむけて　4
　3　本書について　8

第1章　地理と自然
　──多様な景観が織りなす大地 ……………………… 藤岡悠一郎　11
　1　アフリカの多様な景観　12
　2　アフリカ大陸の成り立ちと景観　16
　3　生物多様性と人為生態系　21
　4　景観の持続性と課題　25

コラム①　多様な生態資源と食文化 …………………………… 藤岡悠一郎　29

第2章　人々と生活
　──多様性，連続性，創造性 …………………………… 佐川　徹　31
　1　二つの多様性　32
　2　移動と交流がもたらす多様性と連続性　34
　3　生業，社会関係，言語の動態　37
　4　分断統治を越える生活の営み　44

コラム②　「正しい法」の承認──外部からの介入が受容されるとき ……… 川口博子　49

第3章 人々の世界観

——ひらかれ，つながる秩序と信念·············· 橋本栄莉 51

1 秩序への意志 52

2 世界を分割し，把握する 55

3 信念のダイナミクス 60

4 アフリカの〈民衆の認識論〉からの問い 64

コラム③ 悪魔と妖術師 ·············· 村津 蘭 67

第4章 独立前の歴史

——複数世界のなかのアフリカ史·············· 中尾世治 69

1 独立前のアフリカ史の全体像 70

2 社会の複合化と異なる社会の併存 70

3 大西洋奴隷貿易と広域の変動 73

4 植民地統治の成立と第一次世界大戦 77

コラム④ 歴史を再構成するための手法 ·············· 中尾世治 84

第5章 独立後の歴史

——国家建設の期待と苦悩·············· 阪本拓人 85

1 アフリカにおける脱植民地化 86

2 国家建設の苦悩 90

3 冷戦期のアフリカの国際関係 94

4 アフリカ国家の危機 97

コラム⑤ モブツ——冷戦の創造物 ·············· 武内進一 102

第6章　国家と政治

——揺らぐ国家像と政治体制の変容 ················ 遠藤　貢　103

1　アフリカにおける独立後国家形成の背景　104

2　紛争と国家変容　108

3　政治体制変容と民主主義の後退？　112

4　ハイブリッド・ガバナンスの諸相——交錯する制度　116

コラム⑥　Extraversion——外向性・外翻 ················ 遠藤　貢　119

第7章　経済と開発

——市場のなかのアフリカ ················ 出町一恵　121

1　植民地型経済の遺産　122

2　「発展＝工業化」の失敗　125

3　経済と社会の「制度」　130

4　債務問題　133

コラム⑦　統計がないということ ················ 出町一恵　141

第8章　越境する人々

——移動によって広がるアフリカ世界 ················ 松本尚之　143

1　移動からみるアフリカ世界　144

2　アフリカの都市化と出稼ぎ移民　145

3　アフリカのグローバル化と国際移民　149

4　アフリカの移動と私たち　156

コラム⑧　アフリカの中華料理 ················ 川口幸大　160

第9章　感染症
──アフリカは感染症対策の主役となれるのか ········· 玉井　隆　161
1　アフリカと感染症　162

2　感染症対応の変遷　165

3　グローバル・ヘルスと感染症　167

4　感染症の経験　170

コラム⑨　「マラリアなので早退します！」
──感染症と共に在る世界での生き方 ································ 玉井　隆　178

第10章　教　育
──問われる学校の意義 ································ 有井晴香　179
1　学校教育の普及　180

2　教育の格差　181

3　学校教育がもたらすもの　186

4　これからのアフリカの教育　188

コラム⑩　カンニング──通信環境の発達の影 ································ 有井晴香　193

第11章　社会的包摂と排除
──見落とされてきた地域社会の構成員 ················· 仲尾友貴恵　195
1　アフリカにおける排除　196

2　労働市場における排除　199

3　「異常」への恐怖心に因る排除　202

4　排除への向き合い方　206

コラム⑪　ジェンダー──新たなアフリカの発見にむけて ················· 眞城百華　211

第12章　国際関係
　　——重層的つながりのなかでの国家・・・・・・・・・・・・・・阪本拓人　213
　　1　アフリカの国家と国際関係　214
　　2　国境をまたぐ対立と協調　216
　　3　地域機構と地域協調　218
　　4　域外世界とのつながり　223

コラム⑫　現代アフリカの水政治（Hydropolitics）
　　——ナイル川をめぐる流域国間の対立・・・・・・・・・・・・・・阪本拓人　229

第13章　日本との関わり
　　——その歴史を辿る・・・・・・・・・・・・・・・・・・・・・・・・・・・・溝辺泰雄　231
　　1　20世紀初頭まで——直接の交流の始まり　232
　　2　第二次世界大戦期——アフリカと日本の意図せざる戦い　236
　　3　20世紀後半——歪な形で進んだ関係の再構築　240
　　4　20世紀末から現在まで——新しい関係構築を目指して　243

コラム⑬　ナイジェリアの「日本通り（ジャパンロード）」・・・・・・・・・・・・・・・溝辺泰雄　251

　　あとがき　253
　　索　　引　255

アルジェ　チュニス
ラバト　チュニジア
モロッコ　トリポリ
ラーユーヌ　アルジェリア　リビア　カイロ
西サハラ　エジプト
モーリタニア
ヌアクショット
カーボベルデ　ダカール　マリ　ニジェール　スーダン　エリトリア
プライア　セネガル　ハルツーム　アスマラ
ガンビア　バマコ　ブルキナファソ　ンジャメナ　チャド　ジブチ
バンジュール　ワガドゥグ　ニアメ　ジブチ
ビサウ　ギニア　ベナン　ナイジェリア　アディスアベバ
ギニアビサウ　ヤムスクロ　ガーナ　アブジャ　中央アフリカ共和国　南スーダン　エチオピア
コナクリ　トーゴ　ジュバ
フリータウン　アクラ　ロメ　ソマリア
シエラレオネ　ポルト・ノボ　カメルーン　バンギ　ウガンダ　モガディシュ
モンロビア　マラボ　ヤウンデ　ブルブリ　カンパラ　ケニア
リベリア　コートジボワール　赤道ギニア　コンゴ共和国　ルワンダ　ナイロビ　セーシェル
サント　サントメプリンシペ　ガボン　コンゴ民主共和国　ブジュンブラ　ブルンジ　ヴィクトリア
ブラザヴィル　キガリ　タンザニア
ルアンダ　キンシャサ　ダルエスサラーム　コモロ
モローニ
アンゴラ　ザンビア　マラウィ
ルサカ　リロングウェ　マダガスカル　モーリシャス
ジンバブエ　ハラレ　モザンビーク　アンタナナリボ　ポートルイス
ナミビア　ボツワナ
ウィントフーク　ハボローネ　プレトリア　マプト
ムババーネ　エスワティニ
マセル　レソト
南アフリカ共和国

アフリカの国々とその首都
（反後元太作成）

アフリカ世界の魅力

遠藤 貢

ナイジェリア，イロリン市街の朝の交通渋滞風景（2006年，筆者撮影）

「なぜアフリカを研究するのか」という問いの意味を考えるとともに，これまでのアフリカ研究の個人的な経験をもとに，地域研究としてのアフリカ研究の意義について検討する。また，本書の成り立ちや構成の概要を紹介する。

1 「なぜアフリカを研究するのか」という問いをめぐって

(1) 変容し続けるアフリカ

　アフリカという世界，あるいは地域を読者の皆さんはどのようにイメージするだろうか。ここでいうアフリカという地域は，アフリカ大陸のなかでも，国際連合での定義におけるサハラ以南アフリカ（サブサハラ・アフリカ）諸国49ヶ国を指しており，北アフリカ諸国（エジプト，リビア，チュニジア，アルジェリア，モロッコ）を含めていない。国の数としては国際連合加盟国の約4分の1を占める。また，面積は2,424万 km^2 に及び，世界の陸地の約18%に及ぶ。人口は2019年段階の推計で11億人を超えている。しかも，今後人口増が続き，2025年には14億人に達すると予測されているほか，2050年には25億人，2100年には40億人に達し，インドと中国を含むアジアの人口規模に匹敵するとも予測されている。当然のことながら，アフリカという地域を単純化して一枚岩的に考えることはできないし，極めて多様かつ多層的な世界がそこには広がっている。

　従来は低開発や紛争に特徴づけられる地域として理解されてきたところもある。しかし，アフリカも大きな変容過程のなかにある。21世紀に入り，中国の進出なども知られるようになり，輸出向けの天然資源価格の高騰や投資の拡大にも引っ張られる形で急速な経済成長を遂げてきた。経済成長の一方で，格差の拡大といった現象も顕在化してきた。加えて，急速にデジタル化が進み，ケニアのMペサに代表されるようなモバイルマネーの導入など，私が，アフリカ研究を始めた頃にはとうてい考えることができなかったような地殻変動ともいえる変化が起きてきている。

　紛争に関しても「サヘルアフリカ」（サヘルはサハラ砂漠縁部に広がる半乾燥地域）を中心としたイスラーム主義勢力などの活動の活発化にもみられるように変質し，現状でも解決困難な課題を抱えている地域がある。加えて，地球規模での気候変動は，アフリカにおける水資源の減少などを招き，新たな対立の火種となる様相を示している。

(2) アフリカになぜ関心をもつのか？

　私がそもそもアフリカ地域に関心をもち研究を始めたのは，当時「冷戦期」といわれていた1980年代半ば頃であった。当時のエチオピア内戦に伴う飢餓の問題に象徴されたような，「地球規模問題群」が特に先鋭に顕在化している地域としてのアフリカに関心が向かったのである。その頃から，しばしば「なぜアフリカなのか」を問われ，この問いを常に考えなければならなかった。当時のこうした問いは，敷衍するとそもそも，「なぜ（距離的にも遠い）アフリカ（などという，特に日本に関係のない地域を対象とした研究）なのか」という問いであったようにも思われる。そして，この問いにいずれ何がしかの形で応える必要があるだろうと思いながら，その後の研究生活を過ごしてきた。その意味では，アフリカという地域を研究対象とすることの敷居は当時それなりに高いものがあったのかもしれない。

　実際，今日のようにインターネットがなく，デジタルデータとして様々な文献を手に入れることも叶わず，紙媒体の文献を読んだり，図書館に所蔵されている関連ジャーナルをコピーしたりして，研究に触れることが常であった。できるだけ新しい情報に接するためには，時間的なラグはあったものの，当時市ヶ谷にあったアジア経済研究所で，現地の新聞などを参照するなどする以外には，日本できちんとした研究をするすべがないような状況だった。amazonも当然存在せず，書誌情報を得ても，海外で刊行された文献の取り寄せだけに数ヶ月を要するありさまであった。

　こうしたことを考えると，最新の研究成果や情報を入手する様々な意味でのコストが大きく減じられるようになった現在は，アフリカという世界との「距離」は，少しは縮まったようにも思うし，かなり多くの学生がアフリカに関心をもち，研究対象とすることの敷居は低くなったようにもみえる。日本からのアフリカへの出張も，ヨーロッパ周りであった1990年代から，東南アジア経由が主流となった2000年代，そして現状では湾岸諸国経由が多く利用されるようになったことも，物理的な「距離」の短縮にはつながってきたように思われる。しかし，それによって，アフリカという地域への理解が深まったといえるのだろうか。

つぎに，私の個人的な経験を材料に，アフリカという地域を研究することの楽しさ，難しさ，そしてその先に目指されるべき方向性を考えてみたい。

2　アフリカでの調査のエピソード――地域研究にむけて

(1)　初のアフリカ調査経験

　私が初めてアフリカ大陸の地を訪れたのは，アフリカ研究が盛んに行われていた英国に留学し，南部アフリカの政治体制を研究していた1991年11月のことであった。この時期，冷戦後のアフリカでは，当時「民主化」と考えられていた政治体制変動の動きがみられ，研究対象としていたザンビアで，ちょうど複数政党制のもとでの選挙が実施され，平和裏な政権交替が行われたタイミングだった。1980年代に一度，国際通貨基金と世界銀行が推し進めていた構造調整政策という，新自由主義を基軸とした経済政策を断念していたザンビアが，新政権樹立を契機に，再度構造調整政策を実施する方向に舵を切った時期でもあった。

　現地の状況に明るかった英国の研究者からは，現地では物資の入手が困難であることも考えられるという情報もあり，英国で調達できるものはできるだけ準備し，しかし飛行機の預け荷物の上限を超えないように慎重に工夫をして荷造りをした。こうして私は，ヒースローから夜の便でザンビアの首都ルサカに向かった。朝到着したものの，特に迎えもなく，空港で待機していたタクシーをつかまえて，滞在を予定していたザンビア大学の「ゲストハウス」（なる部屋には大量のゴキブリがうごめく施設であることが判明）に向かうことになったが，まあ，このタクシーの整備状況はひどく，ギアチェンジのレバーが壊れ，運転手は片手でハンドル操作，片手ではレバーを固定するためにひもをつけて，かろうじてギアを安定させるといった運転に，「これがアフリカか」と，かえって安堵にも似た感覚に陥った。

　ザンビアには数ヶ月滞在し，次の調査予定国であった隣国ボツワナに陸路で移動することになった。滞在中お世話になったJICA事務所の職員の皆さんに見送られて，長距離バスで，ザンビアの首都ルサカからボツワナのハボローネに向かった（約24時間の道のりであった）。

バスに乗り込んだ後，ときおり舗装道路の大きな穴を通過するたびに揺られているうちに，このままボツワナに入国できるかについていささかの懸念を覚えた。それは，ザンビア入国後かなり早い段階でボツワナ入国のためのビザを取得していたことから，取得後の有効期間である３ヶ月を過ぎていることに気がついたためだった。他方で，「なんとなくいけそう」な気もしていた。それは，ボツワナが「行政国家」「官僚国家」という，アフリカではあまり多くはみられていない比較的制度化されている国家であることが一つの理由だった。通常であれば「賄賂」などで切り抜ける手もあったかもしれないが，ボツワナでは通用しそうにないとも感じていた。実際，当時の国境であったカズングラをフェリーで渡った後の入国審査はかなり厳格なもので，かなり多くのザンビア人が入国できずに国境付近に取り残されることになった。ボツワナからザンビアに戻るバスはしばらく便がないのでかなり困ったことになったと思われる。

　私も入国に際してビザの有効期限が切れていることを理由に，ある意味では当たり前だが，もう一度ルサカに戻りビザを取得してから来るようにという指示を与えられた。普通はそれまでかと思うのだが，「伝家の宝刀」として，当時別途携帯していたのが，ボツワナ大統領府から交付されていた「調査許可証」だった。ボツワナは，京都大学の研究グループを中心に日本人研究者が従来から調査に取り組んできたブッシュマンが居住する国で，過剰な調査が行われているとの認識から，調査に際しては様々な事前審査が行われていた。そうした事情は把握していたので，英国を出国する前に「調査許可証」を得ておいたのであった（取得には数ヶ月を要した）。ビザは切れていたが，「調査許可証」を持って，入国を認めてもらう交渉を行うことになった。そうとうの時間が経ち，バスもまもなくハボローネに向かって動こうかという土壇場で，かろうじて入国ビザだけは出してもらい，ハボローネで滞在ビザに切り替える申請を行うようにという指示をもらい，最後の乗客としてバスに乗り込んだ（悪くない予感は的中した）。

　それからは夜の道路を南下する旅となったが，ザンビアの道路事情とは異なり，きちんと舗装された道路が続き，バスの旅も快適となった。さらに，ザンビアでは瓶ビールしかなかったのに比べ，缶ビールも手に入るなど，国境を越えて別の世界に飛び込んだような感覚だった。ボツワナでは，先輩研究者であ

り，英国リーズ大学で博士を取得し，ボツワナ大学で教鞭を執っていた政治学者バレフィ・ツィエ（Balefi Tsie）さん宅に居候させていただき，引き続き調査を続けた。

　こうして，1990年代は，南部アフリカを中心に政治体制変動の問題に焦点をあてて研究を行った。具体的にはアパルトヘイト体制の終焉した南アフリカやザンビアを事例とする形で，アジア経済研究所の研究会や科研の共同研究などに参加させていただきながら，多くの現地調査を行うなどして研究をしていくことになった。

(2)　変節？

　2000年代に入ると，アフリカ研究という意味での継続性はあったものの，周りの研究者には突如転身したかと認識されるような形で，「世界で最も危険な国」の一つともされ，宗教的にもイスラームであるソマリアの問題に関心を持ち始めるようになった。この背景には以下のような契機があった。

　それは，職場である東京大学大学院総合文化研究科に2004年度に発足した大学院の教育プログラムである「人間の安全保障」プログラム（通称 HSP）で，「紛争・和解・共生」という授業を担当するようになったことだった。現在もこの科目を担当しているが，「紛争」「和解」「共生」はそれぞれが極めて広範なテーマを内包しており，年度ごとに焦点をずらしながら授業を運営している。その最初の年度に読んだのが，国家の「失敗」についてのプロジェクトとして編まれた 2 冊の論文集だった（Rotberg ed. 2003; 2004）。

　編者のロバート・ロトバーグは，1960年代から，南部アフリカ地域の研究において，アフリカの国民形成とキリスト教会の役割などについて仕事をしてきたアメリカでも著名な研究者であった。私も元来の専門としてきた地域である南部アフリカを対象とし，関心領域（ナショナリズム論など）が重なることもあり，授業で扱うテキストとして違和感なく選択することができた。

　この時期以降，極限的な国家の姿として立ち現れることになった「崩壊国家」現象に研究関心が向くことになり，調査対象も大きく変わった。ただし，ソマリアは日本の外務省 HP における渡航の安全に関わる情報のうえでは「退避勧告」が出されている国であり，科研費を含む通常の研究費での渡航は事実

上不可能であった。ソマリアでの現地調査は実現できなかったものの，アメリカや英国では，いわゆる「ディアスポラ」と呼ばれる人々や，ソマリアやソマリランドに関する国際会議や研究大会に出席する機会を得る形で，様々な立場の人々や研究者との意見交換や聞き取り調査を行った。

　当初は北部のソマリランド出身者であるソマリランダーと呼ばれる人々との交流が中心だったが，2007年8月にオハイオ州立大学アフリカ研究センターで開催された第10回ソマリ研究国際学会（SSIA 会議）に，この会合に日本人としては初めて出席する機会を得た。そこで，それまでのソマリランダー中心の会合とは明らかに異なる雰囲気に気がついた。そこにはソマリア中・南部からの出身者もいれば，ソマリランドのなかでも北西部プントランド国境に近い地域からの出席者もおり，「ソマリランド」という言葉そのものに対して，極めて強い否定の言葉が相次いで発せられていた。ソマリランドの会合では，拍手喝采を浴びる研究者に対しても，その報告に対して容赦ない言葉が浴びせられるなど，ソマリアの内情を如実に示す光景として映るものであった。加えて，ケニアの首都ナイロビでも，国連関係者やモガディシュとナイロビを往復して活動している NGO 関係者，さらにはナイロビに研究拠点をおくソマリア研究者などからも様々な形で聞き取りや意見交換を行う機会を得るなど，ソマリアの様々な側面に触れる機会を得てきた。

(3) 「アフリカの毒」未だ！

　こうしたエピソードを語るのは，これまでアフリカという地域を研究してきたことに関わるごく一部だが，そこで感じてきたアフリカの様々な息づかいのようなものを伝えたかったからである。日本にいると日常に埋没して，やや疲れた体で生活をしているが，アフリカの大地を歩いていると，何かそこに宿るエネルギー（元気）のようなものをいただくような感覚になる。齢を重ねるにつれ，アフリカを徐々に「遠く」感じるようになってきてはいるものの，文化人類学者の川田順造さんが「アフリカの毒」と評した，一度アフリカに迷い込むと「毒」が回り，再びアフリカに戻りたくなるという感覚は，完全には失われていないようにも感じている（アフリカの魅力！）。その意味では，まだ「アフリカの毒」は残っているのかもしれない。それなりの年月にわたり，アフリ

カという手強い研究対象と向き合ってきた結果，変容を続けるアフリカを捉えるわずかなヒントは得られてきたものの，まだまだ道半ばという段階でしかないと思っている。

　すでにここで述べてきたテーマなどにも現れているが，私の研究分野は政治学（比較政治学，国際政治学）であり，アフリカ地域研究者のなかでは政治学者（政治屋）ということになる。アフリカという地域で生起している様々な政治現象を政治学の概念や手法を用いて分析・記述するということが中心である。逆に政治学者のなかでは，私はアフリカ研究者（アフリカ屋）ということになるし，おそらくそのように認識されている。ここにみられるように，アフリカに関わる地域研究は，いわゆるディシプリンとは無縁ではありえないし，常に両者の架橋を目指すことも求められると考えられてきた。本書にもコラムを寄せてくれた武内は，地域研究は「ディシプリンとの間の『緊張関係』をつうじて，理論を，また現実を見る眼を豊かにするための方法と考えるべき」だとする見方を提起するが（武内 2012：16），そのとおりであろうと思う。双方向に開かれた対話を継続することによって，地域研究とディシプリンは相互に豊かになっていく。また，地域研究に立脚すれば，政治学に加え，歴史学，人類学，経済学など異なったディシプリンの研究者が集まった本書のように，なんらかの現象を異なった角度から分析したり，解釈したりすることをつうじて，地域研究そのものを豊かにする機会を提供することにもつながる。

3　本書について

　本書はアフリカ地域研究にむけた入門書として企画された。2019年の終わり頃のことであった。

　そして，世界は2020年来，未曾有の新型コロナウイルス感染症（COVID-19）のパンデミックに見舞われることになった。アフリカではこのパンデミックの直前までは，「アフリカの角」地域において，数千億匹という想像を絶する規模で発生するサバクトビバッタ（Desert Locusts）と呼ばれるバッタによる被害が発生し，最大の懸案材料となっていた。サバクトビバッタは極めて飛翔能力が高く（1日に100kmから200km），比較的小さな群れであっても，1日

当たり3万5千人分の食料（穀物や果物）を食べつくすため，アフリカでは重大な食料危機，人道危機を招く現象として強い危機意識をもって受け止められている。この現象も，地球規模での気候変動の一つの現れという側面を有している。アフリカ研究を始めたきっかけが，「地球規模問題群」と呼ばれる人類社会の課題が極めて先鋭な形で現れる地域として考える必要があるという，初心に立ち返ることの必要性を改めて認識させられる現象でもあるように思った。

　本書は，こうした人類社会の試練に直面するなかで，ここ何年かにわたり，若手のアフリカ研究者との「共同研究」「共同作業」をつうじ，アフリカ地域を考え続ける必要性を痛感していた状況下で進められたプロジェクトの成果である。私よりもはるかに若く，しかも様々な研究手法でアフリカの様々な地域や，現象に光をあててきた気鋭の研究者に集っていただいた。折しも，アフリカでの現地調査が行えないという困難な時期に，あえて「臨場感」をもってアフリカの姿を描いてほしいという希望に応えていただいた，斬新な入門書となっている。打ち合わせの会合も，2020年8月の緊急事態宣言が出されているさなか，オンラインで開催され，それぞれの皆さんに執筆にむけた構想などを共有していただく形で作業が進められた。その意味では，コロナ禍のなかで執筆されたものである点も特徴となっている。

　当然のことながら，アフリカを構成するすべての国を網羅することを狙いとした構成にはなっていない。第1〜3章は，それぞれ地理と自然，人々の生活と世界観を扱う章である。第4〜5章は，独立以前から独立後の歴史を極めて俯瞰的に取り扱う章となっている。第6〜13章は，アフリカの政治，経済，国際関係などの個別テーマを扱っており，近年日本で日常的に見かける機会の増えた在日のアフリカ人の人々や日本とアフリカとの関係なども扱っている。また，各章にはコラムという形で，関連するトピックに関して，各章執筆者以外の日本のアフリカ研究者にも参加を願い，極めて専門的かつユニークなトピックについて記述いただき，読者に広く関心をもっていただく工夫も施してある。加えて，各テーマに関してさらに勉強したい読者むけの読書案内も記載してあるので，さらにアフリカという世界にむけて船出してみたい読者には，よい導きになっていると思う。

　本書を読むことをつうじて，読者の皆さんが想像もされなかった，極めて多

様で，変容を続けているアフリカの姿が立ち現れてくることを経験いただくことができるだろう。そうした経験をつうじて，アフリカの奥行きの深さを学んでいただく機会が提供できれば，とてもうれしく思う。

あらためまして，アフリカ世界へようこそ！

参考文献

武内進一　2012「地域研究とディシプリン——アフリカ研究の立場から」『アジア経済』53（4）：6-22。

Rotberg, R. I., ed. 2003. *State Failure and State Weakness in A Time of Terror*. Washington, D.C.: Brookings Institution Press.

—— ed. 2004. *When States Fail?: Causes and Consequences*. Princeton: Princeton University Press.

第1章

地理と自然

多様な景観が織りなす大地

藤岡悠一郎

人間活動と自然環境条件の相互作用によって成立しているナミビア北部の農村景観（2014年，筆者撮影）

アフリカ大陸には，熱帯雨林や砂漠，サバンナや高山など，多様な景観が広がっている。それらの景観は大陸のなかにどのように分布し，それらの形成にはいかなる要因が関わっているのだろうか？　本書の冒頭にあたる第1章では，アフリカ大陸の景観を概観し，景観分布の特徴やその成立要因について紹介する。そして，自然環境や生物相に関する現代の課題や将来のあり方について考えてみたい。

1 アフリカの多様な景観

(1) アフリカの地理

　スマホやウェブサイトの地図で，アフリカの衛星画像（人工衛星から撮影した画像）を見てみよう。大陸のなかには，濃い緑色が目立つ熱帯雨林が広がる場所や，黄褐色の砂漠が広がる場所，背骨のように連なる山岳地帯など，様々な特徴をすぐに見つけられるだろう。大陸の南東の海には大きな島であるマダガスカル島が見られる。後で詳しく説明するが，アフリカの景観と一言でいっても，極めて多様な環境が含まれる。アフリカに生息する有名な野生動物を想像しても，熱帯雨林に生息するゴリラやチンパンジー，乾燥したサバンナを闊歩するキリンやゾウ，川のなかのカバやワニなど，多様性に富む顔ぶれが思い浮かぶことだろう。

　アフリカの景観の多様性が生じている背景の一つは，いうまでもないことだが，大陸が広大な地理的な範囲を占めていることにある。アフリカは，南北8000km，東西7400km（最も広い場所の距離）に及び，ユーラシア大陸に次ぐ大きさである。北端はチュニジアの北緯37度33分（日本の福島県付近），南端は南アフリカの南緯34度50分（オーストラリアのシドニー南方付近）である。大陸の中央付近には赤道が位置し，南北の回帰線（緯度23度26分）が含まれる。また標高で見ると，西アフリカの海岸部のように低地が広がる場所もあれば，東アフリカに位置する大陸最高峰のキリマンジャロ（標高5895m）のように5000mを超える山も点在している。大陸を取り囲む海に目を向けると，南東側にマダガスカル島が位置し，大陸北西に位置するカナリア諸島，マダガスカル島と大陸の間に位置するコモロ諸島など，島嶼部の広がりが認められる。海には海流が流れ，表面海水温が低い寒流（カナリア海流やベンゲラ海流）と表面海水温の高い暖流（ソマリ海流やモザンビーク海流など）が見られる。緯度帯による風向の違いや標高差，海流の影響など，多くの要素が織り交ざるなかで，アフリカの景観の多様性が成立している。

　ところで，"景観"という言葉について，少し説明しておきたい。景観とは，景色や風景と似た言葉であり，日常的に使われる言葉であるが，他方で，

この言葉は地理学や生態学のなかで，機能的な単位として意味づけられている。景観生態学という分野の創始者と目されるドイツの地理学者カール・トロールによると，景観とは，我々が目にする単なる風景を意味するものではなく，その場における気候，地形，土壌，地下水などの地因子の相互作用，あるいは遷移の時間的経過，人間の関与の度合いなどが総合された結果としての像である（横山 1995：10-11）。本章においても，上記の意味を念頭におきながら，アフリカの景観について紹介していきたい。

(2) 地図と衛星画像でみるアフリカの景観

　はじめに，アフリカの衛星画像と標高分布図から景観の特徴を概観してみたい。図1-1と図1-2を見て，景観の分布にどのような特徴が見出せるか，考えてみてほしい。図1-1は，標高の分布をグレーの濃淡で示した図の上にスケールの大きな地形を書き加えた図であり，図1-2は衛星画像の上に植生を示した図である。また，図中の四つの地点において，その地域の典型的な風景を地上で撮影した写真を示している。それぞれの図だけでも多くの情報が含まれ，二つの図を見比べるとさらにたくさんの特徴が見出されるだろう。本章では，特に下記の特徴に注目する。

　特徴1：大陸中央の赤道付近に森林が広がり，そこから南北に向かうにつれて森林の密度が減少し，砂漠やサバンナが分布している。

　特徴2：大陸の東側は，赤道付近であっても森林の発達が明瞭に認められない。

　特徴3：大陸の東側には，南北に連なる地形の高まりと溝が見られる。

　特徴4：標高の分布を見ると，大陸の南側に標高の高い台地が広がり，北西側は標高の低い低地が広がる。

　特徴5：大陸のなかに，皿状に窪んだ低い場所がいくつか認められる。

　特徴6：南部アフリカでは，大陸の西側の沿岸部で森林の広がりが明瞭でなく，砂漠が緯度の低い場所（北側）まで伸びている。

　上記の六つの特徴は，大陸スケールの画像で特徴的に認められるものであるが，対象とする空間スケールをさらに狭く（画像を拡大）していくと，地域ごとにさらに多様な景観が見出される。

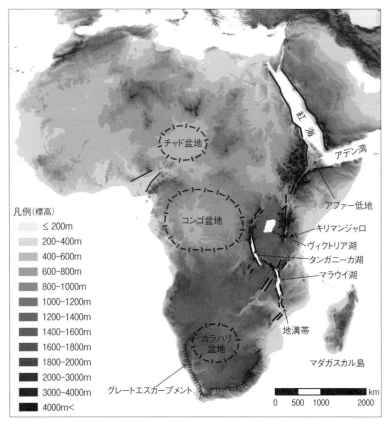

図1-1 アフリカの標高分布と地形

出所：標高分布はGTOPO30（米国地質調査所）をもとに作成した。地形の分布は山縣（2005）を参考にした。

凡例（標高）
- ≤ 200m
- 200-400m
- 400-600m
- 600-800m
- 800-1000m
- 1000-1200m
- 1200-1400m
- 1400-1600m
- 1600-1800m
- 1800-2000m
- 2000-3000m
- 3000-4000m
- 4000m<

チャド盆地
コンゴ盆地
カラハリ盆地
グレートエスカープメント
紅海
アデン湾
アファー低地
キリマンジャロ
ヴィクトリア湖
タンガニーカ湖
マラウイ湖
地溝帯
マダガスカル島

km
0 500 1000 2000

写真1-1 ナミブ砂漠
（ナミビア，2004年，筆者撮影）

写真1-2 サバンナ（ケニア，2005年，筆者撮影）

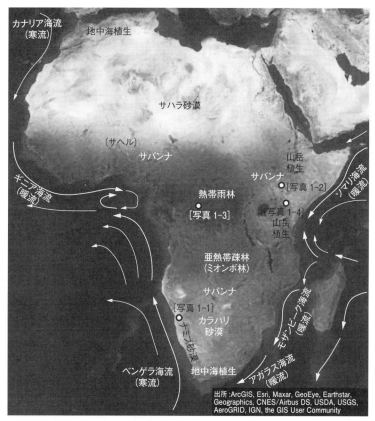

カナリア海流
(寒流)

地中海植生

サハラ砂漠

(サヘル)

サバンナ

山岳
植生

サバンナ

ギニア海流
(暖流)

ソマリ海流
(暖流)

熱帯雨林

[写真 1-3]

[写真 1-2]

[写真 1-4]

山岳
植生

亜熱帯疎林
(ミオンボ林)

サバンナ

モザンビーク海流
(暖流)

[写真 1-1]

カラハリ
砂漠

ナミブ砂漠

ベンゲラ海流
(寒流)

地中海植生

アガラス海流
(暖流)

出所：ArcGIS, Esri, Maxar, GeoEye, Earthstar,
Geographics, CNES/Airbus DS, USDA, USGS,
AeroGRID, IGN, the GIS User Community

図1-2　アフリカの植生分布と海流

出所：植生分布は沖津（2005）を参考にした。

写真1-3　熱帯雨林
（カメルーン，2009年，戸田美佳子撮影）

写真1-4　ケニア山（ケニア，2002年，筆者撮影）

たとえば，尾根や谷などの小規模な地形とそこに分布する植生，農地の開墾や放牧活動など人間活動の影響によって形成された景観などが現れる。他方，大陸スケールの画像からは，気候や海流，大規模な地形の影響を強く受けて形成されてきた景観が目に留まる。次節では，上記の六つの特徴がどのような要因によって形成されているのか紹介していきたい。

2　アフリカ大陸の成り立ちと景観

(1)　大地に刻まれた数億年の歴史

　アフリカ大陸の形状（地形）は，低地部となる皿状の盆地とそれを取り巻くように位置する崖地形（グレートエスカープメント）に大きく区分される（特徴5と関連）。たとえば，大陸の中央北側に位置するチャド盆地，大陸中央付近のコンゴ盆地，南部アフリカのカラハリ盆地などが代表的な盆地であり，盆地の周囲には相対的に標高の高い地形が連なっている様子が読み取れる。このような地形的な構造が形成されている背景には，アフリカ大陸の成り立ちが深く関係している。

　約3〜2億年前の地球では，現在とはまったく異なる大陸が存在していた。当時，地球上にはパンゲアと呼ばれる超大陸が形成され，現在のアフリカ大陸は，その南部に位置するゴンドワナ大陸の中央部に位置していたと考えられている（図1-3，諏訪 1997）。このゴンドワナ大陸が今から2億年前に分裂を始め，地球の内部から上昇してきた高温のマントル物質（プリューム）が大陸を押し上げ，分裂させた。このときにもたらされた大量の溶岩が冷えた玄武岩という岩石が，アフリカ大陸南部と南アメリカ大陸に分布している。そして，大陸南部はプリュームによって地殻（地球の表層）が持ち上げられているため，標高の高い台地となっている（特徴4と関連）。そのため，南東部が「高いアフリカ（High Africa）」，北西部が「低いアフリカ（Low Africa）」と呼ばれている。

　大陸の分裂時にできた割れ目の周辺にはマグマが地下深部から貫入し，地殻を持ち上げるとともに溶岩を地表に噴出することで，地形的な高まりが形成された。そして，相対的に低い場所は盆地となり，地形的な構造が形成された（山縣 2005，特徴5と関連）。この時期に形成された地形的な高まりは次第に侵

食が進み，他方で盆地では埋積が進んだが，その後の地殻変動の影響が比較的少ない場所に位置するアフリカ大陸では，非常に古い時代に形成された地形が残され，現在でも盆地とその周辺の地形的な高まりという構造が残っている（特徴5と関連）。

一方，アフリカ大陸の東側に目を向けると，特徴3に挙げたとおり，南北に連なる溝状の地形が認められる。この東アフリカで見られる地形的な溝（地溝）は，東アフリカ地溝帯あるいは大地溝帯と呼ばれる。大地溝帯は，詳しく見るとアファー低地からヴィクトリア湖南東方に達する東部地溝帯と，ヴィクトリア湖北西から大陸南東部を通ってインド洋に達する西部地溝帯の平行した2本の地溝に分かれ，それらに挟まれた場所にヴィクトリア湖が位置していることが地図から読み取れる。これらの地溝帯の形成も，アフリカ大陸の地下にあるマントルプリュームの活動が深く関わっている。

ゴンドワナ大陸分裂後，プリュームの活動により，約4000万年前から大陸の内部に裂け目が生じ，大量の溶岩が噴出した（諏訪 1997）。大陸の北東部に位置するエチオピア高地は，このときの玄武岩溶岩によって形成された台地である。プリュームが地殻を隆起させる（持ち上げる）ことで地形的な高まりがつくられ，隆起した範囲の中央部に二つの平行した断層が生じてその中央部が陥没した。断層は深い溝状の地形を形成し，その窪地状の地形に水が溜まった場所では大きな湖が形成された。断層に沿って形成された湖は断層湖と呼ばれ，深いのが特徴である。たとえば，タンガニーカ湖は水深1471m，マラウイ湖は水深706mであり，断層に沿って南北に長い形状となっている。一方，東西の地溝帯に挟まれた部分が陥没して形成されたヴィクトリア湖は水深84mと相対的に浅く，湖の形状も丸い形となり，断層湖と比べると異なる特徴がみられる。現在でも，地溝帯やその周辺では火山活動が活発に起こっていて，地溝帯は年間5mmほどの速度で拡大している（諏訪 1997）。数千万年後には，地溝帯に沿って海が侵入し，大陸が分裂すると考えられている。

アフリカの地形に関する説明の最後に，マダガスカル島について少し触れておきたい。マダガスカル島は世界で4番目の面積をもつ島で，日本の約1.6倍に相当する。この島は，かつてのゴンドワナ大陸の中央にあったと考えられ，大陸の分裂とともに現在のアフリカ大陸から離れ，さらにインド亜大陸からも

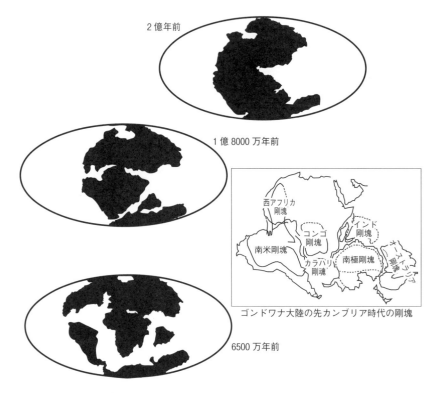

2億年前

1億8000万年前

西アフリカ
剛塊

コンゴ
剛塊

インド
剛塊

南米剛塊

南極剛塊

カラハリ
剛塊

ゴンドワナ大陸の先カンブリア時代の剛塊

6500万年前

図1-3　2億年前以降の大陸分裂
出所：諏訪（1997：154-155）をもとに作成した。

離れて現在の場所に移動してきた（図1-3）。中生代のジュラ紀（約2億年前
～約1億4500万年前）までは大陸から陸橋を渡ってきた恐竜などが生息し，白
亜紀（約1億4500万年前～約6600万年前）になると固有種が認められるように
なった。新生代（約6600万年前～現代）になると隔離した島となって独自の生
物群が誕生していった（蟹江 2008）。他方，言語や文化の観点ではアジアとア
フリカの要素が混在した様子がみられ，「アフリカに一番近いアジア」と形容
されることもある。

(2)　変動する気候と植生

　大陸スケールで捉えることができる景観の分布は，大気の大循環などの気候

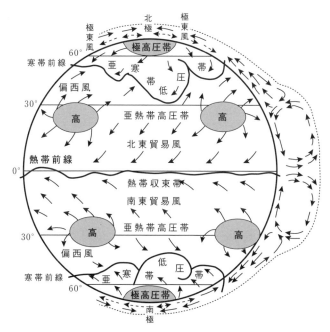

図1-4　大気大循環の模式図
出所：水野（2015：141）をもとに作成した。

要因と強く関係している。アフリカの気候や大気の流れを理解するためには，まず熱帯収束帯（ITCZ: Inter Tropical Convergence Zone）について説明する必要がある。

　ITCZとは，大陸の赤道付近で南北両半球の熱気団から低緯度方向に流れる風がぶつかり，その境界部に形成される低圧部である（図1-4）。ITCZでは，気団がぶつかることで上昇気流が発生して雨が降る。1年をつうじてITCZが滞留する赤道付近では降水量が多くなり，熱帯雨林が成立する（特徴1と関連）。また，ITCZは季節や時期によって赤道を挟んで南北に移動するため，地域ごとに雨季や乾季などの降水量の季節的な差異が生じる。ITCZに吹き込む地表の風は貿易風と呼ばれ，北半球では北東風，南半球では南東風が卓越する（図1-4）。西アフリカのサヘル地域では，冬にITCZがギニア湾岸まで南下する際に強い貿易風が吹く。この風は「ハルマッタン」と呼ばれている。

　一方，特徴2で挙げたように，アフリカ大陸の東側では赤道の直下であって

も熱帯雨林の発達があまり見られない。これは，地形の特徴で紹介した大地溝帯の影響であると考えられている。大地溝帯に沿って南北に発達した山脈によって大西洋からの湿った風が遮られ，東アフリカでは雨量が相対的に少なくなり，熱帯雨林がそれほど発達していない（特徴2と関連）。

ITCZで上昇した気流はその地域で雨を降らせたのち，乾いた気団が南北の高緯度方向に運ばれる。南北の緯度30度付近では亜熱帯高圧帯が形成され，下降気流が生じる。一般的に，下降気流が卓越する高圧帯では雲が形成されにくいため，緯度30度付近は乾燥気候となり，砂漠やサバンナなどの植生が形成されることとなる。たとえば，北半球のサハラ砂漠や南半球のカラハリ砂漠などがこうした大気の流れが影響して形成された砂漠である（特徴1と関連）。ITCZで上昇し，亜熱帯高圧帯で下降する鉛直方向の大気の流れは，ハドレー循環と呼ばれる。

降水量の分布は，海流とも関係が深い。大陸西岸を南から北に向かって流れるベンゲラ海流は，南極付近から北上してくる寒流であり，表面海水温が低い。低い海水温によって海面付近の大気が冷やされるために上昇気流が起こりにくく，大陸南西部の沿岸部では雲が発達しにくい。そのため，アフリカ大陸の南西部では乾燥気候が卓越，ナミブ砂漠が海岸に沿って比較的低緯度の地域まで発達している（特徴6と関連）。他方，ナミブ砂漠では大気が冷やされるために水蒸気が凝結し，地表付近では霧が頻繁に発生する。その霧は砂漠に棲む生き物にとって貴重な水分源となる。

一方，大陸東側のインド洋からは，水蒸気を含んだ湿った風が大陸に流入し，雨を降らせる要因となる。風向や風速は季節によって異なるが，東アフリカや南部アフリカの降水はITCZとの関係はそれほど明瞭ではなく，むしろインド洋からの南東モンスーンが水蒸気の主要な供給源となっている（門村2005）。

これまで述べてきた地形および気候は，地域の植生帯の主要な形成要因となっている。重要な点を整理すると，赤道付近では大陸西側に熱帯雨林が成立し，東側では大地溝帯の影響を受けてサバンナが広がる。赤道から高緯度に移動するにつれて降水量は減少し，雨季と乾季が明瞭な気候帯となり，亜熱帯疎林やサバンナが広がる。そして，緯度30度付近では下降気流が卓越し，砂漠が広がる。さらに高緯度方向に目を向けると，南アフリカ南部のケープタウン周

辺や大陸の北側のチュニジアやアルジェリア，モロッコの北部では冬に雨が多くなる地中海性気候が卓越し，独特の植生が成立している。

⑶ 気候変動と人類の進化

このような長い時間スケールで繰り返し生じてきた気候変動や地殻変動は，私たち人類の進化にも影響を及ぼしていたと考えられている（山極 2007）。アフリカ大陸は人類の進化の舞台である。その証拠として，200万年前よりも古い人類の化石が発見されているのがアフリカ大陸に限られること，遺伝的に人類に近縁な類人猿（ゴリラ，チンパンジー，ボノボ）がアフリカに生息していることなどが指摘されている。

古人類の化石の多くが大地溝帯で見つかっていたことから，大地溝帯の地殻変動と東アフリカの気候の乾燥化が人類の進化を促進させたとする学説が提唱された（この学説は「イーストサイドストーリー」と呼ばれる）。その後2002年に，現在最古の人類化石と目されているチャヘラントロプス・チャデンシスがチャドの600万年前よりも古い地層のなかで見つかったことにより，「イーストサイドストーリー」の見直しが迫られることとなっている。当時の植生や気候環境の復元が進められ，600万年前はアフリカが厳しい乾燥にさらされた時代であったことなどが報告されており，気候変動と人類の進化との関係については引き続き検討がなされている。

3 生物多様性と人為生態系

⑴ アフリカの多様な生物

多様な景観が広がるアフリカには，ユニークな動物・植物相が発達している。本節では，生物多様性保全を目的に設置された政府間組織「生物多様性及び生態系サービスに関する政府間科学政策プラットフォーム（IPBES: Intergovernmental Science-policy Platform on Biodiversity and Ecosystem Services）」の報告書（IPBES 2018）をもとに，アフリカの生物多様性と景観について紹介する。

アフリカに生息している生き物といわれて多くの人がイメージするのは，ア

フリカゾウやキリン，ライオンやゴリラなどの大型の哺乳類だろう。哺乳類については，全世界で知られている約5450種類のうち，およそ25％がアフリカに生息していることが知られている。また，特筆すべき特徴として，地球上で見つかっている霊長類（サル類）の種の約40％がアフリカに生息している。鳥類については全世界のおよそ20％に相当する2500種以上，魚類については少なくとも5445種，両生類については1134種の生息が知られている。

　植物相については，アフリカには５万2000〜７万3000種の植物種が生育していると試算されている。そのうち，木本については世界の20％ほどの種がアフリカに生育しているとみられる。

　アフリカの生物相は，当然ではあるが，第２節で述べた景観の多様性と密接な関わりがある。乾燥気候から熱帯気候までの幅広い気候帯，低地から高山までの多様な地形が存在し，成立する植生帯も多様である。そのような多様な景観に適応した多くの生物種が生息している。

　特徴的な地域としては，赤道付近に広がる熱帯雨林では生物多様性が高く，ゴリラやチンパンジーなどの大型類人猿，オカピやコビトカバなどの稀少な動物種が分布している。南アフリカの南端に位置する喜望峰やその周辺は，地中海性気候が広がる特異な場所で，この地域にはケープ植物界と呼ばれる固有性の高い植生帯が成立している。このケープ植物界は，その面積は植物界としては広くないが，8550種の維管束植物種が生育し，そのうち6252種が固有種であり，世界のなかでも植物の固有種の割合が極めて高い地域となっている（沖津2005）。また，アフリカの生物多様性が高い地域としては，ワオキツネザルやアイアイ，多様なカメレオンや陸ガメが生息するマダガスカル島が挙げられる。マダガスカル島では，巨大な幹をもつバオバブが多数生育していて，「バオバブ街道」などが観光資源としてもよく知られている。

　現在のアフリカでみられる生物相の分布は，過去に生じた気候変動や地殻変動の影響を多分に受けて成立している。たとえば，先に紹介した霊長類（サル類）の種の多さは，今から約258万年前から約１万年前にかけての更新世に世界の多くの地域で生物の大量絶滅が生じた際，アフリカではその影響を免れたことが一因であると考えられている（Gill 2015）。また，世界が寒冷化した最終氷期の２万年前から１万2000年前に熱帯アフリカは著しい乾燥を経験し，熱帯

雨林が大幅に縮小したと考えられている。この時期に小規模に存続した熱帯雨林は，熱帯雨林に生息する生物種の避難場所（レフュージア）になったと考えられ，こうした地域では現在の熱帯雨林のなかでも生物多様性が特に高いことが指摘されている（門村 2005）。

　アフリカの生物多様性の事例として，大地溝帯に分布する湖の魚類相の豊富さは特筆すべきである。東アフリカ大湖群と呼ばれるヴィクトリア湖，タンガニーカ湖，マラウイ湖（第2節で紹介）には，シクリッド類（カワスズメ科の魚類）の種が極めて多く，タンガニーカ湖に250種以上，マラウイ湖に700～1000種，ヴィクトリア湖に500種以上が生息している。しかも，これらの種は数百万年という進化史のなかでは極めて短い期間に，1種から数種の祖先種から数百種にまで分化してきたと考えられている（佐藤 2014）。

(2) 人間活動が織りなす景観——人為生態系

　人間の活動も景観形成の主要な要因である。大陸スケールで景観をみると人間活動の影響はほとんど確認することができないが，衛星画像を拡大していくと多くの地域で人間活動が関わって形成された景観をみることができる。世界の景観変化のパターンを整理したフォーリーらの研究（Foley et al. 2005）によると，世界の景観は人間が定住化する以前は自然生態系が大部分を占めていたが，農耕の開始とともに小規模農地が増加し，その後，都市や集約農業用地，自然保護区などの割合が増大した。

　アフリカにおいても都市部の拡大は顕著であり，南アフリカのヨハネスブルグやケニアのナイロビなどの大都市が形成され，また遠隔地においても中小の都市が増加する傾向が認められる。また，農業機械を使う大規模な商業農地も増加し，自然環境が大きく移り変わった場所も認められる。

　他方，アフリカの小規模農地の場合，作物が生育する畑のなかに樹木が点在する農地林（アグロフォレスト）が成立する地域も少なくない。アグロフォレストは東南アジアの農村などでもみることができるが，東南アジアでは土地を効率的に利用するために外来の技術として導入され，外来の樹種が多い傾向がある。一方，アフリカでは地域の在来の技術として発達してきたアグロフォレストリーが多く，生育する樹種も在来種が多い。たとえば，半乾燥地域に位置

するナミビア北部の地域では，食用となる果実をつけるマルーラやドゥームヤシなどの樹種が畑のなかに残された景観がみられる（藤岡 2016）。また，カメルーンの熱帯雨林においても，畑のなかに多くの樹種が残る景観が認められ，その多くが在来の樹種である（四方 2013）。これらは，自然環境と人間の生業活動が相互に作用し合いながら農地林という景観が形成されてきた例である。

　生業活動に関しては，焼畑や牧畜なども地域の自然環境との関わりが強い営みである。焼畑は，火を用いることが必要以上に強調され，自然環境に悪い影響を及ぼす生業であるというイメージをもたれることもあるが，そのような見方は必ずしも正しいものではない。焼畑は，耕作地を移動させる点に特徴があり，森林の生態遷移のサイクルをうまく利用した農業の一形態である。アフリカでも熱帯雨林や亜熱帯疎林を利用した焼畑が盛んであり，地域の景観を形成する一要因となっている。

　牧畜も地域の景観には大きな影響を及ぼす活動である。特に，商業的に行う大規模な畜産の場合，土地を柵で囲い家畜を高密度で飼養する場合が多い。そのような状況では，家畜が食べる草本種が減少し，食用としない草本種が増加するという変化が起こる。また，灌木が高密度で増加するブッシュエンクローチメントと呼ばれる植生の変化が生じ，草原が灌木林へと移り変わる現象が知られている。このような変化は，国立公園を柵で囲むことで野生動物種が極端に増加する場合などでも生じることがある。

　そのほかにも，樹木の伐採など，人間活動は様々な側面で景観を改変する要因となる。住居や日用品を作るために木材や高茎草本を利用したり，ため池を造成したりなど，人間の居住地周辺では，多かれ少なかれ景観改変が生じることが一般的である。しかしながら，このような景観に与える影響を“悪いこと”として捉えるのは極めて一面的な見方である。適度な攪乱は生物多様性を増加させ，生態遷移を促進する。アフリカの多くの社会では，自然の資源を適度に利用し，自然のサイクルとのバランスが保たれてきたことも事実である。他方で，近年では森林伐採などの人間活動や温暖化などと関連する気候の変化が，景観に大きな影響を与えていると懸念されていることも事実である。次節では，最後にそのような景観の持続性に関わる課題について，何点か指摘しておきたい。

4 景観の持続性と課題

アフリカの多様な景観は，様々な時間スケールで生じる変動や攪乱の影響を受けながら，動的に成立してきた。アフリカの多くの農村社会では，自然の恵みである生態資源や地域の自然環境を巧みに利用する暮らしが現在も営まれている。他方，グローバル経済や企業の活動，国家の環境政策や紛争などが，地域の暮らしや社会を変化させ，自然環境に対しても持続的な利用を脅かす影響を与える例がみられるようになっている。生物多様性の喪失や生態系の悪化は，自然から人々が享受しうる恵み（生態系サービス）を減少させ，社会や経済の持続性にも負の影響を及ぼすと考えられている（IPBES 2018）。

アフリカにおいて生物多様性の喪失を招く因子として，いくつかの直接／間接的要因が指摘されている。先の報告書を例にすると，過去20年間ほどのあいだに，気候変動，生息地の改変，過剰採集，密猟，野生生物の非合法的な売買，環境汚染，外来種の侵入，疫病や害虫，自然災害などによる生物相への影響が増大していることが指摘されている。

人間活動に伴う生物多様性や自然環境への負の影響を軽減するための様々な取り組みが行われている。先に紹介した IPBES のような国際的なプラットフォームの設立もその一つの例である。また，生物多様性の喪失への対策を目的とする国際的な枠組みとして，生物多様性ホットスポットを紹介する。

生物相の固有性が高い地域でありながら，早急な生態系保全が要求される地域は「生物多様性ホットスポット（以下，ホットスポット）」に指定されている。ホットスポットは，野生生物の生息地保護を目指し，1988年にイギリスの生態学者N・マイヤーズによって提唱された。指定の判断基準は主に2点あり，①その地域に少なくとも1500種の固有種である維管束植物が生育している，②原植生の70％以上が喪失している，という条件を満たす地域とされている。その指定は，国際NGOであるコンサベーション・インターナショナルが主導している。2016年時点で世界に36ヶ所のホットスポットが存在している。

サハラ以南アフリカでは，8ヶ所（2016年時点）が指定されている。①ケープ植物相地域，②東アフリカ沿岸林地域，③東アフリカ山岳地帯，④西アフリ

カ・ギニア森林，⑤アフリカの角，⑥マダガスカル・インド洋諸島，⑦マピュ
タランド・ポンドランド・オーバニー，⑧カルー多肉植物地域であり，総面積
は464万km²に及ぶ（図1-5）。ホットスポットに指定されているということ
は，そのような特異な生態系が脅かされている地域でもあり，生態系保全のた
めの取り組みが求められている。一方，ホットスポットの定義では維管束植物
の固有種や原植生という限定的な指標のみが用いられているため，固有性が高
く稀少な動植物が生息している地域でありながら，ホットスポットに指定され
ていない地域が存在することが問題視されている。
　このような保全地域の指定などが，国家や国際機関など様々なアクターや空
間スケールで進められているが，それが生物多様性や生態系の保全に実質的に

図1-5　アフリカの生物多様性ホットスポット（2020年時点）
出所：Conservation International Foundation のウェブページをもとに作成した。

結びつくかどうかは別の問題である。アフリカの自然環境の劣化は，自然と人間の対立，人口増加や資源の乱獲の影響という単純な図式では，とうてい理解することができない（山越他編 2016）。保全プロジェクトでは，地域住民の参加を促す「住民参加型保全」が主流となっているが，そのようなプロジェクトが進むことによる社会的な課題も多くの地域で報告されている。第3節までに紹介してきたように，アフリカの景観は地形や気候などの自然環境要因と生物相，人々の営みが織りなすなかで，長い時間をかけて形成されてきたものである。このような景観をめぐる現在の課題への取り組みや将来のあり方を考えていく際には，地域ごとの歴史的な歩みや問題の構造を丁寧に理解することが不可欠であろう。

参考文献

沖津進　2005「植生からみたアフリカ」水野一晴編『アフリカ自然学』古今書院，25-34頁。

門村浩　2005「環境変動からみたアフリカ」水野編，前掲書，47-65頁。

蟹江康光　2008「風土と環境」池谷和信・武内進一・佐藤廉也編『朝倉世界地理講座　大地と人間の物語12　アフリカⅡ』朝倉書店，797-807頁。

佐藤哲　2014「総説——生物学・生態学」日本アフリカ学会編『アフリカ学事典』昭和堂，428-439頁。

四方篝　2013『焼畑の潜在力——アフリカ熱帯雨林の農業生態誌』昭和堂。

諏訪兼位　1997『裂ける大地——アフリカ大地溝帯の謎』講談社。

藤岡悠一郎　2016『サバンナ農地林の社会生態誌——ナミビア農村にみる社会変容と資源利用』昭和堂。

水野一晴　2015『自然のしくみがわかる地理学入門』ベレ出版。

山縣耕太郎　2005「地形からみたアフリカ」水野編，前掲書，2-14頁。

山極寿一　2007「環境変動と人類の起源」池谷和信・佐藤廉也・武内進一編『朝倉世界地理講座　大地と人間の物語11　アフリカⅠ』朝倉書店，51-68頁。

山越言・目黒紀夫・佐藤哲編　2016『自然はだれのものか——住民参加型保全の逆説を乗り越える』京都大学学術出版会。

横山秀司　1995『景観生態学』古今書院。

Foley, A. J. and R. DeFries, G. P. Asner, C. Barford, G. Bonan, S. R. Carpenter, F. S. Chapin, M. T. Coel, G. C. Daily, H. K. Gibbs, J. H. Helkowski, T. Holloway, E. A. Howardl, C. J. Kucharikl, C. Monfreda, J. A. Patz, I. C. Prentice, N. Ramankutty, P. K. Snyder

2005. Global Consequences of Land Use. *Science* 309 (5734): 570–574.

Gill, J. L. 2015. Learning from Africa's Herbivores. *Science* 350 (6264): 1036–1037.

IPBES 2018. *The IPBES Regional Assessment Report on Biodiversity and Ecosystem Services for Africa.* Bonn: Secretariat of the Intergovernmental Science-Policy Platform on Biodiversity and Ecosystem Services.

●読書案内●

『アフリカ自然学』水野一晴編，古今書院，2005年
　　アフリカの自然環境を一般読者向けに分かりやすく説明した概説書。後半
　　には，アフリカ各地の特徴的な自然環境の紹介や自然環境と人間社会との
　　相互的な関係に関する事例が16章にわたって紹介されている。

『森の目が世界を問う――アフリカ熱帯雨林の保全と先住民』
　　市川光雄，京都大学学術出版会，2021年
　　アフリカの熱帯雨林に暮らす狩猟採集民の生活や森林資源の利用，生態環
　　境との関わりについて，著者の長年にわたるフィールドワークの成果を基
　　に紹介している。森林資源をめぐる国家の政策や企業の動向など，多面的
　　な視点で熱帯雨林や住民をめぐる変化や現状を論じている。

『サバンナ農地林の社会生態誌――ナミビア農村にみる社会変容と資源利用』
　　藤岡悠一郎，昭和堂，2016年
　　ナミビアの農村を対象に，サバンナのなかに形成された農地林（アグロフォ
　　レスト）に注目し，住民の資源利用や景観形成のメカニズムなどを紹介した
　　民族誌。

多様な生態資源と食文化

藤岡悠一郎

　アフリカの農村に暮らす人々は，農耕や牧畜のほか，野生動物の狩猟や植物の採集などの生業を併せて営むことが多く，日常的に多様な生態資源を利用している。

　たとえば，半乾燥地域に位置するナミビア共和国北部の農村に暮らす人々は，サバンナに生息するインパラやスプリングボックなどのアンテロープ類を狩猟の対象とし，ハリネズミなどの小型動物や雨季にやってくる鳥類なども食材として利用する。また，ヤママユガの幼虫であるイモムシやカメムシなどの昆虫類，季節的に水が流れる河川に生息するヒレナマズなどの魚類，オオトカゲなどの爬虫類やカエルなどの両生類も食卓に上る。

　植物では，多くの農家が美味しい果実をつける半野生の果樹を畑のなかなどに残しておき，それらの果実を採集して食用にする。ナミビアを含む南部アフリカに広く分布するウルシ科のマルーラという樹木は，雨季の2月から3月にかけて大量の実をつける。果実には豊富な果汁が含まれ，人々はそれを搾って醸造酒（果実酒）をつくる。白濁したマルーラ酒は美味で，多くの人たちが好んでそのお酒を飲む。地域の人々は，マルーラの実がなるこの季節を「マルーラ酒の季節」と呼び，季節の恵みに酔いしれる。このような生態資源は，食材としてカロリー源・栄養源になるだけでなく，食文化を豊かにし，季節を体感する源泉となる。

　こうした資源は，町のマーケットなどで売買されることもあり，近年ではグローバル市場や観光産業のなかで消費される事例も見受けられる。生態資源の販売が現金を稼ぐ手段となることは地域の経済にとっては重要な意味をもつが，他方で適切な利用のための工夫が求められる。

第 2 章

人々と生活

多様性，連続性，創造性

佐川　徹

対立していた異なる民族の女性が平和会合の場で語り合う（2011年，エチオピア南部にて筆者撮影）

　アフリカは様々な民族が存在する多様性の大陸である。ただし，民族とはけっして閉鎖的な生活単位ではない。民族境界を越えた移動と交流をとおして，人々は多様でありながらも一定の連続性を有した生活様式を築き上げてきたからだ。歴史のなかで培われたこの多様性と連続性は，現代アフリカに生きる人々の生活に多くの可能性と創造性をもたらす素地となっている。

1 二つの多様性

　アフリカ（本章ではサハラ以南アフリカを扱う）に生きる人々の生活は多様性に満ちている。そのことを示すために便利なのが，民族集団の分布を線で区切って示した大陸の地図だ。たとえば，「アフリカ地域研究」と題された大学の講義で，アフリカの多様性を強調したい講師がいたとしよう。彼は，民族とは，言語や生活様式，帰属意識をある程度共有した集団だと説明したうえで，地図（図2-1）を示す。そして，多くの民族が存在するアフリカを一括りにして扱うことの不適切さや，民族境界と国境が一致しないアフリカにおける国民形成の難しさを指摘する。強い視覚的効果を有した地図を用いることで，受講生はこの説明に納得してくれるだろう。だが，この地図がそれを眺める者へ多様性をめぐる特定のイメージを刻印することには，注意が必要だ。

　地図とはありのままの世界を映しとったものではなく，それを作製した人の意識的・無意識的なものの見方が反映した創作物である。では，この地図（図2-1）を描く前提となるものの見方とはいかなるものだろうか。それは，民族間の空間的・社会的な境界は線を引いて明確に区分できるという見方である。民族がクリアに分類できる実体だとすれば，それを数えることもできるはずだ。図2-1は，アメリカの人類学者マードックによる古典的な研究書『アフリカ——その人々と文化史』（Murdock 1959）などを参考にして作製されたものだが，この本には853以上の民族名が記されている（原口 1996）。

　アフリカの人々が，先祖代々一つの場所に定住し，他民族の成員とは最小限の接触しかもたずに暮らしてきたとすれば，上記のものの見方は

図2-1　アフリカの民族分布図
出所：Fisher 2015.

適切だといえよう。だが，アフリカの諸社会に共通する歴史的特徴としてしば
しば指摘されるのは，人々の活発な移動性である（峯 2010）。人々は，近隣民
族との交流をとおして，外来の物や技術，制度，概念などを生活に取り入れて
きた。異なる民族の成員が同じ場所に居を構えて共住し，その過程で複数の民
族へ同時に帰属することもまれではなかった。人口が希薄な新天地へ移動し
て，新たな民族を形成した人もいた。つまり，民族間の空間的・社会的な境界
は時代をとおして変化してきたし，歴史のある一時点を切り取っても，境界を
明確に分けることはできなかったのである。そうであれば，民族の数を正確に
数えることもできなかったはずだ。

　「多様性」がアフリカを理解するためのキーワードであることはまちがいな
い。ただし，本章では二つの多様性を区別しておこう。一方には，それを構成
する諸要素がたがいに自閉して在ることで形成される静的な多様性がある。他
方には，それを構成する諸要素が相互に影響を与えながら変容を遂げていく動
的な多様性がある。各人間集団が絶海で隔たれた島々のように分布し，おのお
のが「ガラパゴス的」な生活様式を培ってきた世界は，静的な多様性を体現し
ている。それに対して，集団境界を越えた交流や融合，分裂が繰り返されるこ
とで，集団間に多様でありながらも連続性を有した生活様式が創造されてきた
世界では，多様性が動的に更新されている。アフリカにおける生活の多様性と
は，基本的に後者の内容に近いものである。それは，人々の多彩なつながりを
とおして，様々な差異がグラデーションとして展開するなかで営まれてきた暮
らしといえよう（cf. Cooper 2002）。

　本章では，まず多様性と連続性という生活の特徴を育んできた移動や交流の
歴史と，人々に移動や交流を促す価値観の存在を示す。つぎに，現代アフリカ
における生業と社会関係，言語の動態を，多様性と連続性を切り口にして描
く。最後に，民族を固定的な境界で区切る図 2-1 のような発想には，アフリ
カの分断統治を試みた植民地政府のまなざしが反映していることを指摘する。
この分断統治によって，アフリカにおける民族間の流動的な境界のあり方や移
動性を基盤とした生活は大きな変容を迫られた。本章をとおして示したいの
は，そのような変容を経た今日でも，歴史をとおして醸成された多様性と連続
性を素地として，人々が新しい生活スタイルを創造し続けていることだ。

2　移動と交流がもたらす多様性と連続性

(1)　土地豊富社会とフロンティア

　移動性の高い生活というと，まずは家畜とともに遊動する牧畜民や，交易活動に携わる商業民の姿を思い浮かべるかもしれないが，アフリカでは農業を営む人々にもこの特徴があてはまる（掛谷 1999）。

　歴史学者のアイリフは，アフリカ人は過去も現在も「フロンティア人」であり続けてきたと記す。人類発祥の地であるアフリカの歴史とは，なにより人々が広大な大陸の各地に移動し，そこに住み着いてきた歴史である。厳しい自然環境下にあるアフリカは，20世紀後半に至るまで土地面積あたりの人口数が少ない「土地豊富社会」であった。アイリフによれば，この人口条件がアフリカの諸社会に共通するいくつかの特徴——多産性を重視する文化的価値，一夫多妻のような子どもの数を最大化する社会制度，世代間の強い対立——をもたらした。また，人々の移動性は高く，アフリカの多様な文化は彼らが内陸部のフロンティアへ移動するなかで形成されてきたものだという（Iliffe 2017）。

　フロンティアにおける文化創造に焦点をあてることで，アフリカを「閉鎖的」や「停滞した」という語で特徴づける従来の認識を刷新したのが，人類学者のコピトフである。コピトフによれば，伝統的に土地豊富社会であったアフリカでは，成熟した政治集団の外縁部に相対的に利用が希薄な空間，つまりフロンティアが広がっていた。人々は，現在の居住地で自然災害や人間関係のもつれが生じるとフロンティアへ移動した。

　もっとも，彼らは移動先でかつてとまったく異なる生活を始めたわけではない。コピトフは，移動の動機は主に保守的なものだったと述べる。人々は，なんらかの理由で従来の居住地では実現できなくなった「望ましい生活」を続けるためにフロンティアへ向かう。そのため，移住者は成熟した集団に存在していた技術や人間観などの「文化的荷物」を携えて新天地へ向かい，その荷物を基盤として新たな生活様式をつくりあげた。また，彼らは移動後にも故地の人々との付き合いを続けた。そのため，移動前と移動後の政治集団や文化の間には一定の連続性が保たれた。このような移動と交流，模倣による創造が繰り

返されることで，アフリカには多くの小規模な政治集団が形成されるとともに，集団の境界を越えて「共通した政治文化」も広がった（Kopytoff 1987）。

　実際，アフリカの歴史には様々な規模の移動を見出すことができる。最も大規模なものは，現在のカメルーンとナイジェリアの国境付近で5000年程度前から始まったとされるバンツー系集団の移動である。ただし，コピトフによれば，アフリカの文化的特徴に構造的な影響をもたらしたのは，大きな出来事としての移動よりも小規模に連綿と続いてきた移動だという。また植民地期に入ると，政府は行政境界を設けて自由な人の動きを制限したため，大規模な移動は困難となった。だが，この時代にも都市や鉱山などへの個人レベルでの移動は続き，人々の民族アイデンティティはつねに再編されてきた。

　フロンティアへの移動は必ずしも平和的になされたわけではない。フロンティアは，相対的に人口が少ない空間ではあったが，しばしば先住者が暮らしていた。そのため，移住者と先住者の間に確執が生じ，階層的な関係が形成されることもあった。くわえて，フロンティアへの進出をめぐって異なる政治勢力間に武力衝突が生じることで，人々の離合集散は加速した。アフリカ史においては，フロンティア付近こそが戦争の主要な発生地であり，ダイナミックな歴史が展開する舞台だったとの指摘がある（Reid 2012）。

　コピトフの議論には批判もある。彼は，移動の動機や文化の形成をめぐってその保守性を強調しているが，実際にはフロンティアでより革新的な文化創造が起きていたとの批判である（Guyer and Eno Belinga 1995）。また，従来の「閉鎖的」というアフリカ・イメージに問題があるからといって，その対極にある無際限な移動やつながりによってアフリカの歴史を一元的に特徴づけることも誤りだ（Cooper 2002）。たとえば，相対的に早い時期から人口密度が高く，強大な王国が存在してきたエチオピア高地は，定住的な生活が基盤となった社会として捉えるのが適切かもしれない。それでも，アフリカを「歴史のない」大陸とみなす近代西洋発の認識を覆す包括的な視点を示した点において，コピトフの議論には大きな意義がある。

(2)　移動を常態とする価値観

　この移動と交流の伝統は，現代アフリカの人々の生活にも受け継がれてい

る。それは，単に移動という行為が今日でも頻繁にみられることだけを意味しているのではない。故地から遠く離れた土地を訪問して人間関係を築いたり，新たな機会を求めて動き続けたりすることを肯定的に評価する表現や価値観が，アフリカ各地から報告されているのである。

　たとえば，ザンビア北部に暮らし焼畑農耕を営むベンバの人々は，「ミオンボ林ならどこへでも行ける」という信念を抱いている（杉山 2007）。ミオンボ林とは，コンゴ民主共和国からタンザニア，ザンビア，マラウイ，ジンバブエにまで広く分布する疎開林で，ベンバはここで焼畑を営む。彼らは，新たな焼畑耕地を求める際や村が分裂する際に，集団レベルで数 km から数十 km 程度の移住をする。個人レベルでも頻繁に物見遊山に行く。これをベンバ語でクタンダラという。大人たちは，忙しい農繁期にも「ちょっとよそに行って来る」といって，2 〜 3 ヶ月も家に帰ってこないことがある。

　このような訪問や移住が可能なのは，社会関係が広範にはりめぐらされているからだ。ベンバは，今日のコンゴ民主共和国とアンゴラの国境付近で繁栄したルンダ・ルバ王国から移り住んできた人の子孫とされる。移動の経路となった各地には，そこにとどまり住み着いたベンバがいる。植民地化以降の時代には，鉱山労働者などとして都市部へ移住した人がいる。その移住先で出会ったコンゴ人やタンザニア人と結婚して，配偶者の村へ引っ越した人もいる。人々は，自身の移動経験や村人のみやげ話をとおして自分たちが有する関係性の広がりを認識しているため，「どこへでも行ける」と考えるのである。

　それではなぜ，彼らは「ミオンボ林なら」という限定をつけるのだろうか。ミオンボ林で焼畑を営むためには多くの知識が必要である。特に，そこは祖霊の住む領域とされるため，利用にあたっては文化的な作法に従うことが求められる。逆にいえば，その作法を熟知するベンバは，ミオンボ林が広がる空間ならばそこに移り住んで生活していけるわけだ。「ミオンボ林ならどこへでも行ける」という信念は，自分たちが移動に必要な社会関係と生業に関する知識を保持していることへの自信に下支えされているのだろう。

　西アフリカからも例を挙げよう。ナイジェリア北部を中心に，ニジェールやチャド，ガーナなどに暮らすハウサは，長いあいさつの最後に「ハルクキはどうですか」とたずねる（大山 2015）。ハルクキは，辞書では「動き」などと翻

訳される語である。人々は，日々の生活でハルクキ＝動きをつくりだして，多様な活動に携わることを重視している。

　ハウサ人は，村落では主に農耕に励んでいるが，15歳頃になると町へ移動して自分の仕事の適性を試してみる。その過程で多くの社会関係が築かれ，新たな仕事や情報を得ることもできるようになる。金や物もハルクキを生み出すもとになる。彼らは町での出稼ぎで得た給料でよく家畜を購入する。その家畜を肥育して売却した利益で，今度は近隣の牧畜民と野営契約を結ぶ。牧畜民が飼養する多数の家畜の糞が畑に供給されて，土地の生産性が高まるからだ。人が動くことで金や物に動きが生まれ，それがまた人に動くことを促す。ハウサは西アフリカ一帯で活躍する商業民として知られているが，彼らの交易活動は，動きをポジティヴに評価するこの文化的概念によって基礎づけられていると考えられよう。

　生活の移動性に関わる表現はまだまだ挙げていくことができる。それらのことばや信念に共通して含意されているのは，人々の暮らしにおいて移動が常態であることや，移動がもたらす他者との出会いが生活の可能性を広げることだ。動くことをポジティブに評価するこのような価値観が，「行けばなんとかなる」（杉山 2007）という集合的な感覚を醸成することで，人々の移動と交流は促進されてきたのである。

3　生業，社会関係，言語の動態

　人々は，移動する際に「文化的荷物」を携えていくし，近隣の人々との交流の過程でも物や技術，制度，概念などを相互に伝達する。そのため，各人の暮らしには多様な出自を有した生活の諸要素が混在することになる。本節では，暮らしの基礎をなす生業と社会関係，言語の動態に，移動と交流の伝統がどのように発現しているのかを探ってみよう。

⑴　多様な生業と生活の自律性

　アフリカの人々が様々な自然環境のもとで営んできた生業は，三つに区分して説明されることが多い。野生の植物や動物，魚を採取する狩猟・採集・漁

労，家畜を飼養してそのミルクや肉，血などに依存する牧畜，栽培植物を生産する農耕の三つである。この生業分類は，農耕民○○人，牧畜民△△人といったように，しばしば民族の分類と重ねあわせて用いられる。

だが，このような名づけは生業活動の実態を的確に表していないことが多い。不確実な自然・社会環境下で生活していくために，人々は複数の生業を並行して営んできたからだ。たとえば，アフリカの焼畑農耕民には，農耕だけでなく狩猟や漁労，植物や昆虫の採集などにも従事する「自然利用のジェネラリスト」という点で，共通性があるとされる（掛谷 1998）。実際，前節で触れたベンバは，農産物以外のものを多く含む食材を季節の変化に応じて利用することで，多様性に富んだ食生活を送ってきた（Richards 1939）。

このような生業活動や食生活の背後には，人々の移動の歴史を垣間見ることができる。ケニア北部の乾燥地域に暮らすトゥルカナは，多くの家畜を飼養する牧畜民として知られる。だが伊谷純一郎（2009）は，牧畜はあくまでも「生業の上部構造」であり，彼らの生活を基底で支えているのは自然からのより直接的な資源の採取であると指摘する。

初めてトゥルカナの地を訪問した1978年，伊谷は彼らが野生の動植物に関する詳細な知識を有していることに感銘を受けた。精確な自然認知が人々の生活に果たす役割を彼が知ったのは，1980年の2度目の訪問時だった。この年，トゥルカナの地は記録的な旱魃に見舞われて大部分の家畜が死亡し，人々は栄養失調に苦しんだ。だが，一部のトゥルカナは山岳部へ移動して，木の実や樹脂を採取することで急場をしのぐことができた。また伊谷は，乾燥地域では十分な収穫が見込めないにもかかわらず，トゥルカナがモロコシの品種を細かく分類してその耕作に励んでいたことも指摘している。

歴史をさかのぼれば，トゥルカナは現在の居住地に移動してくる過程で牧畜以外の生業にも強く依存した生活を送ってきた。「民族の記憶の痕跡」（伊谷2009）といえる生業に関する知識や自然への関心は，現在の厳しい環境下での人々の生存を支えるとともに，将来の生活の変化への備えにもなっているのである。

広大なアフリカには，特定の生業を専業的に営むことを志向する人たちもいる。再び西アフリカに目を向けよう。豊かな氾濫原が広がるマリ南部のニ

ジェール川中流域では，漁労民ボゾ，牧畜民フルベ，米作民マルカ，畑作民バンバラなど，従事する生業ごとに社会集団が分化している。だからといって，各集団は閉鎖的な生活を送ってきたわけではない。たとえば，漁労民ボゾは，米作民マルカと生産物を物々交換している。また，牧畜民フルベのウシが川を渡るときに，ボゾは自分たちの舟で運んであげる。そのウシの糞が川に多くのプランクトンを発生させることで，ボゾが獲る魚の数は増えることになる（竹沢 1999）。専業化と近隣民族との交流は，表裏一体となって人々の生活を支えてきたのだ。

　複数の生業を並行的に営むことと，他集団と相互依存の関係を築くことは，生計を確保する経路を多様化することで生活に一定の安定性を確保しようとする姿勢において共通している。この姿勢は，人々の生活が市場経済と接合していく過程にも継続してみられる。

　列強による植民地化以降，アフリカの農村では換金作物の栽培が広がるとともに，都市部への出稼ぎ労働も拡大した。ナイジェリアとザンビアの農村部に暮らす住民による社会変化への対応を検討した島田周平（2007）によれば，彼らの行動を特徴づけるのは，農村でも都市でも様々な現金稼得活動への参入と退出を繰り返す「変わり身の早さ」である。ただし人々は，キャッサバやモロコシなど，自家消費する食料の栽培は放棄することなく続けてきたという。価格の乱高下に翻弄されかねない市場経済に全面的に生活を委ねてしまうのではなく，自給作物の生産という基層部分は維持しながら生計手段の多様化を図ることで，人々は生活の自律性も保持しているのである。

　上述したマリ南部の漁労民ボゾは，近年では氾濫原での漁獲量が落ちるなどの生活の困難に直面している。そこで彼らは，新たな漁場を求めて移動を始め，故地から2000km 以上離れたカメルーンのダム湖も漁場にした。専業化を志向する彼らは，生業の活動内容を多様化するのではなく，漁労を行う活動空間を多様化することで，社会変化に対応しているわけだ。この背景には，自分たちが西アフリカ随一の内水面漁師だという認識にくわえて，移動を正当化する価値観がある。彼らは「ボゾであることは自由であることだ」と語り，移動性の高い漁労キャンプでの暮らしに高い価値をおく（竹沢 2008）。特定の環境を利用する自分たちの能力に自信をもち，自己の身体を動かすことで生活の可

能性を切り開こうとする彼らの姿勢は，前節で触れたベンバの信念や行動と共通している。

(2) 民族境界を越えた社会関係と政治秩序

　移動や交流の歴史は，今日の人々の社会関係にはどう反映しているのだろうか。アフリカにおける社会関係と聞くと，まずは同じ民族内の強固なつながりを思い浮かべるかもしれない。民族内の社会関係は確かに重要であり，そのことに注目した古典的な研究は画期的な知見をもたらした。

　伝統的なアフリカには，ガーナ王国やコンゴ王国などの「政府のある社会」とともに，集権的な統治機構をもたない「政府のない社会」が存在していた。20世紀前半の西洋世界における常識的理解では，王も警察もいない「政府のない社会」は無秩序に陥るのが必然だった。だが，1940年に出版された『アフリカの伝統的政治体系』という著作で人類学者が明らかにしたのは，「秩序あるアナーキー（無政府状態）」の存在だった（フォーテス／エヴァンズ＝プリチャード編 1972）。政府がなくても，人々は親族組織や年齢組織などをとおして民族内の社会関係を構造化することで，自律的に秩序を維持してきたというのだ。

　これらの研究は政治秩序をめぐる西洋発の常識を覆した一方で，秩序形成が民族単位で達成されていることを強調するあまり，民族を自閉的な単位として捉えるものの見方を強めてしまった。1980年代以降の研究が示してきたのは，親族組織や年齢組織は民族の境界を越えたつながりを形成する基盤にもなっているということだ。

　「政府のない社会」研究の主な舞台となった北東／東アフリカから例を示そう。ケニアとエチオピアの国境付近に暮らすレンディーレやガブラ，サクィエ，ガリーなどの民族の間には，同じ名前の父系クランが多く存在している。クランとは親族集団の一つであり，始祖を共有すると認識しているものの，その具体的な系譜は辿ることができない人々の集まりを指す。なぜ，同じ親族集団のメンバーが異なる民族にわかれて帰属しているのだろうか。

　歴史をさかのぼると，16世紀以前，上記の諸民族は同じ言語を話し，研究者が「プロト・レンディーレ－ソマリ」（PRS）と名づけた単一の文化集団を形成していた。16世紀以降，この地域では北部から移住してきたボラナ人が覇権

的な地位を占めるようになった。PRS 文化集団もボラナから多くの影響を受けたが，影響の度合いは同じ文化集団のなかでもちがいがあった。このちがいに応じて，四つの集まりが空間的にも社会的にも現在の民族単位へ分化していったが，その過程で同じクランの成員の一部はある民族に，別の一部は異なる民族に帰属することになったのである。

今日でも人々はこの歴史を認識し，自分が帰属するクランと同名の他民族のクランの成員を「兄弟」だと考えている。そのため，異なる民族の土地を訪問する人々は，同名クランのメンバーの家を滞在先とし，迎える側は訪問者を「兄弟」としてもてなす（Schlee 1989）。

親族組織が人々を出自に依拠して組織化するのに対して，人々を年齢に応じて組織化するのが年齢組織である。年齢組織は複数の年齢組によって構成されており，多くの社会では数年に一度，近い年齢の若者が加入儀礼を経て新たな年齢組を結成する。同じ年齢組の仲間は強い共同意識を抱く。

南スーダンに暮らすパリの人々の間にも年齢組織が存在している。彼らの間で調査を進めてきた栗本英世（Kurimoto 1998）は，1985年に隣接する民族であるロコヤの集落を訪れた際，何人かのパリと遭遇した。異邦の地でどこに滞在しているのかと栗本が尋ねると，彼らは「（ロコヤの）年齢組仲間の家だよ」と答えた。この地域の人々は，パリのある年齢組がロコヤのどの年齢組に対応するかをよく知っていた。そして，対応する年齢組の成員たちは，民族境界を越えた「年齢組仲間」として親密な関係を築いていたのである。

栗本が調査を進めると，ロコヤ以外の周辺民族の間にもパリのものと似通った年齢組織の構造や名前が存在しており，この年齢組織を参照点としながら異なる民族の成員が多様な関係を築いていることが明らかになった。これは，人々が頻繁な交流をとおして近隣民族の慣習や実践を相互に模倣しながら取り入れてきた結果である。

社会組織に強く基礎づけられたこれらの関係にくわえて，他民族の成員との間により個人的な動機に即した友人関係などが取り結ばれてきたことも，アフリカの諸地域から報告がある（Guichard et al. 2014）。以上の知見が示しているのは，民族境界を横断した関係性の広がりをとおして，複数の民族を包含するより広範な地域空間で「秩序あるアナーキー」が自律的に形成されていたとい

うことだ。この事実は，民族が政治的な対立の道具として用いられやすい昨今の社会状況下で強調されてしかるべきである。

　ケニア北部で主に牧畜に依存した生活を営む二つの民族の間には，2004年から武力衝突が頻発した。紛争の発端は，一方の民族に帰属する国会議員が，選挙対策の一環として相手民族から土地を奪おうと目論み，民族間の敵対意識を煽動したことだった。悪化した民族間関係は，2009年に開かれた和平会合において携帯電話を用いた情報交換網がつくられたことで改善に向かう。各民族から選出された連絡員が，相手民族のパートナーと頻繁に電話をして双方の治安状況を伝達しあうことで，争いが未然に防がれ，トラブルが発生した際にも迅速な対処が可能となったからだ（湖中 2012）。民族境界を横断した紐帯が歴史的に存在してきたことを認識し，その紐帯を再活性化することは，地域に根差した平和構築を実現する力にもなるのである。

(3)　都市の多言語状況がもたらす創造性

　移動と交流の伝統が育んできた多様性と連続性は，新しい文化が生まれる素地にもなる。現代アフリカにおける文化創造の主たる舞台は都市だろう。アフリカには長い都市の伝統があり，植民地期には行政都市や鉱山都市も建設された。もっとも，植民地政府はアフリカ人の都市への移住を制限したため，急速な都市化は独立後に進んだ。多様な出自を有する人々が携えてきた「文化的荷物」が接触・混淆し，革新的な変容を遂げているのが現代アフリカの都市空間だ。ここでは都市の多言語状況がもたらす創造性に注目しよう。

　アフリカでは2000以上の言語が話されている。これは，世界の全言語の30％以上を占める数だ。民族の分類と同様に言語の分類も難しい。独立した言語と方言を区別する基準はあいまいだし，現代では分類に政治的な要因も作用してくる。たとえば，ボツワナのツワナ語と南アフリカの北ソト語，レソトの南ソト語は，言語学的には一言語の方言と呼べるが，国が異なるため別々の言語名が与えられている。このような言語分類に伴う力学を考慮したうえで，2000という数値は妥当であると言語学者は記す（米田他 2011）。

　アフリカの言語状況の特徴は，単に言語の数が多いことではなく，生活の現場で複数の言語が重層的に用いられていることだ。言語はそれが用いられる社

会的文脈に即して，民族語，地域共通語，公用語に大別できる（梶 2009）。民族語は文字どおり各民族の言語で，多くの人にとって母語となる。ただし，民族間の交流がさかんなので複数の民族語を話せる人は珍しくない。地域共通語は，交易の媒介言語などとして特定民族を越えて用いられてきた言語であり，スワヒリ語やリンガラ語などがある。公用語は国家が定めた公的領域で主にエリートが用いる言語であり，多くの国では旧宗主国の言語がこの地位にある。

　多言語状況を生きる人々は複数の言語を使い分けている。形式的に記せば，家庭内では民族語を話し，町で他民族の友人と会話する際には共通語を用い，役所では公用語を使う，といった具合である。ただし，現実には整然とした使い分けがなされているわけではない。むしろ興味深いのは，一つの会話のなかでも言語の使用切り替え（コード・スイッチング）が頻繁になされていることだ。ケニアの首都ナイロビでの人々の会話を観察してみると，挨拶は実質的な公用語である英語で行い，その後の会話はスワヒリ語や民族語を用いたり，スワヒリ語での会話中に英語や民族語の語彙を挿入したりしている（品川 2009）。

　各言語の使用域があいまいなことは，複数の言語の諸要素が混淆した「混成言語」を生む可能性を高める。その一つの事例が，政府から公的には認知されていないにもかかわらず，ケニアの都市部で若者の生活言語として用いられてきたシェン語である（小馬 2019）。1963年のケニア独立後，地方からの人口流入が進んだナイロビの縁辺部では，多様な民族の成員が共住することになった。彼らの会話は主に内陸スワヒリ語を媒介として行われたが，その過程で他言語との混淆が生じて1970年前後にシェン語が生まれた。シェン語は，内陸スワヒリ語の文法構造を基盤としているが，英語の文法と語彙や，民族語であるルオ語やギクユ語などの語彙が，改変を被りながら取り入れられている。

　シェン語は，まもなく全国の寄宿制の中学校で共通語として用いられるようになった。学生は卒業後もこの言語を使い続けたので，都市の若者の間でシェン語の第一言語としての利用が広がった。民主化が進み FM 放送が自由化された1990年代になると，シェン語を歌詞としたヒップホップ系音楽に人気が集まる。庶民の心に訴えかける多彩な表現が可能なシェン語は，テレビドラマや国内外の企業の広告，政治家の PR 活動でも用いられるようになっていく。2015年には，ケニアを訪問したアメリカのオバマ大統領（当時）がシェン語を

挨拶に用いて，ケニアへの親愛の情を表現したという。

　若者が担い手となり都市で生まれる言語は「都市若者言語」と呼ばれ，コートジボワールの最大都市アビジャンで話されているヌシ語など，アフリカ各地からその報告がある。若者は，この言語を自分たちと年長者とを区分するアイデンティティ指標にしているとともに，民族境界を越えたコミュニケーションの媒体としても用いている（Kiessling and Mous 2004; Nassenstein and Hollington 2015）。シェン語も，もともとは都市若者言語として生まれたが，学校教育の広がりや民主化，グローバル経済などの影響を受けながら魅力的な表現が産出されることで，その使用域を地理的にも世代的にも拡大してきた。小馬徹（2019）は，この言語の利用の広がりをとおして，ケニアの国民統合が進む可能性まで展望している。多言語状況を素地として生まれ，異なる民族の出身者に文化的な連続性をもたらすシェン語は，現代アフリカの都市生活にみられる創造性をよく体現した存在だといえよう。

4　分断統治を越える生活の営み

　国境線で区切られたアフリカの地図を見たときに，違和感を覚える人は多いだろう。直線が多いからである。アフリカの国境は，西洋列強の政治家らが人々の生活実態を無視して引いた線を，独立後の政府が継承したものだ。その意味で，国境線を記した地図はアフリカにおける支配の歴史を学ぶ媒体になる。一方，本章冒頭で示した図2−1を見たときに，同じような違和感を覚える人は少ないようだ。その理由の一つは，一部の地域を除いて境界線に直線が少ないため，空間的分割が自然に形成されたものとして映るからだろう。

　だが，この地図にも支配の歴史が刻印されている。19世紀後半からの植民地期，イギリスを中心とした宗主国は，アフリカを自閉的な「部族」の集まりによって構成される社会とみなし，「部族」単位の分断統治を進めた。農村部の空間は，まず宗主国の「白人」と一部のアフリカ人エリートだけが市民生活を営む都市部の空間から切断された。つぎに農村部の住民は，各「部族」の慣習法のもとに統治される臣民として相互に切り分けられた（Mamdani 1996）。従来の民族間のつながりやその流動的な境界は，空間的にも社会的にも固定され

たクリアなラインに置き換えられたのである（松田 1992）。この分断統治を実行する装置として植民地期につくられたのが、「部族」の分布図だった（Macarthur 2016）。

　図2-1には植民地期に形成されたこの「部族」観が反映している。また、インターネットで「国名」と「ethnic map」をキーワードに検索すると、民族分布を線で分割した国単位の地図がヒットする。その多くは、植民地期につくられた地図や同時期に集積された「部族」をめぐる知識に依拠して描かれたものだ。今日、これらの地図をとおして民族の大まかな分布や数を確認することは、アフリカの文化的豊かさを直感的に把握するうえで意味がある。ただし、分断統治を進めた側の視点が埋め込まれた地図は、多様でありながらも連続性を有した生活の実態を不可視化し、「閉鎖的」や「停滞した」というアフリカ・イメージを再生産する効果を内包していることには、注意が必要だろう。

　植民地期の分断は、独立後のアフリカにおける暮らしの改善や平和の維持を妨げる障壁となった。だが本章の内容は、この分断が完全には成功しなかったことを示している。今日でも、人々は移動することや見知らぬ他者と出会うことをポジティヴに価値づけているし、近隣民族との共生的な関係をとおして生計の安定化を試みている。歴史をとおして培われてきた集団境界を越えた紐帯は、民族間に平和が回復するきっかけを提供している。農村部の人々は都市とのつながりを強めることで社会変化への対応を試み、民族語を携えた若者が都市で出会うことで新たな表現が創造される。人々は、異なる民族の間や都市と農村の間に設けられた壁を、移動や交流の歴史を参照しながら、日々の生活実践において部分的にではあれ乗り越えてきたのである。2000年前後から進んだ国際移動の活発化や携帯電話の普及は、彼らの移動と交流をさらに促進させる効果をもつ（小川 2019）。

　もちろん、今日の人々の移動性の高さを「アフリカの伝統」が持続している証として称揚するのは素朴にすぎよう。西アフリカ諸国から欧州を目指す現代の移民の調査からは、人々が出身村の外に生計手段を求めざるをえない苦しい経済状況が存在することや、移動の過程で多くの人が警察などからの抑圧に直面していることが報告されている（Andersson 2014）。また、アフリカ諸国の民主化と分権化が進んだ1980年代後半以降、いくつかの国では土着主義的な言説

が広がりをみせ，移住者を「よそ者」として土地から排除する動きが拡大した（Geschiere 2009）。近年の村落部からの強い離脱志向と排外主義の高まりには，20世紀後半からの急速な人口増加によって，アフリカが「土地豊富社会」から「土地稀少社会」への構造的な転換期を迎えていることも関係しているだろう。そして，2020年からの新型コロナウイルスの感染拡大は，特に国境を越えた移動に大きなブレーキをかけた。

　さらなる移動を人々に迫る圧力と，移動を望む人々の迎え入れを拒む圧力がともに高まるなかで，アフリカの人々の生活はどのように変わっていくのか。移動と交流の伝統に即した創造的な対処が立ち現れてくる現場に注目していきたい。

参考文献

伊谷純一郎　2009『伊谷純一郎著作集5　遊牧社会の自然誌』平凡社。

大山修一　2015『西アフリカ・サヘルの砂漠化に挑む――ごみ活用による緑化と飢餓克服，紛争予防』昭和堂。

小川さやか　2019『チョンキンマンションのボスは知っている――アングラ経済の人類学』春秋社。

掛谷誠　1998「焼畑農耕民の生き方」高村泰雄・重田眞義編『アフリカ農業の諸問題』京都大学学術出版会，59-86頁。

―――　1999「『内的フロンティア世界』としての内陸アフリカ」高谷好一編『〈地域間研究〉の試み――世界の中で地域をとらえる』京都大学学術出版会，285-302頁。

梶茂樹　2009「アフリカにおける言語と社会」梶茂樹・砂野幸稔編『アフリカのことばと社会――多言語状況を生きるということ』三元社，9-30頁。

湖中真哉　2012「紛争と平和をもたらすケータイ――東アフリカ牧畜社会の事例」羽淵一代・内藤直樹・岩佐光広編『メディアのフィールドワーク――アフリカとケータイの未来』北樹出版，136-150頁。

小馬徹　2019『ケニアのストリート言語，シェン語』御茶の水書房。

品川大輔　2009「言語的多様性とアイデンティティ，エスニシティ，そしてナショナリティ――ケニアの言語動態」梶・砂野編，前掲書，309-348頁。

島田周平　2007『アフリカ　可能性を生きる農民――環境‐国家‐村の比較生態研究』京都大学学術出版会。

杉山祐子　2007「『ミオンボ林ならどこへでも』という信念について――焼畑農耕民ベンバの移動性に関する考察」河合香史編『生きる場の人類学――土地と自然の認

識・実践・表象過程』京都大学学術出版会，239-269頁。

竹沢尚一郎　1999「水との共生――ニジェール川の漁民集団ボゾ」川田順造編『アフリカ入門』新書館，189-200頁。

―― 2008『サバンナの河の民――記憶と語りのエスノグラフィ』世界思想社。

原口武彦　1996『部族と国家――その意味とコートジボワールの現実』アジア経済研究所。

フォーテス，M／E・E・エヴァンズ＝プリチャード編　1972『アフリカの伝統的政治体系』大森元吉・星昭訳，みすず書房。

松田素二　1992「民族再考――近代の人間分節の魔法」『インパクション』75：23-35。

峯陽一　2010「アフリカの歴史から学ぶ――人間の『進歩』とは何だろうか」峯陽一・武内進一・笹岡雄一編『アフリカから学ぶ』有斐閣，3-27頁。

米田信子・若狭基道・塩田勝彦・小森淳子・亀井伸孝　2011「アフリカの言語」『アフリカ研究』78：43-60。

Andersson, R. 2014. *Illegality, Inc.: Clandestine Migration and the Business of Bordering Europe*. Oakland: University of California Press.

Cooper, F. 2002. *Africa since 1940: The Past of the Present*. Cambridge: Cambridge University Press.

Fisher, M. 2015. A Fascinating Color-coded Map of Africa's Diversity. Vox. https://www.vox.com/2015/11/10/9698574/africa-diversity-map.（最終閲覧2022年2月24日）

Geschiere, P. 2009. *The Perils of Belonging: Autochthony, Citizenship, and Exclusion in Africa and Europe*. Chicago: University of Chicago Press.

Guichard, M., T. Grätz and Y. Diallo (eds.) 2014. *Friendship, Descent and Alliance in Africa: Anthropological Perspectives*. New York: Berghahn Books.

Guyer, J. I. and S. M. Eno Belinga 1995. Wealth in People as Wealth in Knowledge: Accumulation and Composition in Equatorial Africa. *The Journal of African History* 36(1): 91-120.

Iliffe, J. 2017. *Africans: The History of a Continent* (Third Edition). Cambridge: Cambridge University Press.

Kiessling, R. and M. Mous 2004. Urban Youth Languages in Africa. *Anthropological Linguistics* 46(3): 303-341.

Kopytoff, I. 1987. The Internal African Frontier : The Making of African Political Culture. In I. Kopytoff (ed.), *The African Frontier*. Bloomington: Indiana University Press, pp. 3-84.

Kurimoto, E. 1998. Resonance of Age-systems on Southeastern Sudan. In E. Kurimoto and S. Simonse (eds.), *Conflict, Age and Power in North East Africa*. Oxford: James Currey, pp. 29-50.

Macarthur, J. 2016. *Cartography and the Political Imagination: Mapping Community in Colonial Kenya*. Athens: Ohio University Press.

Mamdani, M. 1996. *Citizen and Subject: Contemporary Africa and the Legacy of Late Colonialism*. Princeton: Princeton University Press.

Murdock, G. P. 1959. *Africa: Its Peoples and their Culture History*. New York: McGraw-Hill.

Nassenstein, N. and A. Hollington (eds.), 2015. *Youth Language Practices in Africa and Beyond*. Berlin: De Gruyter Mouton.

Reid, R. J. 2012. *Warfare in African History*. Cambridge: Cambridge University Press.

Richards, A. 1939. *Land, Labor, and Diet in Northern Rhodesia: An Economic Study of the Bemba Tribe*. New York: Oxford University Press.

Schlee, G. 1989. *Identities on the Move: Clanship and Pastoralism in Northern Kenya*. Manchester: Manchester University Press.

●読書案内●

『食と農のアフリカ史——現代の基層に迫る』
　　石川博樹・小松かおり・藤本武編，昭和堂，2016年
　　アフリカではどのような主食作物が栽培されているのか，食材の調理法にはどれぐらいのヴァリエーションがあるのかなど，農業や食生活の大陸規模での多様性と連続性を学べる良書。大陸外で栽培化された作物が，人々の生活に根づいていった歴史も知ることができる。

『アフリカ人の生活と伝統』阿部年晴，三省堂，1982年
　　人々の絶えまない移動と交流により育まれてきたアフリカ文化の「多様性と等質性」を，テーマごとに分けて論じた著作。「自己の内なる死者と神」「男と女，もしくは両性具有の夢」「市と交易」「表現への意志」など，魅力的な内容が揃う。

『掛谷誠著作集』全3巻，掛谷誠，京都大学学術出版会，2018年
　　ミクロかつマクロな視点から，アフリカの過去と現在と未来を論じた研究者の著作群。第1巻では焼畑農耕民の生活が詳細に分析され，第2巻ではみずから弟子入りした呪医の世界をめぐる濃密な記述が続き，第3巻ではアフリカを「内的フロンティア世界」として捉える壮大な視点が提示される。いずれも，「アフリカ的発展」の可能性を探るための必読書。

「正しい法」の承認
外部からの介入が受容されるとき

川口博子

　地域紛争が収束するやいなや，年老いた父親は50年以上も前に３歳で事故死した娘の弔いを始めて，それが「正しいやり方だ」と繰り返した。なぜ死後すぐに弔わなかったのかという疑問が浮かんだ。

　ウガンダ共和国北中部に位置するアチョリ社会には，「殺人」が起こった場合に，加害者と被害者の父系出自集団が賠償を受け渡し，被害者側がその賠償財で死者を弔うという法がある。これを疎かにすれば，死者は家族に病いや死をもたらすといわれる。集団間の和解と集団内での弔いを実現するためには，賠償は必要とされてきた。それと同時に植民地期から現代に至るまで，この法は近代化を迫られてきた。集団間だけでなく集団内での死が適用範囲に組み込まれ，さらに幼児の事故死など「不慮の死」は，保護責任者遺棄の罪とみなされて賠償の対象になったのである。人々は，紛争の収束をさかいに，この二つの介入を受容し始めた。

　1986年以降20年にわたる地域紛争が続き，反政府軍が地域住民を誘拐したことで，アチョリ内部でも凄惨な殺人が頻発し，人々は苦難にみちた生活をおくった。人道支援機関は，反政府軍兵士との和解を促進するために，伝統的首長と協力して法を成文化し罪となる行為を詳細に規定した。ところが実施された賠償をみると，人々は遥か昔の死に強い関心を向けていたことがわかる。その死者たちが度重なる苦難をもたらしたというのだ。新たな法の規定は，その苦難を過去の出来事の帰結として解釈し，経験を共有する集団内でそれに対処するという可能性を提供したのである。人々は，植民地政府を含む外部者の介入によって変容させられた法を自らの経験のなかに位置づけることで，それを正しい法として承認し実践していくのである。

　ある女性は「私たちは争いに苦しんできた。いまやっと休める」とつぶやいた。紛争後を生きる人々は新しい法を介して希求した平和を創造しようとしているのだ。

第3章

人々の世界観

ひらかれ，つながる秩序と信念

橋本栄莉

供犠の後，供犠獣の皮から肉片をこそぎ
落とす子どもたち（2013年，南スーダンに
て筆者撮影）

アフリカの世界観は変化と多様性に富み，常に新しい要素を取り込んで現
実を構成している。アフリカの諸信仰は，西欧社会をはじめとする世界の
権力構造やイデオロギーとともにあり，今や相互依存の関係にすらある。
あらゆる存在物との共同／協働関係を語り，他者と関係を構築していくア
フリカの〈民衆の認識論〉の力は，現代社会が抱える問題の根底にある認
識（の不完全さ）を教えてくれるかもしれない。

1 秩序への意志

(1) 世界観とは

アフリカの世界観と聞いて，あなたはどんなことを思い浮かべるだろうか。
自然環境や野生動物，紛争や貧困といったテーマに比べ，世界観というのはピ
ンとこないかもしれない。木彫りの仮面やカラフルな身体装飾からその世界観
を想像する人もいるかもしれない。怪しげな秘密結社や，「迷信」に囚われた
人々を思い浮かべる人もいるだろう。

世界観とは，世界の秩序や人間の基本的な状態に対する想定，自己と世界の
関係についての説明のことである。世界観という言葉には，閉ざされている独
自の世界の解釈体系というニュアンスがどうしても入ってしまう。しかし，本
章で主張したいのは，まったく逆である。ここで紹介されるアフリカの世界観
とは，常にひらかれ，変動し，様々な要素を巻き込んで展開してゆく世界の観
方や知のあり方である。世界観は，あらゆる場面に現れる。日々の挨拶やお
しゃべり，歩き方，人との距離の取り方，歌やダンス，名づけや通過儀礼，夢
見やくしゃみ，放屁の解釈（読書案内参照）などなど。

日本において，開発支援や平和構築が必要な地としてアフリカは話題にされ
ることが多い。一方で不思議なのは，その地に生きる人々にとって，何が「平
和」や「秩序」で，「幸福」な状態なのか——つまり人々の世界観にはあまり
関心が向けられないことだ。私たちの考える平和や幸福とまったく同じ姿かた
ちをしているものとして，それを想定してもよいのだろうか。アフリカの世界
観は，興味深くはあるけれども事実ではない空想のようなものとされ，二次的
な価値しか与えられてこなかった。どうやら，「世界とはかくあるべき」とす
る様々な世界観こそが，社会的事実を構築してきたという人類の歴史は忘れ去
られているようである。

本章では，アフリカの人々の日々の活動や世界の把握に欠かせない信仰や超
人間的な力と関わる事例を紹介し，アフリカの世界観と呼びうるものの素描を
試みる。本章の前半では，サブサハラ・アフリカの世界観を構成してきた諸要
素について事例とともに検討する。後半では，植民地期以降の歴史状況のなか

で，アフリカの諸世界観や信仰がどのように形作られ，人々が直面する現代的問題に関与しているのかを紹介しよう。

(2) 笑われたお守り——伝統信仰は「遅れ」の象徴か？

　ところで，私はアフリカで肩掛けカバンにお守りを着けて持ち歩いている。このお守りは，行く先々で人々の笑いを誘ってしまう。これは神か？　日本人はいろんなものに神様がいると信じているのは本当か？　だとしたら日本の発展はもう終わりだ……これらがよく言われることである。

　この笑いの背景にあるのは，信仰と発展の因果関係をめぐる想像力である。私たちの多くは，ある人がお守りを持つに至るまでの事情をなんとなく想像することができる。ただの気休め，最終手段，贈り主の想い，記憶，神社の経営戦略……お守り一つには，社会的脈絡や機能，情動といった私たちなりの「リアル」がある。私たちが紙切れを妄信する科学的マインドをもたない「遅れた」人間だ，という指摘には少々文句を言いたくなる。

　翻って，私たちの社会で妖術や呪術といったアフリカの「伝統信仰」が報道で紹介されると，必ずといっていいほど「遅れた」迷信深い人々へ教育や開発の必要性を指摘する者が現れる。お守りを持つ私たちは知っているはずだ。「伝統信仰」が存在し，それを信じているように見える人がいることは，必ずしも人々の無知さによっては説明できないことを。しかし，アフリカの場合，信仰の背後にある社会的脈絡や，信念を成立させているシステムの方に目が向けられることはない。まるで他者が他者であることを裏づけるかのように，その不可解さや（私たちにとっての）非合理性だけが強調されている現状がある。

(3) 信仰と発展をめぐる理解と誤解

　アフリカの信仰や世界観が「遅れ」の象徴であるかのように語られがちであるのは，18〜19世紀の西欧の探検家や宣教師，そして初期の人類学者らによって書かれた手記やモノグラフによるところも大きい。探検家たちは，自分たちにとって物珍しく不合理に見えた慣習をつなぎあわせ，奇妙奇天烈なアフリカの「未開社会」像を作り上げていった。耕作や家畜の飼養といった日常的な事柄や信仰の背後にある社会的脈絡は，彼らにとっては取るに足らない問題だっ

た。儀礼のなかで少しでもみだらな表現が使われたならば，愚かな者たちに慈悲深い伝道が必要だとする根拠とされたのだった（エヴァンズ＝プリチャード 1973：10-14）。アフリカの信仰は「宗教（religion）」とは翻訳されず，信仰の形態や特徴にかかわらず，たとえば呪物への執着や偶像崇拝を示す「フェティシズム」や，万物に魂を見出す「アニミズム」，あるいはいかがわしさを連想させる「魔術（magic）」といった表現で括られた。のちに「原始一神教」や「一にして多なる神」といった様々な表現がアフリカの諸信仰に与えられたものの，アフリカの信仰を包括する名称はない。後述する信仰の動態や混淆状態をふまえれば，地域独自の「伝統宗教」という言い方も必ずしも適切ではない。

　現地社会での調査が主流ではなかった19世紀から20世紀初頭の人類学的宗教研究において，アフリカの諸信仰は文化進化論的図式のなかで語られていた。たとえば，アニミズム→多神教→一神教，あるいは呪術→宗教→科学といった具合に，社会が発展するにつれ，信仰の形態や内容は変化してゆくものとして捉えられていた。この進化論的図式は誤っていたにもかかわらず，現代でも信仰と社会の発展を相関するものとして捉える認識は受け継がれている。

　その後，人類学者らが現地を訪れて発見していったのは，人々の生活のリズムや社会秩序の維持，人間関係の葛藤やその解決と深く関連した信仰，重厚な神話や神話的世界を構成するシンボルのあり方であった。一方で，人類学者らの研究関心やデータもまた，ときの社会情勢と無関係ではなかった。呪術や精霊信仰は「信仰がないか，誤った信仰をもつ人々」に対する植民地統治を正当化したし，宗教職能者を含む権力構造はスムーズな統治のために利用された。その後，被植民国の人々を世界大戦へと動員し，西欧人の「同志」であることを示すために，「（意外にも）発達した知的文明をもつ人々」として複雑な神話が紹介されたのだった。

　アフリカの世界観は，世界的に優勢な権力やイデオロギーのなかで，都合よく解釈され続けてきた。イデオロギーもまた，特定の時代や地域を生きる人々の目指す秩序を構築するための世界観の現れである。アフリカの世界観の解釈は，秩序への意志が競り合う歴史的な舞台でもあったのである。

2　世界を分割し，把握する

(1)　サブサハラ・アフリカの世界観の諸要素

　サハラ砂漠から赤道直下の熱帯雨林，氷河のある山岳地帯，緑豊かな草原地帯といった様々な環境に暮らす人々の多様な世界観や実践をまとめあげるのに多くの研究者が苦労してきた。自然環境に応じた生活様式や人間関係の特徴をふまえると，生業形態による信仰の違いは一つの参考となるだろう（デシャン1963：78-79，嶋田 1992：118-126）。

　　・狩猟採集社会——動物の守護霊や叢林の精霊，太陽と星辰の神，狩猟呪術の発達（デシャン 1963）。妖術観念・宗教者の不在，森の霊力への関心，歌と踊りの発達（嶋田 1992）。

　　・牧畜社会——天空や大気現象と関わる神話の発達（デシャン 1963）。家畜複合的世界，神・預言者・犠牲の概念の発達，妖術概念は希薄（嶋田1992）。

　　・農耕社会——農耕儀礼，祖先崇拝や始祖に関する観念が発達，大規模な儀礼による連帯の形成（デシャン 1963）。季節運行への関心，妖術と邪術の発達（嶋田 1992）。

　もちろん例外はあり（たとえば祖先に関する知識が豊富な牧畜社会もある），この分類は必ずしもすべての社会に当てはまるものではないものの，つぎでみるように世界観が日常の関心事や不安と深く関わることをふまえると一定の説得力があるように思われる。

(2)　時間の概念

　自然環境は，物質的文化のみならず，日々の生活のリズムや，言語や比喩の種類，分類と認知，時間・空間・方向の把握の仕方を形作る。表3−1は，南スーダンに暮らすラトゥカの人々の月の名称である。ラトゥカの1年は，生業活動のサイクルと儀礼とでできている。1年は，穀物の収穫完了を奏でるラッパの儀礼が行われる10月頃から始まる。1年や各月が正確には何日によって構成されるかという点についてはあまり考慮されない（Nalder 1937: 110-112; ムビ

表3-1　ラトゥカの儀礼と月暦

儀礼（意味）	月の名称（およその月）	名称の由来
ラッパの儀礼 （収穫の終了）	「太陽」（10月頃） 「浄化」（11月頃）	日射がはなはだしく暑い 大地が干上がる
新年の託宣狩猟 （狩猟の開始）	「おじに水を飲ませろ」（12月頃） 「眼炎」（1月頃） 「皆に掘らせる」（2月頃）	水が乏しくなり，すぐにのどが渇く 熱く埃っぽい風が吹いて目を傷める 雨が降り始め，畑を耕し始める
大地を冷ます儀礼 （耕作の開始）	「ごま」（3月頃） 「夏」（4月頃） 「穀物の穂」（5月頃） 「汚い口」（6月頃） 「乾く草」（7月） 「うまい穀物」（8月頃） 「ソーセージの樹」（9月頃）	ごまを植える 大量の雨が降る「夏」の始まり 穀物が実り始める 収穫した穀物を子どもが食べ，口を汚す 雨は止み，大地は干上がる 甘美な穀物を刈り入れ賞味できる ソーセージに似た樹の果実が熟す

出所：Nalder ed.（1937: 110–112）より作成。

ティ1978：22）。重要なのは，それぞれの月にどのようなことが起き，何をしな
ければならないのかという生活の指標である。

　これは，カレンダーや時計によって計測可能な，モノのように「消費」した
り「節約」したりできる，私たちになじみのあるタイプの時間とは異なる時間
の形態である。自然環境や生業活動を反映した時間は「生態学的時間」とも呼
ばれる（エヴァンズ＝プリチャード 1978）。もちろん，現在では計測可能なタイ
プの時間も存在している。ちなみに後述する私の調査地では，それは「腕時計
の時間」という名で呼ばれていた。アフリカには歴史や時間感覚がないのでは
なく，異なる形として存在し，また両者は共存しているのである。

(3)　供儀——協働する諸生命

　牛の放牧を主たる生業とする牧畜民にとって，牛は経済活動のみならず，人
間関係や集団間関係，人間の精神世界や死生観など，世界観の基軸として存在
する。東アフリカのナイル系諸社会において牛は，結婚の際の婚資や，罪を犯
したときの賠償，友情の証として贈与・交換され，人間関係や集団間関係の秩
序を維持している（エヴァンズ＝プリチャード 1978；リーンハート 2019）。私た
ちがせいぜい雄牛，雌牛としてしか区別しないものを，牧畜民は牛の色・模様
によって何十通りと区別する。

牛は祖先から受け継いだものであり，祖先の名を持つものもある。同じく生きている人間も，誕生や成人式の際，牛の名をもらい，その牛と自己を同一視するようになる。つまり牛の一群は，人間の祖先−自己−子孫を体現したものである。

　牛の供犠は，超人間的な力との交渉を可能にする。供犠の際，供犠獣となる牛は公衆の前に連れ出される。地面に打ち込まれた杭につながれた牛は，まず背中を灰でこすられる。人々は歌や祈祷のことばとともに祈りを捧げ，超人間的な力を牛のもとに呼び寄せる。長々とした祈願の言葉のあとに，牛は右側から槍で一突きされる。ある人間の不幸や苦しみは，このとき，牛が背負い，その生命とともに昇華される。牛が倒れる方角は，共同体の行く末を左右する占いともなる。その後，肉の共食が共同体のメンバーによって行われる。牛の肉は，年齢や性別，出自集団によって異なる部位ごとに分配される。たとえば頭部は老人たちに，臀部は供犠者の妻たちの最年少の息子に，右の後ろ足は供犠者の母方の親族にといった具合に分配される（リーンハート 2019：39）。一頭の牛の身体には，共同体における社会関係が凝縮されているのである。

　このように個人の不幸や不安は一頭の牛によって示され，共同体に知られる。共同体のメンバーたちは，供犠を通じて個人の苦しみを負った牛を共有する一個の利害共同体であることを確認する。供犠の場面において，人と動物，集団と集団，人と超人間的な力の諸存在の協働関係は明らかにされ，生きられる。

(4)　神話──力の現れとしての世界

　境界や分類を越境し結びつけるという特徴は，口頭伝承や神話，民話にも顕著にみられる。神話は，儀礼やダンス，仮面，歌，ことわざなどの形式で再生される。神話で語られるのは，諸存在の本質的な一体性，その後の分離と人間の苦難の起源である。

　たとえば西アフリカのドゴン社会では，天の創造主が大地をつくって自身の妻としたところから世界は始まる。創造主が粘土で一対の男女をつくり，その男女から始祖が生まれた。始祖らにより，世界のあらゆるものがもたらされた。創造主と大地の第一子は，母である大地と近親相姦を犯した。そのときの

汚れた腰布を盗んだ若者たちに，本来精霊のことばしか話してはいけない蛇と化した老人たちが，人間のことばを話したために，人間にとって死がもたらされるようになったのであった（グリオール 1997）。

　東アフリカのディンカ社会では，はじめ，神（天）と人間（大地）はごく近くにあって縄でつながれ，一日に一粒の稗が人間にもたらされていたとされる。神はあるタマリンドの木の下に，粘土を使って小さく最初の男女をこしらえ，二人を壺のなかに寝かせてその上に覆いをした。その後，欲深な人間の最初の女が，許されているよりも多くの稗を植えようとし，長い鋤を振り上げたら，神を打ってしまった。これにより，神と人間は分離し，人間に苦難や死がもたらされた（リーンハート 2019）。

　この二つの社会のように，アフリカ神話の多くが超人間的な力とあらゆるものとの原初的な結びつきについて語っている。いずれも現在の人間の苦しみや死が，すべてを生み出した超人間的な力からの分離とともに生じたことを説明している。また，神話には往々にして荒唐無稽なもの，取るに足らないものなど，人間の側の「常識」をもってしても理解不可能な事象が含まれている。うさぎや蜘蛛などの形で登場する，機知を駆使して世間をおちょくり，時々大失敗をして笑われ者になるトリックスターの存在も忘れることはできない（山口 1971）。荒唐無稽さやトリックスターの存在は，既存の秩序を笑い，困難な現実で生きる活力や知恵を与えるものである。トリックスターの技法は，神話のなかにとどまるのではなく，今なお人々が困難を切り抜けるための庶民の知恵や技として息づいていることも，近年の民族誌では描かれている（小川 2011）。

(5)　呪術——不条理と向き合う

　かつて神話の精緻さがその社会の「成熟度」として西欧社会にみなされていたのに対し，呪術・妖術・邪術といった信仰は「遅れ」の象徴とされてきた。呪術・妖術・邪術という用語は，たとえば結果の善し悪し，力の遺伝性の有無，無意識のうちに術をかけるか意図的にかけるかなどによって使い分けられることがある。ここでは，妖術や邪術，祈祷や施術全般を包括する概念として呪術，個別の事例については慣例的に用いられてきた翻訳語を用いている。呪術信仰の基礎にあるのは，嫉妬や憎悪，不安，不条理といった人間が生きてゆ

くうえで避けて通れない困難である。

　南スーダンのアザンデ社会の妖術と毒託宣は有名な事例である（エヴァンズ
＝プリチャード 2001）。アザンデの人々は，不慮の事故や穀物の不作，妻の不
機嫌までのあらゆる不幸や不運をマング（妖術）のために起こったこととして語
る。アザンデに自然死は存在しない。マングなしに人間が死ぬことはありえな
いのである。アザンデの一日がマングに言及することなしに終わることはない。

　アザンデの人たちは物事の原因を考えることを放棄してすべてを妖術のせい
にしているのだろうか？　そんなことはない。人々は，耕作物がだめになった
のは疫病のせいであることを知っているし，倉庫が崩れた原因はシロアリが倉
庫に巣くっていたからだと知っている。では，人々はマングによって何を語ろ
うとしているのか。それは，こうした現象が「なぜほかでもないこの私に，よ
りによってこのタイミングで」生じたのかということである。この背後には，
目の前の現象をより深く説明したいという欲求が隠れている。

　ベンゲは，託宣によって真実を明らかにする際に用いる毒のことである。託
宣を行う者（主に既婚の男性）は鶏にベンゲを与え，「ベンゲよ，もしAがBで
あるなら，鶏を死なせよ（生かせ）」といった具合に質問をする。この毒託宣
では，子どもの健康や妻の不貞，作物の見通しなどの真実が，鶏の様々な反応
をつうじて開示される。司法手続きとして妖術師の存在をつまびらかにする際
にもベンゲが用いられる。

　ベンゲにより妖術師の存在が明らかにされた場合，その鶏の羽が妖術師とさ
れた者のところに送られる。妖術師とされた者は，自分が誰かに危害を加えて
いるとは知らず（嫉妬や憎悪の心をもつ者は，無意識のうちに妖術をかけてしま
う！），被害者の回復を願うなどの宣言をし，水を吹きかける。これによって
妖術師の腹のなかにある妖物（妖術を発生させるモノ）は「冷や」され，鎮ま
る（エヴァンズ＝プリチャード 2001：110-113）。

　多くの場合，妖術師として選出されるのは被害者を忌み嫌っているであろう
人物である。妖術を想起させる不幸が生じたとき，人々は「思い当たるふし」
があることに気づき，現実世界の人間関係に目を向ける。社会においてあらゆ
る人間関係がうまくいっていることなどありえない。現実社会においてまだ表
出していない潜在的な人間関係をあぶり出し，施術によって「治癒」すること

は妖術の一つの効能としてある。こうした機能によってのみ妖術を説明することは十分でないが，妖術のこの「現実的な効果」は，人々が重視するものの一つである。

これまで取り上げてきたアフリカの世界観の特徴は，つぎの3点に集約できるのではないだろうか。第一に，人間の生を取り囲む様々な事物との共同／協働関係である。この世には存在しない祖先や子孫，神や精霊といった超人間的な力，自然環境や動植物の相互の関係により，世界は成り立っている。諸関係の不具合は現実に反映される。第二に，超人間的な力の現れとしての世界と，不完全な人間像である。神や精霊，呪術といった超人間的な力は，現実とは別の異界にあるのではなく，人間の生活世界に積極的に関与する。それは特定の人物に管理・統制される場合もあるが，様々な生命に内在し，風や天，大地にも偏在している。現れ方によって，それは一神教のようにもアニミズムのようにもみえる。死や苦しみから逃れられない人間の経験世界は，力に言及されることによって分割され，把握され直される。第三に，不可解な出来事や新しい現象，つまり他者と関係をつくっていく力である。これはどの宗教にも当てはまることかもしれない。植民地支配以降の急激な社会変化を経験したアフリカ社会では，つぎにみてゆくように，ドラスティックに他者との関係構築が行われた。

3　信念のダイナミクス

(1)　信仰の混淆

アフリカ大陸では植民地統治期以前にもアラブ人商人や近隣の集団との交易がさかんに行われており，そこでは物質だけでなく，精霊や呪術など超人間的な力も交換されていた。古代ギリシャの創世神話やラテン諸民族の宗教，古代エジプトの思想とアフリカの神話やシンボルとの類似点を指摘するものもある（デシャン 1963：80-82）。人類がアフリカで誕生して以来の長い歴史をふまえれば，どちらがどちらへ影響を与えたかということははっきりしないし，その両方という可能性も十分にあるだろう。

それでも西欧列強による植民地統治や，キリスト教やイスラームといった大

宗教の流入は，アフリカの世界観にとって大きな転機となった。現在「アフリ
カの宗教」といったとき，キリスト教やイスラームは，信者数においても，そ
れらがアフリカ独自の発展を遂げた点でも言及しないわけにはいかない。イス
ラームは7世紀頃，キリスト教も早い段階では6世紀頃より，それぞれ在来の
宗教的権威や超人間的な力を巻き込む形で発展を遂げた。イスラームは各地で
王国を形成し，白人による支配に対抗するアフリカの宗教として「主体化」さ
れていった（嶋田 1992：135-138）。キリスト教は植民地化とともに大々的に広
がった。各地で独立教会が誕生し，憑依や呪術，ダンスやドラムなどの要素が
加わり，キリスト教の教義も実践もともに「アフリカ化」していった（コラム
③参照）。

　20世紀初頭，アフリカ各地で植民地政府に対する抵抗運動が生じていた。こ
のとき大衆をまとめる力となったのが，在来の霊媒師や予言者が語る過去の信
託や祖先の物語，そして「銃弾に当たらない」霊力の宿った水などであった。
これらのモチーフは，民族や地域を越えて共有され，アフリカ人の多大な犠牲
を伴う大規模な抵抗運動となった。このような抵抗運動や反乱は，アフリカの
伝統や世界観の表出ともいわれる。しかしこの時期に組織されたのは，民族集
団を越えてイデオロギーとともに再生・創造された「新しい伝統」であったこ
とを忘れてはならない。世界規模の社会変化と在来の信仰の再編・再生は近年
のアフリカ宗教研究の主題の一つとなっている。

(2)　妖術信仰のその後——植民地統治と開発

　近代化や資本主義の流入は，アフリカ諸社会における妖術信仰を「活性化」
させることになった。近代化や資本主義の流入といった大きな変化は，格差や
不安を社会にもたらした。前述した呪術の社会における機能をふまえれば社会
不安に呼応するように呪術が再編・拡大しても不思議ではない。植民地期以
降，ウィッチハントと呼ばれる地域ぐるみの妖術師探し運動がアフリカ各地で
報告されるようになった。つまりは妖術師を対象にした「魔女狩り」である。
　浜本（2014）は，ケニアのドゥルマ社会におけるウィッチハントについて，妖
術を開発の妨げとみなし根絶しようとしたイギリスによる植民地期以来の行政
の働きかけが，結果として妖術信仰を強化してきた過程を明らかにしている。

20世紀初頭，現地社会の「文明化」を目指していた植民地政府は，妖術信仰を植民地の政治経済的停滞の原因と認識していた。行政上の数々の失敗は，ことごとく——実際にはその原因は別のところにあったにもかかわらず——人々が妖術のような得体の知れないものを信仰しているせいであるとされた。この状況に対して制定されたのが，1925年から現在に至るまで施行されている法律である妖術法（Witchcraft Act）であった。

　政府による妖術の禁止は，妖術師を見つけ出し「治療」を施す施術師の活動をも妖術信仰の一部として禁じるものであった。妖術を「治療」する者がいなくなった結果，地域の人々は妖術が増加したと感じるようになった。実際，一部の者たちが政治的経済的に成功するのに対して，地域全体は貧しく子どもたちの学業が振るわないといった状況は継続していた。増加する住民からの苦情や訴えにより，地元の政府は「浄化儀礼」として妖術師を探すことに対し許可を出すことになり，公認の施術師がこれを行うことになった。妖術師の存在を行政が認めたのである。これにより，妖術師探しは地域を巻き込んだ，時として暴力を伴う運動にまで発展した（浜本 2014：456-508）。

　浜本は，植民地期以来の妖術法の考え，地方行政，そして地域住民との間の，「妖術は発展の敵」であるという認識の一致と，行政にとっての「妖術問題」と人々が問題にした「妖術」の間のずれが奇妙に絡まり合ってウィッチハントが展開していたことを指摘する。これは，合理的近代／非合理的迷信といった単純な図式にはおさまらない妖術信仰のあり方である（浜本 2014：456-461）。アザンデの例でみたように，妖術は従来個人の不幸に対処するものであった。しかし行政公認のウィッチハントの経験のなかで，共同体全体の「敵」としての妖術師のイメージが形成されるようになったのである。ウィッチハントに参加する人々を「迷信深い人々」に見せるしかけは，実は植民地時代と同じシステムを採用した行政の側に内在していたのである。

(3)　紛争，難民と神話——「民族」の創造

　植民地期以来の認識が現地の信仰や神話と絡み合う事例は，南スーダンの紛争後社会でも観察された。南スーダンは2011年に国家として独立したが，独立後も紛争や政情不安が続いている。2013年末に生じた政治的対立に端を発する

武力衝突は，ヌエルとディンカという二つの民族集団の間で民族対立化して
いった。従来流動的な同盟－敵対関係を築いてきた二つの集団の間には，植民
地時代，統治の必要上から境界線が引かれた。以後，内戦の歴史のなかで創ら
れた民族境界は政治家や軍人に利用され，対立は繰り返されてきたのである。

　2015年，ウガンダに逃れたヌエルの難民たちの間では，ある神話が再生を遂
げていた。ヌエルの難民たちは，難民居住区にあるマンゴーの木の下に集まっ
てよく会合を開いていた。マンゴーの木の下では，民族対立という共通の経験
を語り，民族内部の違いを超え，ヌエルを一つの民族として統合しようという
ムーブメントが起きていた（橋本 2019）。難民たちは，このマンゴーの木を，
ヌエルの起源神話に登場する「サール・ジアス・リエイ」というタマリンドの
木の名称で呼んでいた。「すべてのヌエルはサール・ジアス・リエイから生まれ
た」という神話は難民居住区のヌエルの間で常識的なものとして語られていた。

　しかし，この起源神話はいつの時代もこのように語られていたわけではな
かった。かつて，このタマリンドの木から生まれたのはヌエルのみではなく，
「白人やディンカを含むすべての人間」であったり，「一部の氏族をのぞくヌエ
ル」であったりした（Crazzolara 1953: 66-67; Johnson 1994: 45）。第2節でみた
ように，タマリンドの木が登場する起源神話はディンカにも存在する。人間の
起源となる木をモチーフとする神話は，南スーダンの諸民族に共有されるもの
である。ヌエルの難民たちの間では，植民地時代以来の民族対立の経験を経
て，この神話は「すべてのヌエル」のものになってしまった。

　神話には，一方で故郷を失った人々が共通の経験を乗り越えて結びつき，新
たな民族アイデンティティを得るという効能があるのかもしれない。しかし他
方で，植民地期より民族対立の構造を支えてきた均質的で排他的な民族観を，
あたかも初めからあったもののように作り直す「副作用」をもっている。民族
対立を経験した人々には，「ディンカを含むすべての人間の起源」タイプの神
話は採用されることがなかった。神話はそれ単体では存在しえず，神話が語ら
れる状況と共鳴し，姿かたちを変えながらも人々のそばにいる。悲劇は神話と
ともに語られ直し，人々の経験に輪郭を与え，新たな現実を生み出している。

　「妖術は開発を阻害する」という植民地期の誤った想定は，次第に地域社会
の妖術信仰を支えるようになった。難民の語る神話は，民族は一枚岩的である

という西欧の「神話」を支えている。この二つの事例からみえてきたのは，西欧社会において，あるいは現在世界的に語られている認識とアフリカの信仰とは決して断絶しているものではなく，互いに支え合っており，相互依存関係にすらあるという事実であった。

4　アフリカの〈民衆の認識論〉からの問い

　カメルーンのネイティブ人類学者であるF・B・ニャムンジョは，アフリカの〈民衆の認識論〉の秩序の特徴をつぎのとおり指摘する。

> 「自然と超自然，合理と非合理，客観と主観，科学と迷信，見えるものと見えないもの，現実のこと（リアル）とそうでないもの，それら二者の間を橋渡しする，あるいは調和させる」（ニャムンジョ 2017：100-101）。

　こうした区別を自明視して構築されてきた「近代社会」において今問題となっているのは，人類との共生や精神的なつながりを無視して統御されてきた自然環境，真実かどうか分からないインターネット上の情報（あるいは神話）により現実世界が変わること，そして多数派の「合理」が他者の「合理」を「非合理的」なものとして棄却・迫害することであったりする。

　19世紀の人類学者らはその文化進化論的発想を否定されはしたものの，アフリカをとおした人類の普遍的な知の体系への問い，つまり自分たち自身の秩序への問いをもっていた。アフリカの〈民衆の認識論〉は，人間という状態について語るために，自分たちの社会では足りないことばや思考を補うための潜在的な力をもつものとして研究され続けてきた。

　世界や人間が謎や不条理に満ちているのは現代でも変わらない。人間の欲求や不安は，私たちもよく知っているように，科学技術の発展によって消えてなくなるわけではない。アフリカの〈民衆の認識論〉はこれらの問題を直ちに解決することはしないかもしれないが，問題の根底にある認識を疑う力を与えてくれる。19世紀に存在した南アフリカの雨乞い師は，雨乞い用の薬を無効と信じる白人医師に問いを投げかけた。

「私は私の薬を使い，あなたはあなたの薬を使う。我々はともに医者であり，ペ
テン師ではない。あなたは患者に薬を与える。あるとき神はその薬で喜んで患
者を治し，またあるときはそうしない——患者は死ぬ。患者が治れば，神の仕
事はあなたの手柄となる。私も同じだよ。あるとき神は我々に雨を与え，ある
ときはそうしない。神が雨を与えたならば，我々はその力を手柄とする。患者
が死んでも，あなたは薬を信じることを止めない。雨が降らないときの我々の
ように。私の薬を手放せと言うのならば，どうしてあなたは自分の薬を持ち続
けているのかい？」（Livingstone 2012: 26-27; Ray 1976: 5）。

　私たちは果たして今の「薬」に満足し，私たちの「神」を信じ続けることが
できるだろうか？　アフリカ世界観の森は，人類が辿ってきた文化接触の歴史
と，いつの時代も不完全な人間存在である私たち自身の森でもあった。あなた
がいつか森に迷い込んだとき，アフリカの〈民衆の認識論〉は，もしかしたら
思わぬ「処方箋」や「お守り」を与えてくれるかもしれない。

参考文献

エヴァンズ＝プリチャード，Ｅ・Ｅ　1973『宗教人類学の基礎理論』佐々木宏幹・大森
　　　元吉訳，世界書院。
　　──　1978『ヌアー族——ナイル系一民族の生業形態と政治制度の調査記録』向井元
　　　子訳，岩波書店。
　　──　2001『アザンデ人の世界——妖術・託宣・呪術』向井元子訳，みすず書房。
小川さやか　2011『都市を生きぬくための狡知——タンザニアの零細商人マチンガの民
　　　族誌』世界思想社。
グリオール，Ｍ　1997『水の神——ドゴン族の神話的世界』坂井信三・竹沢尚一郎訳，
　　　せりか書房。
嶋田義仁　1992「アフリカの宗教」日野瞬也編『アフリカの文化と社会』勁草書房，
　　　113-158頁。
デシャン，Ｈ　1963『黒いアフリカの宗教』山口昌男訳，白水社。
ニャムンジョ，Ｂ・Ｆ　2017「開発というまぼろしが，ウィッチクラフトの噂をひろげ
　　　ているのだ——カメルーンの事例を中心として」梅屋潔訳，『思想』8：99-127。
橋本栄莉　2019「難民の実践にみる境界と付き合う方法——ウガンダに暮らす南スーダ
　　　ン難民の相互扶助組織を事例として」『質的心理学研究』18：76-94。

浜本満　2014『信念の呪縛——ケニア海岸地方ドゥルマ社会における妖術の民族誌』九州大学出版会。

ムビティ，Ｊ　1978『アフリカの宗教と哲学』大森元吉訳，法政大学出版局。

山口昌男　1971『アフリカの神話的世界』岩波書店。

リーンハート，Ｇ　2019『神性と経験——ディンカ人の宗教』出口顯・佐々木重洋・坂井信三訳，法政大学出版局。

Crazzolara, J. P. 1953. *Zur Gesellschaft und Religion der Nueer*. Vienna: St. Gabriel.

Johnson, D. H. 1994. *Nuer Prophets: A History of Prophecy from the Upper Nile in the Nineteenth and Twentieth Centuries*. Oxford: Oxford University Press.

Livingstone, D. 2012. *Missionary Travels and Researches in South Africa*. London: Forgotten Books.

Nalder, L. F. ed. 1937. *A Tribal Survey of Mongalla Province*. London: Oxford University Press.

Ray, C. B. 1976. *African Religions: Symbol, Ritual, and Community*. New Jersey: Prentice-hall Inc.

●読書案内●

『アフリカの創世神話』阿部年晴，紀伊國屋書店，2013年
　　　　アフリカ神話研究の入門書。様々な地域に伝わる宇宙や人間の起源神話から，神話の根底にある人間の情動や秩序の源流，生のドラマが論じられる。我々自身の問題としての神話について考えさせられる一冊。

『放屁という覚醒』Ｏ・呂陵，世織書房，2007年
　　　　身体という一個の宇宙で渦巻く内なる風，腸内ガス。この風は人を絶望へと誘い，社会を揺るがす。「反放屁文化」をもつ東アフリカ社会における著者の苦難のフィールド経験を軸に，放屁からみた世界のありようがユーモラスに描かれる。

**『現代アフリカ文化の今——15の視点から，その現在地を探る』
ウスビ・サコ／清水貴夫編，青幻社，2020年**
　　　　今やグローバル・カルチャーの一端を担うアフリカのポピュラー・カルチャー。アフリカの建築や絵画，音楽，ファッションからアニメ・マンガまで，文化接触の果てのアフリカ文化＝世界観の最先端を知ることができる。

悪魔と妖術師

村津　蘭

　久しぶりにベナンのホストファミリーの家に戻ると，衛星テレビのチャンネルが一つ増えていた。ベナンのペンテコステ・カリスマ系教会のものだった。カメルーン人のカリスマ牧師が人々を癒したり，奇跡を起こしたりするのが映し出されている。そのなかでもとりわけ興味を惹くのが，会衆が悪魔に憑依され話し出すシーンだった。牧師は会衆を一人選んで祈る。するとその人は倒れ，悪魔として語り出すのだった。悪魔というのは，在来の海の神格である「マミワタ」だったり「妖術師」だったりした。マイクが向けられると，憑依した霊は「これ（憑依された人）は私のものだ，ここから去ったりしない」などと語った。しかし，最後には牧師の祈りによって祓われていた。

　近年アフリカで興隆しているペンテコステ・カリスマ系教会の多くが「悪魔からの解放」を謳うが，その「悪魔」はこの例のように妖術師や在来の霊的存在が含まれている場合が多い。この傾向はヨーロッパから来た宣教師が，在来の霊的存在を悪魔とみなしたことに端を発しているとされる。宣教師らの狙いは，在来の霊的存在を悪魔とすることで無力化し，聖書の教義へと人々の目を向けさせることだった。しかし，「悪魔」とされた妖術師などは，病や事故など，具体的で差し迫った問題を起こすものだったため，人々はこれらの存在を無視することができなかった。そのため，むしろ「悪魔」に対抗することを強調する教会——多くは独立教会やペンテコステ・カリスマ系教会——を選ぶ傾向が生まれた。妖術師や在来の霊的存在は悪魔化されることで，むしろその存在を保ち，人々に影響し続けてきたともいえるだろう。

　今，テレビのなかで「妖術師」や「マミワタ」はマイクをとおして話をし，放映される存在にまでなっている。それらは，一度は牧師に祓われる。しかし，人々は繰り返し憑依され，在来の霊的存在は繰り返しその存在を主張するのだ。

第4章

独立前の歴史

複数世界のなかのアフリカ史

中尾世治

アラビア語とフランス語の二言語教育学校。イスラーム世界やヨーロッパとの関係史が垣間見られる（2014年，ブルキナファソ，ボボ・ジュラソにて筆者撮影）

かつてアフリカはヨーロッパの知識人から歴史のない「暗黒大陸」と呼ばれていた。しかし，それはヨーロッパにおけるアフリカ史の知識の欠如や植民地統治の正当化に由来するものであった。アフリカでは独自の歴史が積み重ねられ，イスラーム世界やアメリカ・ヨーロッパの環太平洋世界と連関しながら発展していった。本章では，このような現在のアフリカの理解に不可欠であるグローバルな連関のなかのアフリカ史を示す。

1 独立前のアフリカ史の全体像

アフリカは，イスラーム世界やアメリカ・ヨーロッパの環太平洋世界と連関しながら発展したダイナミックな歴史を有している。また，アフリカは様々な生業形態の諸集団がつねに併存し，交流してきた。アフリカでは，すべての社会が狩猟採集から農耕・牧畜へ移行したわけではなく，すべての地域で国家が生じたわけでもなかった。異なる生業形態の諸集団が相互に交流しながら，それぞれの地域での〈世界〉を構成しつつ，グローバルに広がるイスラーム世界や環太平洋世界と連動しながら変化していった。本章では，そうした複数世界のなかのアフリカ史を概観する。

2 社会の複合化と異なる社会の併存

(1) 狩猟採集と牧畜・農耕

サハラ以南アフリカでは，牧畜が農耕よりも先行して成立した。1万年前，サハラは草木の生い茂る草原であった。その草原で，およそ7500～6500年前から家畜の利用がなされるようになった（Marshall and Hildebrand 2002）。そして，砂漠化の進行した4500～4000年前頃，家畜の文化はサハラから南下する。

西アフリカでは，4500～3000年前から牧畜と狩猟採集を組み合わせた集団が現れるようになった。この時代の一部の遺跡からは，穀物の栽培種も出土している。しかし，その数は少なく，野生種の利用が大きな割合を占めていた。こうした栽培種の利用が一般的になるのは，数百年の長期にわたって定住する集落が出現した紀元前1千年紀からである。この時期に鉄器の利用も開始され，徐々に鉄器を利用する定住農耕民が各地に広がっていく。こうした定住農耕民の出現が専業の牧畜民を生じさせた。専業の牧畜民は農耕民から交換などをとおして作物を得る必要がある。そのため，定住農耕民の出現を前提にして，牧畜に特化した集団が形成されたと考えられる。西アフリカでは，フルベという専業の牧畜民が広域に居住しているが，そうした生業分化は歴史言語学や分子人類学の成果をふまえると紀元前1千年紀に生じたと推測できる（中尾 2020：91-100）。

サハラ砂漠の東部では，牧畜と農耕はほぼ同時に生じた。サハラの砂漠化と
ほぼ時を同じくして，東アフリカでの家畜の文化の南下が生じ，5000〜3500年
前には，ケニアからタンザニア北部で，ウシ，ヒツジ，ヤギの牧畜がなされて
いた（M'Mbogori 2017）。しかし，牧畜に比して農耕の広がりは遅かったよう
である。現在，東アフリカで報告されている最古の栽培種は5世紀頃とされ，
ルワンダの遺跡から出土している（Giblin and Fuller 2011）。西アフリカでは同
じ気候帯が東西に帯状に広がっているのに対して，東アフリカは山脈や湖を有
し，気候帯が複雑に入り組んでいる（第1章参照）。このような気候帯の差異が
専業の牧畜民の分布のあり方と関連している可能性がある。西アフリカではフ
ルベという広域に居住する専業の牧畜民が存在しているが，東アフリカでは必
ずしも単一の言語系統の集団が専業の牧畜民として広域に拡散しているわけで
はない。東アフリカでは地域によっては，牧畜民や農牧民は狩猟採集民と食料
の交換を行うなどの長期的に均衡な関係を保ち，必ずしも牧畜と農耕が一挙に
広がっていたわけではなかった（Lane 2004）。さて，このような北から南への
移住だけではなく，東アフリカでは同時期に西から東への大規模な移住が生じ
ていた。すなわち，バンツー系の諸民族の移動である。

(2)　移動と開拓

　文法と語彙を大きく共有するバンツー諸語を母語とするバンツー系の諸民族
は，東アフリカ・南部アフリカの広域に居住している。彼らの起源地は現在の
カメルーンのヤウンデ周辺と考えられており，サハラの砂漠化が進行した5000
年前頃から徐々に移住を開始したとされる。近年の研究では，およそ4000年前
から2000年前までの2000年間をかけて西から東へと横断し，東アフリカと南部
アフリカに拡散していったという仮説が提示されている（Grollemund et al.
2015; Ehret 2015）。彼らは移住の過程で農耕と鉄器の文化を獲得し，先住の狩
猟採集民と敵対的な関係も含む交流をしつつ，各地に拡散していった。
　バンツー系の諸民族は，2000年前頃に南部アフリカに到達し，先住の狩猟採
集民が居住していた地域に農耕と牧畜の文化を広めることになった（Kinahan
2019）。しかし，穀物の栽培が夏季の確実な降雨を必要としているため，定住
農耕は主として東側に限定された。西側では，バンツー系の諸民族と先住の民

族の双方ともに牧畜に重点をおいた半農半牧がなされ，文化的にも遺伝的にも相互交流が長期にわたって生じていた。そうした結果，狩猟採集民は山岳地域やカラハリ砂漠に居住し，毛皮などの交換をつうじて周囲の農牧民との関係を構築していた。

バンツー系の諸民族の大規模な移住だけではなく，干ばつや飢饉などを要因として，各地の定住農耕民もまた，百年から数百年のタイムスパンのなかで小規模な移住を繰り返していた。西アフリカ内陸では言語系統の異なる集団が入り乱れて並存しているが，こうした状況は小規模な移住の積み重なった結果として理解できる（中尾 2020：2章）。移動は移住先の諸集団とのコンフリクトを含む交流を伴い，様々な民族帰属意識を生じさせる（第2章参照）。

(3)　交易と国家

農耕の開始以降，大局的には北アフリカや中東，インドや東南アジアと長い時代にわたる長距離交易が成立し，それと連動するように国家が生じた。

東アフリカの沿岸地域は，遅くとも1世紀には季節風を利用して長距離の航海を行うインド洋貿易圏に組み込まれていた。インド洋貿易はイスラームが浸透する8世紀以降に拡張し，10世紀頃には沿岸部で港湾の都市国家が成立するようになった（富永 2009）。こうした交易は内陸とも連結しており，14世紀に最盛期を迎えた石造の大規模建造物を有するグレートジンバブエ遺跡からは中国製陶器などが出土している（吉國 1999：62-65）。

西アフリカでは，7世紀半ばから8世紀半ばにかけてイスラームの諸王朝が北アフリカに成立すると，北アフリカの産物やサハラの岩塩と西アフリカの金を中心としたサハラ越え交易が発展し，それと連動して内陸に諸王国が成立し，遅くとも10世紀頃にはムスリムが居住するようになった（中尾 2020：100-204）。同時期の西ヨーロッパでは金が枯渇しており，地中海世界に大量にもたらされたとされる西アフリカ由来の金は，13世紀以降におけるイタリア商業都市の発展の前提条件を構成していた（ロンバール 2011）。

このように8世紀から15世紀頃には，西アフリカは地中海世界と，東アフリカはインド洋世界と結びつきながら発展していた。他方で，アフリカの諸社会が狩猟採集から牧畜，農耕，国家という順に一律に変化していったわけではな

かった。むしろ，この時代のアフリカでは，狩猟採集，牧畜，農耕という異なる生業の諸集団が併存しつつ，広域の商業ネットワークをとおして，イスラーム世界や地中海世界と結びついていた。

3　大西洋奴隷貿易と広域の変動

(1)　大西洋奴隷貿易の衝撃

　17世紀半ばから急増した大西洋奴隷貿易は，アフリカ史における一つの大きな転換であった。15世紀半ばから，ヨーロッパ諸国は西アフリカ沿岸部での貿易を始めるようになった。この当時から奴隷貿易はなされていたが，割合としてそれほど大きいものではなかった。17世紀半ばまでは，金・ゴム・皮革などの輸出額が奴隷のものよりも上回っていた（Inikori 2019: 5）。しかし，アメリカ大陸での植民地化が進行すると，労働力としての奴隷の「需要」が高まり，17世紀半ばに奴隷の取引は他の産品をしのぐようになり，18世紀以降さらに急増し，19世紀前半にピークを迎えることとなった。最盛期には連れ出された奴隷が毎年10万人にものぼり，およそ300年余りで1250万人以上がアフリカからアメリカに渡った。奴隷とされ，強制移住させられた人々は，金銀の鉱山労働，サトウキビ・タバコ・藍・コメなどのプランテーションなどで過酷な労働にさらされることになった（布留川 2019：Slave Voyages 2021）。

　大西洋奴隷貿易はアフリカ諸社会の政治経済を大きく変容させた。まず，16世紀頃から，それ以前には国家の存在しなかった西アフリカ沿岸部や森林地帯での国家形成が生じるようになる。これらの国家はヨーロッパ諸国の奴隷商人との貿易をつうじて，富を蓄積していた。また，大西洋奴隷貿易の拡張とともに，特に西アフリカでは，国家による奴隷狩りが一般化していった。そこでは，奴隷を獲得するために銃や弾薬などの武器を輸入し，奴隷を「輸出」するというスパイラルが生じていた（Stilwell 2014: chap. 4）。

　さらに，大西洋奴隷貿易はアフリカの経済発展を大きく後退させた。18世紀から20世紀までの人口推計によると，18世紀初頭から19世紀末までの200年間で西アフリカの人口は減少している。さらに，大西洋奴隷貿易による人口減少の影響を受け，18世紀初頭にはアフリカ大陸全体の人口は世界人口の21％を占

めていたが，その割合は世紀を経るごとに減少し，20世紀半ばには9％にまで低下することになる（Manning 2014）。人口の停滞・減少は経済規模の停滞・縮小を意味している。大西洋奴隷貿易はアフリカにおける市場と産業の発展を数世紀にわたって，現在に至るまで阻害し続けているのである（Inikori 2019）。

(2) 環大西洋世界の出現

　他方で，大西洋奴隷貿易はアフリカとアメリカの文化の相互交流をおこし，新たな文化を生じさせた。西アフリカ原産のアフリカ米（グラベリマ稲）が航海中の奴隷への食料として購入され，コメの栽培の経験を有していた西アフリカ出身の奴隷と籾殻がアメリカ大陸に持ち込まれたことで，アメリカ大陸のプランテーションでコメの栽培がなされるようになった（Carney 2020）。一方で，アメリカ大陸原産のトウモロコシ，ジャガイモ，トマト，キャッサバなどが導入され，アフリカの食文化を大きく変えていった。これらの食材は，現在のアフリカの食文化において不可欠なものとなっている（石川他 2016）。また，食材の利用法では，アメリカの文化が必ずしもそのまま受け入れられたわけではなかった。たとえば，キャッサバは16世紀頃に持ち込まれたが，食用に供するための毒抜きの方法はアメリカ大陸のものとは異なっている。人々はそれぞれに毒抜き法を編み出し，異なる技法が場所と時代を隔てながら普及していった（安渓 2016）。

　食文化に加えて，アフリカからアメリカに持ち込まれた文化の代表は音楽である。19世紀以降，ヨーロッパの音楽文化との混淆によって，ブルース，ジャズ，ロックなどの現在グローバルに流通する音楽がアフリカ系アメリカ人によって生み出され，黒人音楽として，そのルーツと切り離して語ることのできない文化となった（大和田 2011）。20世紀以降，これらはアフリカへと逆輸入されて，アフロビートなどの独自のアフリカのポップミュージックが創造され，ふたたびグローバルに流通するようになる（鈴木・川瀬 2015）。

　さらに，大西洋奴隷貿易は「アフリカ」や「黒人」に基づく連帯の意識や運動を生み出すことになった。大西洋奴隷貿易が苛烈になり，アメリカでのプランテーション労働が過酷になっていくにしたがって，ヨーロッパやアメリカでは奴隷制を正当化する人種差別の言説が蔓延するようになる（スメドリー

2005；スチュワート 2007）。こうした人種差別への対抗を背景としつつ，18世紀頃から「アフリカ」や「黒人」というアイデンティティが形成され，国際的な黒人運動，あるいはパン・アフリカニズムの思想がつくりあげられていった。イギリスでは元奴隷による奴隷貿易廃止と市民権獲得を求めた「アフリカの息子」という組織が結成され，同じ時代に北アメリカのフィラデルフィアでは自由黒人による「自由アフリカ人協会」が設立されて反人種主義の思想と運動をつむぎあげていった。こうした系譜は，20世紀初頭のニューヨークでハーレム・ルネッサンスと呼ばれるアフリカ系アメリカ人の文化芸術の高揚や，ヨーロッパ諸国の植民地統治からの解放とアフリカ全体の連帯を訴えるパン・アフリカニズム，20世紀半ば以降のパリの文化政治運動であるネグリチュード運動に引き継がれ，発展していくことになる（Adi 2018）。

(3) イスラーム世界の広域な運動

　グローバルな連関はイスラーム世界との間でも進行していた。東アフリカ沿岸部の諸都市は，16世紀から17世紀にかけてポルトガルに占領されていたが，17世紀末にアラビア半島沿岸部のオマーン王国がポルトガルを退け，東アフリカ沿岸部の支配を行うようになった。東アフリカ沿岸部には10世紀以前よりオマーンからの移民が定住しており，オマーンの支配が確立すると移民はさらに増加していった（富永 2009：38-48）。19世紀になると，東アフリカ沿岸部のムスリムによる奴隷貿易が最高潮を迎え，東アフリカ沿岸部におけるプランテーションの労働力の供給という機能も果たしていた（鈴木 2020）。

　西アフリカでは17世紀頃からイスラーム国家建設運動が生じ，18世紀以降，牧畜民であるフルベのイスラーム知識人を主導者としたイスラーム国家（イスラーム法に基づく国家）が西アフリカ各地で成立した（坂井 2003：103-111）。こうしたジハード運動（イスラーム国家形成運動）の背景には，西アフリカ内陸での都市化とそれに伴う食肉需要の増大による家畜の交易の発展があり，この運動を担った牧畜民による富の蓄積が一つの基盤となっていた（嶋田 1995）。現在のナイジェリア北部のカノやその周辺の都市部では，藍染の綿布の産業が発達し，ジハードによって「供給」された奴隷によるプランテーションが産業を支えるための食料生産を行っていた（Lovejoy 1978; Salau 2018）。

こうしたジハード運動は，イスラームの思想としての発展と連動したもので
もあった。16世紀以降，西アフリカのイスラーム知識人は中東・北アフリカの
イスラーム世界との学術交流をつうじて，アラビア語の著作を生み出していた
（苅谷 2012）。現在のマリのトンブクトゥでは，遅くとも15世紀には西アフリカ
のムスリムによる著作が書かれ始め，16世紀後半には西アフリカを越えて知ら
れるようになった著名なイスラーム法学者であるアフマド・バーバーを輩出し
ている。また，西アフリカではイスラーム神秘主義教団が広域に伝播していっ
た。15世紀には西アジアを起源とするカーディリー教団，19世紀初頭にはマグ
リブで誕生したティジャーニー教団が西アフリカで信徒を増やしていった。西
アフリカの代表的なジハード国家であるソコト・カリフ国の創始者ウスマー
ン・ブン・フーディーは，カーディリー教団の祖であるジーラーニーとの邂逅
という神秘体験をもとにジハードを決行している。トゥクロール帝国を創設し
たアル＝ハージ・ウマルもまた，マッカ巡礼の旅程のなかでティジャーニー
教団のムハンマド・アル＝ガーリーに師事し，同教団の創始者の代理人（ハ
リーファ）の一人となることを認められたうえでジハードを行い，ティジャー
ニー教団の勢力を広めていった（苅谷 2012：68-81）。

　ウスマーン・ブン・フーディーもアル＝ハージ・ウマルも，政治的な指導
者であるだけではなく，西アフリカとそれを越えたイスラーム世界の知的伝統
をふまえた多数のアラビア語著作を残した思想家でもあった。特に18世紀から
19世紀には，イスラーム神秘主義思想の再復興がイスラーム世界で生じてお
り，西アフリカにおけるジハード運動はマッカ巡礼や各地の修学などをつうじ
て連結していたイスラーム世界全体の動きに対応したものであった（Wright
2018）。さらに同時代には，アラビア文字を用いてフルベ語やハウサ語などの
アフリカ諸言語を書き記したアジャミーの文書も書かれるようになり，アラビ
ア語やアジャミーを用いた西アフリカ独自の知的伝統も形成されるようになっ
た（Ngom and Kurfi 2017）。

4 植民地統治の成立と第一次世界大戦

(1) 征服と植民地状況

　1866年に大西洋奴隷貿易が完全に終焉した約20年後に，ヨーロッパ諸国によるアフリカ内陸の本格的な侵略が行われた。1884年から1885年にかけてベルリン会議が開催され，ヨーロッパ諸国は，すでに占領していたアフリカの沿岸部から延長した「後背地」を先占する，あるいは保護条約を締結することで「影響圏」を確立し，それによって独占的な支配を相互に容認することを合意した（d'Andurain 2012: 117-119；許 2012：63-86）。そして，19世紀末から20世紀初頭にかけて，ヨーロッパ諸国は内陸へと軍隊を派遣した。そのなかにはアフリカで徴兵された人々やヨーロッパ諸国に協力したアフリカの勢力もあり，アフリカの内陸部での既存の勢力の間にみられた対立関係を利用しながら，ヨーロッパ諸国は侵略を進めていった。こうした侵略戦争の後，一部を除くアフリカ大陸の全土に，沿岸部から延長した国境線を引き，自らの領土と宣言した。しかし，すべての地域で実効的な支配が成立したわけではなく，住民は必ずしも支配下に入ったと認識していたわけではなかった。実効的な支配は，ローカルな権力者を植民地行政に組み込み，税を徴収し，それらに対する反発や反乱の鎮圧をつうじて確立されていった（中尾 2020：4章）。

　こうしてアフリカ大陸には，ドイツ，ポルトガル，イタリア，ベルギー，スペイン，イギリス，フランスの植民地がつくられた。そのなかでも，イギリスとフランスが広域の支配を確立した。かつて，教科書や概説書などでは，植民地統治のあり方として，イギリスは間接統治を行い，フランスは直接統治を行ったとされてきたが，実態とは乖離している（松沼 2012：55-62）。実際にはフランス領でも国王や首長，村長などの在来の政治権力を完全に排除することはなかった（中尾 2020：4章）。フランス領においても，そもそも，広大な領土を統治するためのフランス人の植民地行政官の数が不足していた（Cohen 1971）。このようなフランス人の植民地行政官の不足を補うために，基本的にすべての植民地において，徴税，徴兵，労働力の供出などのために在来の政治権力を利用した形で植民地統治がなされ，在来の政治権力もまた植民地行政を

利用して自らの権益を保持・拡張していた（中尾 2020：6章）。こうした在来の政治権力は植民地行政との関係を保つなかで，植民地統治期にアフリカ諸社会の「伝統」が「創造」されたり，改変・強化されたりするといったことがしばしば生じていた（ホブズボウム／レンジャー編 1992）。

　植民地統治が開始されると，カカオ，ラッカセイ，綿花などのヨーロッパ諸国への輸出用の換金作物が急激に伸張した。こうした急激な発展は，19世紀にすでに構築されていた奴隷交易のための商業ネットワークを前提としていた。元主人はプランテーションの雇用主となり，元奴隷や労働移民が換金作物の生産の労働力を担うことによって可能となったとされる（Austin 2014）。アフリカの商人たちによる内陸間の交易もさらに発展することになる。西アフリカ内陸部では，ウシなどの家畜の交易が植民地統治期をとおして継続して増加しており，アフリカの商人たちの資本の蓄積を可能としていた（中尾 2020：314-319）。植民地統治を前提にしつつ，そのなかでの試行錯誤がアフリカ諸社会においてなされていたのである。

(2)　第一次世界大戦と国際的な統治体制

　第一次世界大戦はアフリカにも大きな影響を及ぼした。まず，ドイツのアフリカ植民地で戦争が生じた。ここでも，内陸への侵略戦争と同様に，アフリカで徴兵された人々を含む植民地軍がドイツ領へと派兵され，戦闘が生じた。また，ヨーロッパでの戦争の長期化に伴って，アフリカから数万人が徴兵されヨーロッパの戦場に送り出されていった（Koller 2008；小川 2015）。さらに，こうした徴兵に反発して各地で反乱が起こった。代表的なものとしては，西アフリカ内陸の村々の連合による反乱が連鎖して拡大し，植民地軍を一時的に排除したヴォルタ・バニ戦争が挙げられる（Saul and Royer 2001）。

　第一次世界大戦が終結すると国際連盟が発足し，アフリカの旧ドイツ領ではイギリスとフランスによる委任統治が行われるようになった。委任統治は植民地統治のあり方を国際的に監視・管理するという理念に裏づけられ，国際機関によるアフリカの統治の先駆けとなった（等松 2007；五十嵐 2016）。

　また，第一次世界大戦と第二次世界大戦に挟まれた戦間期には，人類学などのアフリカ研究の植民地統治への応用が試みられた。たとえば，1926年には，

アフリカ諸社会についての調査と調査に基づく統治による現地社会の改善を目的とした国際アフリカ言語文化研究所が創設されている。この研究所に最初期から参画していたメンバーの一人が、人類学におけるフィールドワークの手法を確立したマリノフスキーである（De L'Estoile 2007: 95）。この研究所が発行する『アフリカ』誌——現在でもアフリカ地域研究の代表的な国際学術誌である——に、マリノフスキーは社会変動への着目や改良主義的な実用人類学の重要性を述べた論文を寄稿しつつ、1931年にロックフェラー財団による大型研究助成を取得すると、フォーテス、エヴァンズ＝プリチャードなど、彼の学生たちをアフリカ諸国に派遣した（Goody 1995: chap. 2）。そして、彼らはのちに第二次世界大戦後のイギリス社会人類学の黄金時代を築くことになる。

　さらに、植民地の開発のための生態学なども国際化した。第一次世界大戦以降、植民地開発に特化したヨーロッパ諸国の科学者たちのネットワークが形成された。こうした科学者たちは第二次世界大戦後、英仏の帝国を越えた国際的な枠組みのなかで開発援助のための科学知や在来知を集積させ、国際援助を担っていくことになる（水野 2019）。

　このように20世紀初頭には、バルカン半島から始まった第一次世界大戦がアフリカ内陸の農村での反乱を引き起こすといったグローバルな政治・軍事の連関が成立し、植民地統治に端を発する国際開発の枠組みは第一次世界大戦後に形成される。現在のアフリカをとりまくグローバルなネットワークが第二次世界大戦以前に確立していたのである。

　本章でみてきたように、アフリカでは、数千年単位での生業形態の変化の歴史、数百年単位でのイスラーム世界と環大西洋世界の連関の歴史、ここ100年余りの植民地統治と国際開発の歴史が重なり合っている。狩猟採集社会と農耕社会との相互交流は現在まで継続しており、イスラーム世界との関わりは20世紀以降さらに加速してきている。アメリカやヨーロッパへの移民も継続しており、「アフリカ」や「黒人」のアイデンティティに基づいた環大西洋世界での連帯もさらに密なものとなっている。そして、それらと重なり合って、植民地統治時代の国境線を前提とした独立後の政治と、植民地統治時代に起源をもつ国際機関による開発援助が現在も進行している。このように、アフリカは長い歴史の重なり合いのなかで現在の姿に至っているのである。

参考文献

安渓貴子　2016「毒抜き法をとおして見るアフリカの食の歴史——キャッサバを中心に」石川・小松・藤本編，後掲書，155-173頁。

五十嵐元道　2016『支配する人道主義——植民地統治から平和構築まで』岩波書店。

石川博樹・小松かおり・藤本武編　2016『食と農のアフリカ史——現代の基層に迫る』昭和堂。

大和田俊之　2011『アメリカ音楽史——ミンストレル・ショウ，ブルースからヒップホップまで』講談社。

小川了　2015『第一次大戦と西アフリカ——フランスに命を捧げた黒人部隊「セネガル歩兵」』刀水書房。

苅谷康太　2012『イスラームの宗教的・知的連関網——アラビア語著作から読み解く西アフリカ』東京大学出版会。

許淑娟　2012『領域権原論——領域支配の実効性と正当性』東京大学出版会。

坂井信三　2003『イスラームと商業の歴史人類学——西アフリカの交易と知識のネットワーク』世界思想社。

嶋田義仁　1995『牧畜イスラーム国家の人類学——サヴァンナの富と権力と救済』世界思想社。

鈴木英明　2020『解放しない人々，解放されない人びと——奴隷廃止の世界史』東京大学出版会。

鈴木裕之・川瀬慈編　2015『アフリカン・ポップス！——文化人類学からみる魅惑の音楽世界』明石書店。

スチュワート，J　2007『アメリカの奴隷制と黒人』真下剛訳，明石書店。

スメドリー，O　2005「北米における人種イデオロギー」山下淑美訳，竹沢泰子編『人種概念の普遍性を問う——西洋的パラダイムを超えて』人文書院，151-181頁。

等松春夫　2007「帝国からガヴァナンスへ——国際連盟時代の領域国際管理の試み」緒方貞子・半澤朝彦編『グローバル・ガヴァナンスの歴史的変容——国連と国際政治史』ミネルヴァ書房，75-105頁。

富永智津子　2009『スワヒリ都市の盛衰』山川出版社。

中尾世治　2020『西アフリカ内陸の近代——国家をもたない社会と国家の歴史人類学』風響社。

布留川正博　2019『奴隷船の世界史』岩波書店。

ホブズボウム，E／T・レンジャー編　1992『創られた伝統』前川啓治他訳，紀伊國屋書店。

松沼美穂　2012『植民地の〈フランス人〉——第三共和政期の国籍・市民権・参政権』法政大学出版局。

水野祥子　2019『エコロジーの世紀と植民地科学者――イギリス帝国・開発・環境』名古屋大学出版会。

吉國恒雄　1999『グレートジンバブエ――東南アフリカの歴史世界』講談社。

ロンバール，M　2011「経済的覇権を支えた貨幣――7〜11世紀のイスラームの金」平澤勝行訳，E・ル＝ロワ＝ラデュリ／A・ビュルギエール監修，叢書『アナール1929-2010　歴史の対象と方法Ⅱ』藤原書店，95-122頁。

Adi, H. 2018. *Pan-Africanism: A History*. London: Bloomsbury Publishing.

Austin, G. 2014. Explaining and Evaluating the Cash Crop Revolution in the "Peasant" Colonies of Tropical Africa, ca. 1890 - ca. 1930: Beyond "Vent for Surplus". In E. Akyeampong, R. Bates, N. Nunn and J. Robinson (eds.), *Africa's Development in Historical Perspective*. Cambridge: Cambridge University Press, pp. 295-320.

Carney, J. 2020. Rice Cultivation in the History of Slavery. In T, Spear et al. (eds.), *Oxford Research Encyclopedia of African History*. Oxford University Press. https://doi.org/10. 1093/acrefore/9780190277734. 013. 713（最終閲覧2021年6月9日）

Cohen, W. 1971. *Rulers of Empire: The French Colonial Service in Africa*. Stanford: Hoover Institution Press.

d'Andurain, J. 2012. *La Capture de Samory* (1898). Paris: SOTECA.

De L'Estoile, B. 2007. Internationalization and 'scientific nationalism' : The International Institute of African Languages and Cultures between the Wars. In H. Tilley and R. Gordon (eds.), *Ordering Africa*. Manchester: Manchester University Press, pp. 95-116.

Ehret, C. 2015. Bantu History: Big Advance, although with a Chronological Contradiction. *Proceedings of the National Academy of Sciences* 112(44): 13428-13429.

Giblin, J. D. and D. Q. Fuller 2011. First and Second Millennium a. d. Agriculture in Rwanda: Archaeobotanical Finds and Radiocarbon Dates from Seven Sites. *Vegetation History and Archaeobotany* 20(4): 253-265.

Goody, J. 1995. *The Expansive Moment: The Rise of Social Anthropology in Britain and Africa* 1918-1970. Cambridge: Cambridge University Press.

Grollemund, R., S. Branford, K. Bostoen, A. Meade, C. Venditti and M. Pagel 2015. Bantu Expansion Shows that Habitat Alters the Route and Pace of Human Dispersals. Venditti, Proceedings of the National Academy of SciencesVenditti, 112(43): 13296-13301.

Inikori, J. 2019. Euro-African Trade Relations and Socioeconomic Development in West Africa, 1450-1900. In T. Spear et al. (eds.), *Oxford Research Encyclopedia of African History*. Oxford University Press. https://doi.org/10. 1093/acrefore/978019027773

4. 013. 276（最終閲覧2021年 6 月 9 日）

Kinahan, J. 2019. The Origins and Spread of Pastoralism in Southern Africa. In T. Spear et al. (eds.), *Oxford Research Encyclopedia of African History*. Oxford University Press. https://doi.org/10. 1093/acrefore/9780190277734. 013. 678（最終閲覧2021年 6 月 4 日）

Koller, C. 2008. The Recruitment of Colonial Troops in Africa and Asia and their Deployment in Europe during the First World War. *Immigrants & Minorities* 26 (1 – 2): 111–133.

Lane, P. 2004. The 'Moving Frontier' and the Transition to Food Production in Kenya. *AZANIA: Journal of the British Institute in Eastern Africa* 39(1): 243–264.

Lovejoy, P. E. 1978. Plantations in the Economy of the Sokoto Caliphate. *Journal of African History* 19(3): 341–368.

Manning, P. 2014. African Population, 1650–2000: Comparisons and Implications of New Estimates. In E. Akyeampong et al. (eds.), *Africa's Development in Historical Perspective*. Cambridge: Cambridge University Press, pp. 131–153.

Marshall, F. and E. Hildebrand 2002. Cattle before Crops: The Beginnings of Food Production in Africa. *Journal of World prehistory* 16(2): 99–143.

M'Mbogori, F. 2017. Farming and Herding in Eastern Africa: Archaeological and Historical Perspectives. In T. Spear et al. (eds.), *Oxford Research Encyclopedia of African History*. Oxford University Press. https://doi.org/10. 1093/acrefore/97801 90277734. 013. 134（最終閲覧2021年 6 月 4 日）

Ngom, F. and M. Kurfi 2017. 'Ajamization of Islam in Africa. *Islamic Africa* 8 (1 – 2): 1 –12.

Salau, M. B. 2018. *Plantation Slavery in the Sokoto Caliphate: A Historical and Comparative Study*. Cambridge: Cambridge University Press.

Saul, M. and P. Royer 2001. *West African Challenge to Empire: Culture and History in the Volta-Bani Anticolonial War*. Ohio: Ohio University Press.

Slave Voyages 2021. *Slave Voyages v*2. 2.13. https://www.slavevoyages.org/（最終閲覧2021年 6 月 7 日）

Stilwell, S. 2014. *Slavery and Slaving in African History*. Cambridge: Cambridge University Press.

Wright, Z. 2018. Secrets on the Muhammadan Way: Transmission of the Esoteric Sciences in 18th Century Scholarly Networks. *Islamic Africa* 9 (1): 77–105.

●読書案内●

『新書アフリカ史』改訂新版，宮本正興・松田素二編，講談社，2018年
　　　　　ここで詳述できなかったアフリカ史の基本的知識や触れることのできな
　　　　　かった地域の歴史を知るためには，本書を読むことをお勧めする。ただし，
　　　　　内容は古びており，各トピックの近年の研究は本章で言及した引用文献を
　　　　　参照してほしい。

『ユネスコ・アフリカの歴史』第1巻・第4巻・第7巻，同朋舎出版，1988～92年
　　　　　アフリカ出身の歴史家を編者として刊行されたシリーズの邦訳。シリーズ
　　　　　の完訳はなく，訳文にぎこちなさや個別には不正確な点もあるが，アフリ
　　　　　カ史研究が制度として確立される黎明期の熱気を感じることができる。

『岩波世界史史料』第2巻・第8巻，歴史学研究会編，岩波書店，2008～09年
　　　　　アフリカ史の代表的な史料の翻訳と解説がまとめられている。訳者・解説
　　　　　者が充実しており，アフリカ史の一端を直に垣間見ることができる。

歴史を再構成するための手法

中尾世治

　サハラ以南アフリカでは，一般的にいって，ヨーロッパやアジアと比して文字史料が少なく，ヨーロッパ人の探検家の旅行記や植民地行政官の残した行政文書が歴史学の対象とする史料となっていた。しかし，植民地統治以前も，一部のムスリムたちによってアラビア語やアジャミー（アラビア文字を用いて筆記されるアフリカ諸語）の文書が書き残されており，それらを用いた研究が年々増加している。

　他方で，アフリカ史研究は早くから口頭伝承を歴史研究に利用していた。王国や一族などの歴史は専業の語り部によって公的に語られる。また，過去の特定の出来事について個々人の証言なども貴重な資料となる。これらは文字史料と同様に，相互に比較・参照することで，蓋然性の高い過去の再構成を可能としている。

　日本などと比較するといまだ数が少ないものの，考古学の研究も積極的に行われている。現在の土器製作についての民族考古学的な研究と過去の土器との比較研究や，大西洋奴隷貿易に関わった港などについての歴史考古学が新たな論点を世界に打ち出している。

　現在の人々を調査して過去の歴史を再構成する手法としては，言語と遺伝子の研究がある。言語は時代とともに変化していくため，様々な言語を比較することで言語の分岐を再構成することができる。また，遺伝子からは父系に遺伝するY染色体と母系に遺伝するミトコンドリアDNAのハプログループ（遺伝子の型の集団）を比較することで，言語と同様に人間集団の分岐を再構成できる。これらは「民族」ではなく言語と遺伝子プールの変化の歴史であるが，集団の拡散を再構成する貴重な手がかりとなっている。

第 5 章

独立後の歴史

国家建設の期待と苦悩

阪本拓人

避難生活を送るアンゴラの子どもたち。同国は独立を挟んで約40年戦火のなかにあっ
た（2003年，アンゴラ，ウアンボにて毎日新聞（当時）城島徹氏撮影，© 毎日新聞社）

　サハラ以南のアフリカ諸国の大半は，戦後20年ほどの間に独立した比較的
若い国々である。この章では，独立期から現代に至るこれらの国々の歴史
を，主に国家建設と国際関係の展開を中心に駆け足で振り返る。50近い
国々の軌跡は多様であるが，そこには一定のパターンを伴った趨勢も認め
られる。この章では，こうしたパターンに焦点をあて，マクロな政治史の
観点からアフリカの独立後の歩みを記述する。

1　アフリカにおける脱植民地化

(1)　「脱植民地化」とその意味

　前章でみたとおり，エチオピアやリベリアを除くアフリカ大陸の大部分は，20世紀に入る頃にはイギリスやフランスといったヨーロッパの列強の植民地統治下に入ることになった。「脱植民地化（decolonization）」とは，この逆の過程，つまり列強の従属領（植民地や保護領）であった領域がその地位を脱して独立した主権国家となる過程を指す。多くの場合，新たな独立国家の頂点には，これまでヨーロッパ人の支配のもとで従属的地位におかれてきたアフリカ人の指導者が立った。サハラ以南アフリカの場合，さらに特徴的なのは，この脱植民地化が，植民地化の過程と同様に，多くの場所において急激に訪れたという点である。後で述べるように，この同時的で急激な変化は，それ自体，その後のアフリカの国々と人々の歩みにとても大きな影響を与えた。アフリカの政治史において，脱植民地化がもつ意味は強調しすぎてもしすぎることはない。

　他方で，アフリカ現代史の記述をめぐっては，「植民地期（コロニアル）」「独立期（ポストコロニアル）」の区分を過度に強調することに対する批判もある（たとえばCooper 2019）。実際，脱植民地化を経たあとの国家や社会は，それ以前の国家や社会と多くの点で連続性をもっている。たとえば，アフリカの国々の国境線が，先行する植民地やその行政単位の境界線をほぼそのまま引き継いでいることは，広く知られている点である。さらに，後述するように，こうして成立した国々の統治機構にも植民地国家の抑圧的な特徴が深く刻まれていた。植民地期と独立期との間のこうした連続性にも目を向けつつ，脱植民地化という契機を相対化することも，アフリカの歴史を理解するうえで重要である。

(2)　「権利による独立」

　脱植民地化は，当時の人々の予想をはるかに超える進度で展開した。たとえば，アフリカ各所で自治や独立を求める声が聞かれ始めた1942年の時点で，イギリスの植民地省は，アフリカの植民地の完全な独立には「何世紀も」かかるとの見通しをもっていた（Young 1994: 182）。急速な脱植民地化の極端な例と

して頻繁に言及されるベルギー領コンゴでは，1956年2月にベルギーの大学教授ファン・ビルセンが出版した論考「ベルギー領アフリカの政治的解放へむけた30年計画」が，大きな議論を巻き起こした（宮本・松田編 2018：371-372）。だが，実際にコンゴが独立するのは，そのわずか4年後の1960年6月のことである。

　もう少し踏み込んでこのような急激な過程がなぜ起きたのかを考えておこう。第二次世界大戦終了時点で，アジアやアフリカの多くの植民地がいずれ自立に向かうであろうことは，すでにかなりの程度明らかであった。ヨーロッパを主戦場とした二度の世界大戦を経て，英仏をはじめとする植民地列強は，広大な帝国を維持し続けるだけの力を失っていた。これらの列強に代わって戦後の国際政治を主導することになる二つの超大国，米国とソ連は，国連憲章に明記された「人民の同権と自決の原則」をそれぞれの立場から強く支持し，植民地支配の継続に反対の声を上げていた。何よりも，戦間期以降，アフリカ大陸の内外でアフリカ人自身が人種主義や植民地支配に抗する強い意志を示してきた。多くの植民地においてこうした動きは，戦後，宗主国に対して自治，さらには独立を求める強力な政治運動へと組織化されていく。

　こうして始まる脱植民地化が，その後数世紀どころか20年足らずの間に，世界にまたがる植民地帝国の瓦解と多数の新興独立国家の誕生をもたらしたのである。このような展開を強く後押ししたのは，植民地の即時独立を求める国際的な世論の急速な広がりであった。国連などの場で，新たに独立を遂げた国々を中心に，すべての従属領の独立による自決原則の貫徹が強く訴えられ，それがさらなる独立の動きを加速するというフィードバック・サイクルが生まれた。戦後中東とアジアを中心に始まった植民地独立の流れは，こうして1950年代半ばにはアフリカ大陸に達し，サハラ以南では，1956年にスーダン，1957年にガーナ（英領ゴールドコースト），1958年にギニアがそれぞれ宗主国からの独立を達成した。そして1960年は，先述のベルギー領コンゴをはじめ，ナイジェリアやソマリア，さらには仏領赤道アフリカ・西アフリカを構成していた13ヶ国を含む17ヶ国が大挙して独立する「アフリカの年（Year of Africa）」となった（図5-1を参照）。

　脱植民地化をめぐる国際関係論の議論に大きな影響を与えたジャクソンによると（Jackson 1990），この急速な過程は，「主権（sovereignty）」や「国家性

(statehood)」に対する国際社会の了解が大きく変わってはじめて可能になったという。彼によると，主権国家が主権国家たりうるうえで，これまで当然に前提とされていた要件，たとえば領域に対する実効的な支配といった要件が，戦後の多くのアジア・アフリカ諸国の独立において不問に付された。いいかえると，これらの国々の独立は，植民地支配の正統性そのものが拒絶された状況において，植民地であれば当然に享受できる「権利による独立（independence by rights）」であった。

(3) 「痛みのない脱植民地化」？

イギリスのアフリカ政治研究者クラッパムは，上記のような過程を念頭に，アフリカでは「比較的痛みのない脱植民地化」が「通常のパターン」であったと述べている（Clapham 1996: 38）。「痛みのない（painless）」というのは，インドネシアやインドシナ，アルジェリアなどのように植民地解放運動が宗主国との全面的な武力衝突に至らずに，おおむね平和裏に進んだといったニュアンスである。本節の最後に，こうした特徴づけについて若干の補足をすることで，アフリカにおける脱植民地化の過程の多様性にも触れておきたい。

まず，「通常のパターン」とされる事例でも，独立までの道は必ずしも平坦であったわけではない。そもそもクラッパムのような特徴づけは，宗主国からの主権の移行という脱植民地化の最終段階にもっぱら注目する場合に出てくるものである。実際には，平和的な独立の事例とされるガーナなどでも，そこに至る数十年の間には，ストライキやデモといった形でしばしば苛烈な社会・政治闘争が展開され，その過程で多くの血が流された。さらに，1950年代の英領ケニアにおけるケニア土地自由軍（Kenya Land and Freedom Army: KLFA）──いわゆる「マウマウ」──のように，大規模な武装蜂起に訴えたために植民地当局による徹底的な弾圧の対象となった例も散見されたのである。

また，「通常のパターン」という以上，そこには例外も想定されている。たとえば，サラザールの独裁下にあったポルトガルは，国際世論に抗して脱植民地化そのものを拒んだ。結果として，1960年代始め以降，その支配下にあったアンゴラ，ギニアビサウ，モザンビークでは独立を求める反乱が相次いで勃発し，長く凄惨な武装解放闘争が展開される。1974年4月の本国でのクーデタを

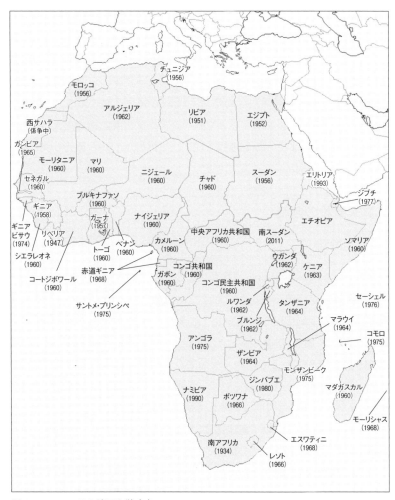

図5-1　アフリカ諸国と独立年

出所：筆者作成。

注：国名は現在の通称。タンザニアの独立年は，前身のタンガニーカ（1961年独立）とザンジバル（1963年独立）が連合した年とした。

経て，これらの国々を含むポルトガル領植民地は次々と独立するものの，アンゴラとモザンビークでは，冷戦下の国際対立とも連動した現地勢力間の内戦がその後も継続した。さらに南部アフリカの国々——人種隔離体制（アパルトヘイト）下の南アフリカ，白人少数派の政府が一方的に独立を宣言した南ローデシア（現ジンバブエ），南アフリカの占領下におかれた南西アフリカ（現ナミビア）——では，現地のアフリカ人たちを中心に人種支配からの解放を求める闘争が続いた。人種的少数派支配の解体も含めてアフリカにおける「脱植民地化」と考えるならば，南部アフリカでは，南アフリカ共和国で全人種参加の選挙が行われる1994年まで，その過程が「アフリカの年」から数えて実に30年以上に及んだのである。

2　国家建設の苦悩

(1)　コンゴ動乱

　先に言及したジャクソンは，「権利による独立」により大挙して国際社会に登場した新興独立諸国——なかでもサハラ以南アフリカの国々——の多くが「擬似国家（quasi-states）」（あるいは「国家もどき」）であったと述べている（Jackson 1990）。国際法上の主権国家として「法的な国家性（juridical statehood）」は備えているものの，実効的な統治能力といった「経験的な国家性（empirical statehood）」は限定的にしか備わっていないという意味である。このようなレッテルには批判もあるが，急速な脱植民地化のなかで生まれた多くの国々が，国家としての「実体化」，すなわち国家建設という大きな課題を独立後に持ち越していたことは事実であろう。

　この国家建設という課題の喫緊性を，脱植民地化の最中にあったアフリカの人々や指導者たちに強い衝撃をもって印象づけた出来事がある。コンゴ動乱である。ベルギー領コンゴでは，アフリカ人政党が相次いで結成される1958年になって，脱植民地化の動きが先鋭化する。キンシャサでの大規模な暴動を経てベルギー国王が初めて独立の容認を公言するのは，1959年1月のことであった。その後1年半足らずの間に，選挙の実施を経てアフリカ人への権限委譲が慌ただしくなされ，コンゴは1960年6月末に独立する。この独立が周到な準備

を欠いていたことは当時から明らかであった。独立時点で政府の行政職の幹部4600人強のうちコンゴ人はわずか3人を占めるに過ぎなかった。軍の幹部トップ1000人も全員がヨーロッパ人であった（Young 2012: 100）。

　このような状況下，独立からわずか5日後にベルギー人上官に対する下級兵士の暴動が起きた。暴動は現地ヨーロッパ人社会を中心に大きな混乱を引き起こし，ベルギーの軍事介入を招いた。さらにベルギーの後ろ盾のもと，銅やコバルトなどその利権が集中する南東部のカタンガ州が分離独立を宣言するに及んで，新生コンゴは全土的な紛争状態に陥った。こうしたなか首都キンシャサでは，独立を主導した2人の指導者——首相のパトリス・ルムンバと大統領のジョセフ・カサブブ——が議会を舞台に鋭く対立を続けた。この対立は，やがて米国の後押しを得たジョセフ・モブツのクーデタを招き，親ソ的姿勢を疑われたルムンバは，1961年1月にカタンガに送られ，ベルギーの関与のもと殺害された。カタンガの反乱は国連軍の介入によって1963年初頭には鎮圧されたが，その後も中央や地方での混乱は続いた。冷戦下の国際情勢とも強く連動したこの新生国家の危機は，1965年11月にモブツが2度目のクーデタで権力を完全に掌握するまで，5年以上にわたって続いたのである。

(2)　政治体制とその変容

　アフリカの政治体制の研究者チーズマンによると，このコンゴ動乱はアフリカにおける民主主義の実現可能性に深い疑義を投げかけたという（Cheeseman 2015: 37）。コンゴを含む独立直後の多くのアフリカ諸国は，複数政党制による議会制民主主義の政治体制を採用していた。コンゴ動乱は，民族的・地域的な断層を抱えたまま独立した国家の統合と安定化を図っていくうえで，このような政治体制がもつ限界を，当時のアフリカの指導者たちに強く認識させたというのである。今日から考えると信じ難いかもしれないが，「部族主義（tribalism）」を克服して国民統合を達成するため，あるいは経済開発を強力に推進していくため，多党制ではなく一党制などより集権的な政治体制を求める声は，当時のアフリカの政治エリートはもちろん，西側の欧米人を含む知識人のなかにも根強くあった（Young 2012: 138-139）。独立とほぼ同時に起きたコンゴでの大きな政治的混乱と国家分裂の危機は，確かにこうした声をより強める

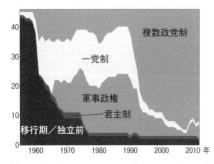

図 5-2　サハラ以南アフリカ諸国における政治体制変動

出所：武内（2005）を参考に，Autocracies of the World Dataset のデータより筆者作成。

影響があったであろう。

　実際，図 5-2 が示すように，1960年代をとおしてアフリカ諸国では，複数政党制から一党制，さらには軍政への政治体制の移行が，大陸レベルの趨勢としてかなり明瞭に観察された（武内 2005：92）。象徴的な事例は，アフリカの脱植民地化の旗手の一人，ガーナのクワメ・ンクルマである。ガーナでは1957年の独立以降，ンクルマのもとで強権化が進み，1964年1月には与党・会議人民党（Convention People's Party: CPP）以外の政党が禁じられ，公的に一党制国家に移行した。そのわずか2年後にンクルマは外遊中のクーデタで放逐され，ガーナは軍政と民政が交代を繰り返す不安定な時期に入る。また，先述のクーデタで実権を握ったコンゴ（のちのザイール）のモブツも，自ら革命人民運動（Mouvement Populaire de la Révolution: MPR）を結党し一党支配体制を確立した。他の多くの国でも，様々な軌跡を伴いながら，政権党による国家権力の独占や軍によるその簒奪がみられた。独立時の多党制がほぼそのまま維持されたのは，ボツワナやモーリシャスなどごく一部に過ぎない。

　こうした動きを民主主義の「後退」とみることもできるだろう。だが，独立時のアフリカの指導者が引き継いだ統治機構は，それ以前の大半の期間，圧倒的少数のヨーロッパ人官僚を中核とする，圧倒的多数のアフリカ人の政治参加を排した抑圧的な「外来の官僚的専制（alien bureaucratic autocracy）」であった（Young 1994: 180）。独立後の大陸レベルの体制変容は，急速な脱植民地化のさなか「名誉ある退出」を望んだヨーロッパの宗主国が慌ただしく導入した議会制度の脆さを示していたとみる方が自然であろう。

　こうして権力の集中を進めたアフリカの指導者は，1970年代にかけて，しばしば野心的な国家建設を試みた。社会主義の影響のもと推進された国家による経済の統制や市民社会の侵食がその一つの現れであった。たとえば，タンザニ

ア，ウガンダ，ザイール，ナイジェリアなど様々な場所で，民間や海外の資本
の国有化や現地化が，時に外国企業や移民社会（ウガンダのアジア系住民など）
に多大な犠牲を強いながら，実施に移された。ザイールのインガ水力発電所や
ナイジェリアのアジャオクタ製鉄所など，巨大な開発プロジェクトによって国
威発揚を図った国もある。さらに，多くの国では，中央政府による地方統制の
強化のため，植民地期以来——マムダニがいう「分権化された専制
(decentralized despotism)」のもとで（Mamdani 1996）——農村地帯で大きな力
をもってきたチーフなど伝統的権威の統制や廃絶も試みられた。

　だが，実際には，こうした政策を進める当の政権自身が，排他的で狭小な統
治基盤に立脚していることが少なくなかった。たとえば，ザイールでは，
MPR は「政治的に組織された国民」として全ザイール人の政党とされたが，
現地化された企業の譲渡など国家権力がもたらす様々な恩恵に預かったのは，
もっぱらモブツとその取り巻きたちであった。こうした政治的排除とそれに対
する不満は，スーダン南部の内戦（1955〜72年），エリトリアの独立闘争（1961〜
91年），ナイジェリア南東部のビアフラ戦争（1967〜70年）など，すでにいくつ
かの場所で極めて暴力的な形態で表出していた。1970年代後半以降，国家の統
治基盤のこのような狭小さと脆弱さは，つぎに述べる経済開発の行き詰まりに
より，アフリカのより多くの場所であらわになっていくのである。

(3)　経済構造と開発

　再び独立時点に戻り，経済面からアフリカの国家建設をみておこう。植民地
期の1940年代から独立後の1970年代にかけて，アフリカ諸国の経済は，特に戦
後の世界市場全体の好況に後押しされて，全般的に成長軌道にあった（Cooper
2019: 117-120）。たとえばガーナやコートジボワール，ケニアといった国々の経
済は，カカオやコーヒーなどの主要な農産品の輸出の伸長に押されて，1960年
代をとおして堅調な成長を続けた。こうしたなかアフリカの国々は，拡張的な
開発政策を推進していく。社会主義陣営が大きな存在感をもっていたのはもち
ろん，資本主義世界においてもケインジアンの影響が強かった時期である。国
ごとにイデオロギーや政策の違いはあったが，いずれの国においても，国家が
経済開発の主要な担い手となることが想定されていた。

南アフリカや南ローデシアなどを除いて製造業が育っていなかった多くのア
フリカ諸国では，工業化が目指された。同時代の多くの開発途上国と同様に，
貿易や為替に対する国家の強い介入のもと，輸入代替による製造業の保護と育
成が試みられた。他方で，タンザニアのように，農村開発に重きをおいた独自
の社会主義路線をとった国もある。同国では，ジュリウス・ニエレレの強力な
リーダーシップのもと，産業の国有化が進められるとともに，農村部では新た
につくられた「ウジャマー村」に周囲の村落の機能を集中させる政策がとられ
た。だが，これらの国家主導の政策は，開発政策としてはいずれもうまくいか
なかった。原材料を輸入に頼り，国内市場の規模が限られているなかでの製造
業育成には自ずと限界があった。ウジャマー村政策も，多くの集団化政策と同
様，農民の生産意欲を削ぐ結果になった。
　さらに，1970年代になると独立後のアフリカ経済の成長を支えた世界経済が
暗転する。その大きなきっかけは，1973年の第三次中東戦争が惹起した第一次
石油危機であった。石油価格の大幅な引き上げは，生産や輸送にかかるコスト
を押し上げ，先進国経済を襲った深刻な不況は，主要な外貨獲得源である農産
物など一次産品の輸出の急落を招いた。植民地期から引き継いだ一次産品主体
の経済構造を打破できないうちに，そのツケが回ってくることになったのであ
る。国際収支が悪化し外貨不足に陥った多くのアフリカの国々は，借り入れを
重ね，巨額の対外債務を抱えることになった。この状況は，1980年代にかけて
アフリカ国家の統治基盤をさらに揺さぶることになる。

3　冷戦期のアフリカの国際関係

(1)　パン・アフリカニズムのその後

　以上のようにアフリカの国々の国家建設には独立以来様々な苦難が伴った
が，アフリカを取り巻く当時の国際関係を広くみてみると，それは新興の国々
が国家建設を進めていく上でおおむね良好な環境であったといわれている（た
とえば Clapham 1996; Jackson 1990）。本節では，冷戦期のアフリカの国際関係
を，域内関係と域外関係に分けて概観しておこう。
　20世紀初頭以降，アフリカの反植民地闘争を大きく後押ししたグローバルな

連帯運動として，パン・アフリカニズムがある（宮本・松田編 2018：第14章）。脱植民地化を経て独立を遂げたアフリカの国々の間で，その理念をいかなる形で実現していくのかという問題が争点化した。1940年代よりパン・アフリカニズムに深く関与し，1958年に第1回全アフリカ人民会議を主宰するなど，アフリカ各地の独立指導者の連帯にも尽力したガーナのンクルマが求めたのは，大陸レベルでの政治的統一，すなわち「アフリカ合衆国」であった。だが，こうした目標の実現を迫る急進的な国々（ガーナ，ギニア，モロッコなど）とより保守的な立場をとる国々（リベリア，ナイジェリア，コートジボワールなど）との政治的な駆け引きの末に生まれたのは，アフリカ合衆国の理想とはかけ離れた政治組織であった。1963年5月に設立されたアフリカ統一機構（Organization of African Unity: OAU）は，その呼称とは裏腹に，その憲章において，先行する植民地から引き継いだ国境線による大陸の分割状況を前提に，各国の主権や領域の一体性の保持，相互の内政不干渉といった目的や原則を前面に掲げていたのである。

　このようなOAUの現状維持指向は，他方で，独立後のアフリカ諸国間の関係の安定化には寄与した。実際，ヨーロッパの列強が一方的に引いた境界線に，アフリカの国々自身が大陸レベルで「お墨つき」を与えたことの意味は過小評価すべきではないだろう。ソマリ人の「失地回復」を求めるソマリアの「大ソマリア主義」など国境線を公然と否定する動きもあったが，それは独立後のアフリカの国際関係のなかではむしろ稀な事例であった。ソマリアとエチオピアとのオガデン戦争（1977～78年）など，国家間の戦争についても同様である。さらに，南部アフリカのポルトガル領植民地や白人少数派政権に対する解放闘争の支援でも，OAUは一定の役割を果たした。経済統合などの面で十分な成果を残せなかったOAUであるが，少なくとも独立直後の国々がそれぞれ国家建設に専念できる状況を形成することには貢献したといえるだろう。

(2)　域外諸国の関与と支援

　冷戦期においては，アフリカ域内諸国の連帯に加えて，域外の国々との様々なつながりも，アフリカ各国の国家建設——あるいはその指導者の権力強化や政治的生存——を下支えした。ここでは，旧宗主国および米ソ超大国との関係

に焦点をあてる（詳細は Clapham 1996などを参照）。

　独立したアフリカ諸国と元の宗主国であるヨーロッパ諸国との関係には様々な様相がみられた。たとえば，急進的な独立指導者セク・トゥーレのギニアがフランス共同体内にとどまることを拒んで，フランスから執拗な報復——行政機構からの人員や資材の一斉撤収や独立後の支援のいっさいの拒絶など——を受けたことはよく知られている。他方でコートジボワールをはじめフランスとの関係の継続を選んだ大半の国々は，独立後旧宗主国との間で「フランサフリック（Françafrique）」ともいわれる極めて緊密かつ広範な関係を結んだ（加茂 2019；Taylor 2010: chap. 3）。ザイールなども含むフランス語圏アフリカ諸国との関係は，フランスでは外務省でなく大統領官邸（エリゼ宮）の管轄となり，首脳同士の間で親密な関係が形成された。また，フランスの通貨フランと固定レートで兌換された旧仏領諸国の共通通貨CFA フランは，これらの国々の金融と財政の安定に寄与し，各国との防衛協定を根拠としたフランス軍の介入は，統治基盤の脆弱なアフリカの指導者とその政権をクーデタなどの脅威からたびたび救った。

　ギニアの断絶とフランサフリックの一体性は，アフリカ諸国が旧宗主国と結びうる関係の両極を示すものであるが，旧英領諸国など他のアフリカの国々でも，とりわけ平和裏に主権の移譲が行われた場合には，経済面や政治面を中心に旧宗主国との関係が多かれ少なかれ維持された。さらに，旧宗主国との紐帯は，アフリカの国々にコモンウェルス（英連邦）やヨーロッパ共同体（European Community: EC）を介した多国間枠組みへの参加の機会を与えた。特に，1975年2月の第一次ロメ協定に始まる EC 市場への特恵的アクセスと多額の援助や投資は，締約国となったアフリカ・カリブ海・太平洋諸国（ACP 諸国）に少なからぬ恩恵をもたらした。

　また，アフリカ諸国が大挙して独立を遂げた時期は，超大国のソ連と米国を頂点とするグローバルな東西対立が世界を覆い始めた時期でもあった。米ソ両国は，互いの動きに目を光らせながら，軍事援助や経済援助を梃子にサハラ以南のアフリカにおいてもそれぞれの陣営の拡張を図った。これに対し，たとえばニエレレのタンザニアのように第三世界の団結に重点をおいた非同盟路線を堅持した国が存在する一方で，自らの統治の維持や強化のために超大国からの

関与と支援を積極的に活用するアフリカの指導者も少なからず現れた。コラムで取り上げたザイールのモブツはその最たる例であろう。また，1970年代以降のアンゴラとモザンビークでは，政府側にソ連やキューバが，反政府側には米国や南アフリカなどが，それぞれ大規模な軍事支援を与えることで，各国の内戦が冷戦下の代理戦争という様相を帯びることになった。さらに，1974年のエチオピア革命，1977〜78年のオガデン戦争を経て域内対立が激化したアフリカの角では，ソ連と米国がそれぞれエチオピアとソマリアの軍事政権を支え，冷戦末期にかけて周辺国も含め何十億ドルもの軍事・経済援助が投下された。

4 アフリカ国家の危機

(1) 国家の「永続的危機」

　現代アフリカのマクロな政治史についてはいくつかの大著があるが（Cooper 2019; Nugent 2012; Young 2012など），どの著作においてもおおむね認識が一致している点がある。それは，1970年代末以降のアフリカで多数の国家が深刻な危機に陥ったという点である。すでに述べたように，石油危機以降の世界経済の悪化は，限られた種類の農産物や鉱物資源の輸出に依存する脆弱な経済構造に立脚したアフリカの国家を大きく揺さぶった。急激な財政の悪化と債務の累積は，国家から政策遂行能力を奪い，教育や医療といった市民生活に直結する行政サービスの顕著な劣化は，強権的な一党政権や軍事政権からさらに統治の正統性を奪った。

　このような状況で各国の政権の統治基盤はいっそう狭小化していった。国家が市民社会から遊離するなか，大統領など統治者個人に権力が過度に集中する「個人統治（personal rule）」が，アフリカの様々な場所でみられるようになる（Jackson and Rosberg 1982）。ウガンダのイディ・アミンや中央アフリカのジャン＝ベデル・ボカサなど，過剰な暴力行使を厭わない残忍な独裁者はその極端な類型であるが，より広範にみられたのは，次章でも述べる「新家産主義（neo-patrimonialism）」として知られる統治形態であった。そこでは，公権力の掌握がもたらす様々な恩恵——政府や国営企業のポスト，許認可の権限，鉱物資源開発の利権，外部の援助資金へのアクセスなど——が，統治者とその側近

によって私的に流用され，統治者を頂点とするエリート間の上下のつながり
——パトロン・クライエント関係——の構築や維持に用いられた。国家が公共
政策遂行の手段ではなく，統治者による私的な分配のための資源として浪費さ
れることで，かろうじてエリート間の凝集性が維持されたのである。ザイール
のモブツやシエラレオネのシアカ・スティーブンスは，新家産主義的統治を最
も体現した指導者として知られているが，以上のような状況は，程度の違いこ
そあれ他の多くのアフリカ諸国でもみられた。

　こうした統治基盤の狭小化と弱体化に伴うアフリカ国家の衰退は，1980年代
以降，アフリカと国際社会との関わりが大きく変化するなかでさらに進むこと
になった。その一つの契機は，アフリカ諸国の債務危機がもたらした世界銀
行・国際通貨基金（IMF）による構造調整プログラムの実施である（第7章も
参照）。1979年のセネガルに対する世銀の貸し付けに始まるこの国際社会の広
範な関与は，以後10年ほどの間に大陸の大多数の国に及んだ。債務返済のため
の新たな援助の受け入れにあたり，アフリカの国々は，補助金削減を含む財政
の緊縮，貿易や為替に対する統制の撤廃，国営企業の民営化など様々な財政・
経済構造改革の実施を求められたのである。その要点は，肥大化した国家の整
理縮小と市場統制の撤廃であった。国家がもたらす様々な資源の分配が限られ
た正統性の源泉となっていたアフリカの指導者にとって，これらの政策は，自
らの統治の根幹を揺るがす内容をもっていた。ファン・デ・ワールが明らかに
しているとおり（Van de Walle 2001: chap. 2），彼らは様々な方法でその履行の
回避や先延ばしを図り，また履行が不可避な場合には，その負担を極力——た
とえば教育や医療などへの支出削減をつうじて——国家権力の外におかれた
人々に押し付けようとした。この間，意図された経済成長は実現されず，むし
ろサハラ以南のアフリカ諸国の多くがマイナス成長を続けた。アフリカ国家の
危機は，長期化するなかで「永続的な危機（permanent crisis）」としての様相
を呈するに至ったのである。

(2)　冷戦後の世界へ

　1980年代末に始まる冷戦の終焉は，グローバルな国際関係におけるアフリカ
諸国の戦略的重要性の低下を招き，結果としてこれらの国々の混迷をいっそう

深めることになった。すでに1980年代後半以降，東西陣営間の融和が進むなか
で，たとえば米国がリベリアやソマリアといった人権侵害の著しい国々に対す
る支援を停止したり，ソ連がエチオピアやモザンビークの指導者の支援要請を
断ったりするような事例が散見されるようになっていた（Young 2012: chaps. 5,
7）。1990年代に入り，冷戦終焉の流れがソ連消滅にまで至ると，こうした趨勢
は決定的になる。米国を筆頭とする西側の先進諸国は，こぞってこれまでのア
フリカ関与のあり方，特に援助政策を見直し，支援の継続と引き換えに人権の
保護や政治的自由の実現を求めてきたのである。こうした要求は，1980年代を
つうじてアフリカ諸国内で高まりつつあった変革を求める市民社会の動きとも
強く共鳴していたため，アフリカの統治者たちにとって無視できない政治的圧
力となった。冷戦期にアフリカ諸国の政権を下支えした国際的なセーフティー
ネットが急速に失われつつあったのである。

　こうした状況に対して，1990年代以降，アフリカの国々の指導者は様々な対
応をみせ，アフリカ諸国の国家建設・再建の軌跡は多様に分岐していくことに
なる（Young 2012: 28）。図5-2からも見て取れるように，多くの国では短期
間の間に国内外の要求に応じる形で複数政党制に基づく選挙が実施され，国家
の「再正統化（re-legitimization）」が図られた（Thomson 2016: 225）。こうした
試みがうまくいかずに，あるいは統治者が変革を拒み続けた結果，大規模な武
力紛争が発生し，国家が「破綻（failure）」，さらには「崩壊（collapse）」とい
われる状況にまで至った国もある。このようなアフリカの政治体制や国家の今
日的状況については，次章で詳細に分析される。

参考文献

加茂省三　2019「フランスとアフリカ」落合雄彦編『アフリカ安全保障論入門』晃洋書
　　房，144-157頁。

武内進一　2005「冷戦後アフリカにおける政治変動——政治的自由化と紛争」『国際政
　　治』140：90-107。

宮本正興・松田素二編　2018『新書アフリカ史』改訂新版，講談社。

Cheeseman, N. 2015. *Democracy in Africa: Successes, Failures, and the Struggle for
　　Political Reform*. New York: Cambridge University Press.

Clapham, C. 1996. *Africa and the International System: The Politics of State Survival.*

Cambridge and New York: Cambridge University Press.

Cooper, F. 2019. *Africa since 1940: The Past of the Present*. 2nd ed. New York: Cambridge University Press.

Jackson, R. 1990. *Quasi-States: Sovereignty, International Relations, and the Third World*. Cambridge and New York: Cambridge University Press.

Jackson, R. and C. Rosberg 1982. *Personal Rule in Black Africa: Prince, Autocrat, Prophet, Tyrant*. Berkeley: University of California Press.

Mamdani, M. 1996. *Citizen and Subject: Contemporary Africa and the Legacy of Late Colonialism*. Princeton: Princeton University Press.

Nugent, P. 2012. *Africa since Independence*. 2nd ed. New York: Palgrave Macmillan.

Taylor, I. 2010. *The International Relations of Sub-Saharan Africa*. New York: Continuum.

Thomson, A. 2016. *An Introduction to African Politics*. 4th ed. London and New York: Routledge.

Van de Walle, N. 2001. *African Economies and the Politics of Permanent Crisis, 1979–1999*. Cambridge: Cambridge University Press.

Young, C. 1994. *The African Colonial State in Comparative Perspective*. New Haven: Yale University Press.

——— 2012. *The Postcolonial State in Africa: Fifty Years of Independence, 1960–2010*. Madison: The University of Wisconsin Press.

（ウェブサイト）

Autocracies of the World Dataset, https://cddrl.fsi.stanford.edu/research/autocracies_of_the_world_dataset（最終閲覧2021年11月25日）

●読書案内●

『新書アフリカ史』改訂新版，宮本正興・松田素二編，講談社，2018年
　　　先史時代から現代までを網羅したアフリカの通史として日本では定番の本
　　　である。本章が扱った独立後のアフリカ史についても圧倒的なボリューム
　　　を誇る。改訂新版では，21世紀に入ってからのアフリカの政治経済や国際
　　　関係についてもカバーされている。

The Postcolonial State in Africa: Fifty Years of Independence, 1960–2010,
　　　C. Young, Madison: The University of Wisconsin Press, 2012
　　　独立後のアフリカ政治史について書かれた大著の一つ。アフリカの国家建
　　　設の軌跡について幅広くかつ詳細に知ることができる一方で，理論面での
　　　サーベイも充実しており，現代アフリカ国家に対する様々な学術的な見方
　　　も学ぶことができる。

Africa since Independence, 2nd ed., P. Nugent, New York: Palgrave Macmillan, 2012
　　　これも広く読まれているアフリカの歴史書である。英語圏，仏語圏，ポル
　　　トガル語圏のアフリカを幅広く扱っており，本章では十分に扱えなかった
　　　アフリカ諸国間の多様性にも注意が払われている。

モブツ
冷戦の創造物

武内進一

　モブツ・セセ・セコは，1965年から97年まで，31年余りの長きにわたって，コンゴ民主共和国（旧ザイール）を統治した人物である。モブツは，アフリカの独裁者の典型として語られることが多い。軍事クーデタで政権を掌握し，自ら創設した唯一政党を基盤に専制的な権力を行使し，巨万の富を蓄積した。

　モブツの軌跡は，国際政治と深く関わる。彼の最初のクーデタは1960年9月のことであった。同年6月30日に独立を遂げたコンゴは，カタンガ州の分離独立宣言を契機として，その1週間後に内戦状態（コンゴ動乱）に陥った。ルムンバ首相は国連に介入を求め，その活動が分離独立阻止に効果的でないとみるや，ソ連など東側諸国に支援を求めた。こうしたルムンバの行動に懸念を抱いた米国が，モブツに手を回したのである。

　クーデタの背後には，アフリカ中央部の資源大国コンゴをソ連の影響下におくわけにはいかないという米国の判断があった。冷戦期の緊張のなかで，モブツは政治の表舞台に立ったのである。1965年，2度目のクーデタで国家権力を握った彼を，米国は一貫して支えた。特にCIA長官を務めたブッシュ（父）大統領（在職1989〜93年）は，モブツと懇意だった。

　皮肉なことに，モブツに対する米国の政策転換はブッシュ政権期と重なる。冷戦終結によって，米国をはじめとした西側先進諸国は民主化政策を重視し，民主化に後ろ向きなモブツへの援助は打ち切られた。政治経済的な混乱が深まり，彼自身の体調不良が伝えられるなかで，1996年秋に内戦が勃発する。隣国ルワンダやウガンダの支援を得た反政府武装勢力は1997年5月に首都を制圧し，モブツを放逐した。末期の前立腺癌だった彼は，その3ヶ月余り後に生涯を閉じた。

参考文献

武内進一　2011「個人支配の形成と瓦解——モブツ・セセ・セコが安全な悪役になるまで」真島一郎編『20世紀〈アフリカ〉の個体形成——南北アメリカ・カリブ・アフリカからの問い』平凡社，526-548頁。

第6章

国家と政治

揺らぐ国家像と政治体制の変容

遠藤　貢

エチオピアに進出した中国企業の看板（2013年，アジスアベバにて筆者撮影）

　独立後のアフリカの国家は，植民地期の統治の影響を受ける形で成立した。そこで重視されるようになったのが，エスニシティなども関わる新家産主義という性格である。1990年代以降発生した紛争にも，アフリカにおける国家のあり方が関わっているほか，時間の経過とともにその性格も変容してきた。さらに，1990年代以降の政治体制の変容はアフリカにおける統治の問題を改めて提起している。

1　アフリカにおける独立後国家形成の背景

(1)　植民地統治の影響と「部族」の創造

　1970年代以降のアフリカ研究において，植民地期以前のアフリカにおける社会には，ただ一つの「部族的」アイデンティティが存在していたことを主張するものは，ほとんどない。この時期におけるほとんどのアフリカ人は，「あるときにはこの首長の臣下として，別なときにはクランの仲間として，さらにまた別のときにはあの専門集団の新入りとして自分の立場を明らかにしながら，多種多様なアイデンティティを出たり入ったりしていた」のであり，「『部族的』政治形態の境界線とそれらの中での権威のヒエラルヒーは，アフリカ人の概念的地平を定義しなかった」（レンジャー　1992：378）。したがって，「部族」あるいは「エスニック集団」という形で今日理解されている人間集団は，植民地期以前の社会にはよりあいまいな形でしか存在していなかったと考えられる。

　アフリカにおける「伝統社会」は，植民地期にヨーロッパ列強により移植された近代国家による統治のなかで創造，構築されていった。この時期における統治様式とそこにおける権力の特徴こそが，「伝統社会」をより明確化していくうえで重要な役割を果たした。たとえば，ケニアのキクユ人については，間接統治のもとで，イギリスの植民地官吏によって「エスニック集団」を基礎にした州や「部族」を基礎にした県が創造され，さらに支配の領域を設定する境界が明確に引かれ，そこに形成された領域で租税の徴収や労働力の調達を行う植民地統治機構に組み込まれた首長が農村部に配置されたのである（Lonsdale 1992: 330-332）。また，タンガニーカ（現在のタンザニアの大陸側の地域）でも，ヨーロッパからの植民者が当時のアフリカの人々は「部族」に属していると考えていたのとは裏腹に，アフリカの人たちは帰属を目的として「部族」を創造したのである。

　また，伝統や慣習を構成する慣習法，慣習的土地所有権，慣習的政治組織も，植民地期における法の成文化過程で創出された。植民者であったヨーロッパ人自身が，アフリカでは古来の慣習を尊敬しているということを信じていた

ということがこの背景にあったが，結果的には「特定の固定の慣習法の構築物が法令化され，厳格なものとなり，将来において変化を容易に反映できなくな」る状況が生まれた（レンジャー 1992：381-383）。

それまでは流動的に，そしてあいまいに構成されていたアフリカの社会が，植民地状況のなかで「共同体や土地所有権に関してより明確で，静的な定義を持つ植民地状況に移行」することになり（レンジャー 1992：383），「部族」あるいは「エスニック集団」への帰属もより明確になった。したがって，こうした伝統的な集団形成の背景には，植民地統治下における上からの強制という契機があった一方で，そうした状況に対応する過程で，アフリカ人自らが創造的に対応する二重の契機があった。

(2) マムダニの植民地国家論と「政治的部族主義」

以上の強制と創造に関わる植民地統治の構造的な問題に関して，ウガンダ出身のマムダニも類似の点に触れている。マムダニは，植民地期における国家を「二面性をもつ国家（bifurcated state）」として位置づける作業のなかで，植民地国家を一つの覇権的な権威のもとに二つの権力様式を備えた統治として理解しようとする。その一方には，直接統治があり，これは都市部における市民的権力の様式であり，都市部の入植者を中心に構成されていた「市民」に対して保証されていた市民的自由から現地住民を排除する様式であった。他方は，間接統治であり，これは農村部における部族的権威を示すものであり，現地住民を植民地国家主導の慣習秩序のなかに組み入れる様式であった。そのうえで，マムダニは，前者を集権化された専制政治（centralized despotism），後者を分権化された専制政治（decentralized despotism）という形の特徴を有する支配様式であったことを明らかにする（Mamdani 1996: 18）。ここでは，植民地統治下で成文化された「慣習法」は間接統治のもとにおける原住民行政局の非慣習的な権力を覆い隠す機能を果たしたのであり，植民地統治下における専制政治が分権的な特徴をもっていたことを指摘する（Mamdani 1996: 22-23）。その結果，「エスニック集団」が，一方で原住民の統治の単位を構成する形で制度化されていくと同時に，その統治制度への抵抗の単位としても形成された（Mamdani 1996: 24）。

植民地統治下において創造された「部族」あるいは「エスニック集団」をめ
ぐっては，一方において他者との関係で我々という集合を構想，創造する政治
的部族主義，他方において集団内部の我々に対する集団の構成員の関係性に関
わるモラル・エスニシティが対置される（Lonsdale 1992）。

(3)　エケーの二つの「公共領域」論とその帰結

　ロンズデールが「モラル・エスニシティ」という概念を用いて提起した問題
に関して，比較的早い時期に類似の議論を提供しているのが，ナイジェリア人
の社会学者であるエケーである（Ekeh 1975）。エケーは，植民地統治の正統性
獲得の過程を検討するなかで，西洋における「公共領域」形成のあり方とは異
なる論理を見出した。
　エケーの主張によると，アフリカには二つの「公共領域」があるという。一
方が「部族」や「エスニック集団」といった集団に対して存在する「原初的公
共領域（primordial public）」，もう一方が近代国家形成の過程で出現した「公民
的公共領域（civic public）」である。前者は「モラルに基づいており，私的領
域と同じ規範に基づいて作動する」「公共領域」（Ekeh 1975: 106）であり，こ
こにおいては物質的に貢献するという義務によって特徴づけられ，その貢献の
見返りとして心理的な安心を得るという交換関係が成立している。ここにエ
ケーは，欧米とは異なる市民権のモデルが成立したとみる。エケーによれば，
この市民権は自らが帰属する「原初的公共領域」に物質的に貢献するという義
務によって特徴づけられる。ここで，「原初的公共領域」が及ぶのは大家族か
ら，数百万人規模に上るエスニック集団と考えられている（Ekeh 1975: 107）。
　他方，後者「公民的公共領域」は，西欧では国民といったアイデンティ
ティー形成とも関わる形で形成された領域であったが，アフリカでは「モラル
に基づいておらず，原初的公共領域で作動している規範を欠く」「公共領域」
であり，個人が経済的な便益を追求する場ではあるものの，その見返りを施す
必要は感じない領域と規定されている（Ekeh 1975: 107）。
　こうした二つの「公共領域」の原型は，植民地期に出現したアフリカ人エ
リートが，西洋的な制度と現地の制度の両方へ対応していく過程で生じてき
た。アフリカ人エリートは，植民者によってもたらされた西欧近代国家の運営

に関わりながらも，現地の伝統的な部門（"native" sector）から完全に逃れることはできなかった。そこで，その解決策が，伝統的な部門は義務を負い，奉仕の対象とする一方で，西欧的な部門は「原初的公共領域」に資する利益を獲得する場としての「公民的公共領域」と位置づけることだった。

　独立以降における国家権力をめぐる抗争の過程で，この二つの公共領域をめぐる弁証法が，その政治のあり方を特徴づけた。つまり，「公民的公共領域」と「原初的公共領域」のチャンネルを，一度特定のアフリカ人エリートが握ると，そのエリートは継続的に「公民的公共領域」にとどまり，「原初的公共領域」に便益を供与し続けることをしなければ，自らの義務を果たすことはできなくなる。したがって，開発が進まず，国家そのものが最大の物質的利益の調達先である状況が続く以上，彼らは，その地位に居座るための操作を行わざるをえなくなる。ここに生起したのが，アフリカの国家，あるいは政治体制の中核的特徴として知られる新家産主義（neopatrimonialism）である。

　新家産主義は，以下のような点にその特徴がある（Bratton and van de Walle 1997）。第一に，大統領一極主義（presidentialism）である。これは，一個人の手に政治権力が体系的に集中している点を指しており，この結果，その他の国家機構が弱体化することになったと捉えられている。第二の特徴としては，体系化されたクライエンティリズム（systematic clientelism）である。これは，政治的な支持を動員するクライエント（子分）とそれに対する報酬を提供するパトロン（親分）の間に成立している人格的な互酬関係（パトロン・クライエント関係）を基盤としている。そのため，パトロンたる政治的指導者は公的な資源を私物化したり，不労所得としてのレント（rent）を得るために経済への介入を強めたりすることになる。第三の制度的特徴としては，第二の特徴と関連するが，国家資源の私的流用（use of state resources）である。これにより，体制の正統性を高めようとすることにはなるが，現象としては一般的に「汚職」と認識される行為が常態化することにもつながる。

2　紛争と国家変容

(1)　アフリカにおける武力紛争と紛争対応——その変容と傾向

　アフリカにおいて紛争が発生する論理は独立後のアフリカ国家の特徴とその変容と深く関わっている。アフリカにおける国家は，上述のように国家権力を掌握した政治エリートの蓄財の場という特徴を有しており，ここで獲得された資源の配分機能のもとで形成される極めて重層的なパトロン・クライエント関係が大きく関わる。そして，この関係は，そこに組み込まれる場合には暴力から一定の庇護のもとにおかれることになる一方で，この関係の外にむけては，暴力行使の主体を構成する可能性をもつことになる。ただし，パトロン・クライエント関係を形成する基盤は，エスニシティに限られるわけではなく，地縁や宗教といった他のアイデンティティが関わる可能性を排除しない。しかも，この関係の紐帯は決して安定したものではなく，パトロン側の資源配分能力などの条件変化によっては分裂もありうる再編可能性を特徴とするものである。特に1990年代の紛争には，パトロン・クライエント関係の変容が大きく関わっていた。

　しかし，2000年頃から，国連 PKO 活動の展開なども一定の功を奏する形で，趨勢的には紛争が収束する傾向がみられてきた。ルワンダでは内戦が武力により決着し，リベリア，シエラレオネなどの多くの紛争においては様々な仲介を経て和平合意が締結され，暫定政権の樹立，選挙の実施といった一連の手続きを経る形で，形のうえでは紛争が収まったようにみえる状況が生まれた。しかし，こうした趨勢のなかにあっても，スーダンのダルフール紛争や，2012年11月に21年ぶりに新政権が樹立されたソマリアでも，特に南部を中心に不安定な状況が続いている。さらに2013年には，2011年にスーダンから分離独立した新国家南スーダンでも政権争いを起点として紛争が勃発した。紛争がいったん終息したようにみえる場合にも，「戦争と平和の間」という曖昧な状況にとどまっており，紛争が「解決」されたという形では解釈できにくい状況が継続している（武内 2008）。

　さらに，こうした紛争の背景には，グローバル化する経済が影を落としてい

る。アフリカの脆弱な国家のもとでは、地方の権力者やウォーロードなどとも呼ばれる紛争主体が自然資源の管理を行う形で実質的に政府の役割を代行し、その権力と治安を維持する機能を果たす現象も観察されるようになった。アフリカにおける紛争は、国家の変容とともに、外部との関係の不断の変容のなかで生起している。

　また、アフリカでは、西側援助国の民主化要求に対応して複数政党制のもとでの選挙が導入された結果、選挙暴力（electoral violence）と呼ばれるようになる選挙実施に関連した暴力が多発する結果を招くことになった。これは、「選挙の呪い」といった形でも表現されるような現象としても理解され、選挙実施が、アフリカにおける民主主義に基づく安定に資するのかという疑念も喚起してきた。選挙暴力は、差し迫った選挙や公表された選挙結果に直接関係する身体に危害が及ぶ暴力や強制力を伴った威嚇と定義され、通常の紛争や暴力よりも、選挙との関連が注目される。こうした紛争形態も、民族の政治動員と連動した社会的な亀裂を生み、潜在的な対立の根を残す形で新たな課題となったことは、ケニアにおいて2008年の初頭に発生した「選挙後暴力」に典型的にみられる。

　さらに、アフリカで長期化している紛争において特徴的な反乱勢力を、ストラウスは「カウンター・システム」的な反乱勢力として提示している（Straus 2012）。ここで例として挙げられている勢力は、アルジェリア南部、マリ北部での活動が知られているイスラーム・マグレブのアル・カーイダ、あるいは、ソマリアのイスラーム主義勢力アッシャバーブ、さらにウガンダ北部を中心に活動し、その拠点を近隣国に移して活動してきた神の抵抗軍、そしてナイジェリア北部を中心に活動を続けるボコ・ハラムなどである。これらの勢力のリーダーが目指しているのは、既存のシステムとしての民主主義を基盤とした「ゲームのルール」に対抗し、根本的に変革することである。つまり、これらの勢力が目指す政治環境は、西側先進国から求められる民主主義的な状況ではないために、選挙をつうじて自らの主張を通すことはできないという共通項をもつ。

(2) 失敗（破綻）国家概念をめぐって

　本来の政府機能が失われたり，本来の政府機能からは逸脱する行動をとる状態に陥った国家を失敗（破綻）国家と呼ぶ場合がある。こうした状況のもとでは，本来国家により守られるはずの人々の安全が様々な形で危機にさらされることになる。ここで問題化されるのは従来の安全保障の対象である国家ではなく，人々の安全そのものである。

　ただし，失敗（破綻）国家概念は，厳密な術語として用いられる場合には問題がある。第一に政府機能が失われるに至った理由が様々であるからである。アフガニスタンのタリバーン政権のように，「対テロ」の名目のもとでアメリカの攻撃によって政府が崩壊に至った事例と，ソマリアのように，クラン間の内戦のもとで旧体制が放逐され，その後20年以上にわたり新政権の樹立ができなかった状況を，失敗（破綻）国家という同じ概念でまとめることは妥当性を欠くと考えられるのである。

　第二に，失われた政府機能の程度や様態が異なる事例をまとめて扱うことになり，議論のうえでの混乱を招くことになるからである。たとえば，ソマリアのように，政府機能が完全に失われた状態が継続している状況と，1997年以降紛争下にあり首都キンシャサに政府が存在するものの，国土の一部しか実効支配が行われてこなかったコンゴ民主共和国（DRC）の状況，さらには1994年のルワンダの事例のように，本来領民に対する安全を提供すべき政府が，ジェノサイドといわれた現象の少なくともその初期段階において，組織的に関与する状況が内戦のなかで発生している状況を同一概念で把握することは妥当ではない。

　上記の理由から，概念分類が行われてきた。「弱い国家（weak state）」「失敗しつつある国家（failing state）」「失敗国家（failed state）」「崩壊国家（collapsed state）」が一つの代表的な分類例である（Rotberg ed. 2004）。

　「弱い国家」は，様々な理由で，本来政府が提供する必要のある公共財の提供が十分に行えなくなっているほか，国内的な対立を抱えたり，都市部の犯罪発生率が高くなっていたり，教育・医療面での十分なサービス提供ができない状況に至っている国家を指している。

また，「失敗国家」の場合には，その領内において暴力（あるいは武力紛争）の程度が激しいということ以上に，①その暴力が持続的であること，②その暴力が経済活動と連動していること，③その暴力が既存の政府に対して行われていること，④その結果として，暴力の行使がさらなる権力獲得の手段として暴力主体の間で正当化されていること，などが挙げられる。その際に重視されているのは，政府が住民を抑圧し，国内の安全を剥奪する行為を行う点である。それによって，現政権に対する国内の反発を招き，武力紛争に発展する状況が生まれるのである。失敗国家のその他の特徴としては，国内の周辺地域に対する支配がまったく及ばないこと，犯罪につながる暴力が多発すること，公共財をほとんど提供できないこと，国家の諸制度のなかでも国家元首を中心とした執行部がかろうじて機能している以外ほとんどは機能停止に陥っていること，などである。先に挙げた DRC やジェノサイド発生時のルワンダは失敗国家の事例と考えるのが妥当であろう。

　「失敗しつつある国家」は，弱い国家から失敗国家へと政府機能がさらに弱体化している中間的な国家のあり方と考えることができるものである。そして「崩壊国家」は，失敗国家の極限的な姿であり，政府が完全な機能不全に陥り，公共財は政府以外の主体によってアドホックに提供されるだけで，権威の空白が生じている状態を指している。ソマリアは崩壊国家の典型例である。

　しかし，こうした分類基準も，実際には客観的に設定されているわけではなく，紛争過程で生じてきた様々特徴を後追いしているという限界をもつ。そのために解釈によっては恣意的な分類基準になりうる。さらに，上記の分類には難点がないとはいえない。それは，失敗と崩壊は，定義上位相が異なるにもかかわらず，その違いが十分に考慮されず，両者が現実にひきつけられる形で連続的に捉えられている点である。失敗の最大の特徴が，「政府が住民を抑圧し，国内の安全を剥奪する行為を行う点」にあるとすれば，そこには機能する政府の存在が前提されており，その政府機能がほぼ停止することによって特徴づけられる崩壊とはずれている。現実的には失敗と崩壊は相補的に進行すると考えられることから，区分は困難だが，定義上は異なった論理と方向性をもつ現象と考えられる。

3 政治体制変容と民主主義の後退？

(1) アフリカにおける民主化？

　世界各地においてリベラル・デモクラシー（自由民主主義）は様々な挑戦に
さらされている。ただし，どのような課題に直面しているのかについては，そ
の内実についての精査が必要であろうし，そこには地域的な相違や特徴がある
ことにも一定の考慮が必要である。加えて，「民主主義の後退（democratic
recession)」という現象をめぐっては，国際的なデータスコアを用い，その平
均値の変化がほとんどないことから，2000年代において民主主義が全体として
は安定傾向を示しているとみる議論も存在しており，そこでは実際に生起して
いるのは権威主義の強化だとする主張もある。

　類似の現象はアフリカでも観察されてきた。冷戦終結後の1990年代当初は，
複数政党制のもとでの自由で公正な選挙の実施を強く求める，いわゆる政治的
コンディショナリティという援助の条件づけを伴った国際的な民主化支援が実
施された。こうした外からの民主化圧力のもとで進んだアフリカ諸国の政治改
革で生まれたアフリカの政治体制は「選択肢なき民主主義（choiceless
democracy)」とも評価された。この動きは極めて短期間に，しかも表層的に複
数政党制と選挙のみを導入するといった「改革」のもとで進められた十分な制
度化を伴わない体制変革であった。しかも，その後の国際援助の方向性が，必
ずしも政治的な民主化ではなく，経済成長（あるいは「開発」）や「ガバナン
ス」を重視する援助国側の姿勢にシフトしたり，さらには「対テロ戦争」とい
う新たな課題が加わったりすることにより，アフリカの政治体制の民主化は基
本的には「停滞」状況にある。

(2) アフリカにおける政治制度

　現代世界における民主主義体制への挑戦を考えるうえで，避けて通れない課
題がある。それは，既述の「新家産主義」という捉え方に代表的に示されるよ
うに，アフリカをめぐる多くの政治研究は，フォーマルな制度の拘束力が極め
て限定的であるという前提に立ってきた点にある。換言すると，アフリカでは

むしろ，制度の拘束性を度外視する研究の視座（institution-less school）が支配的であり，1960年代後半以降のアフリカ政治研究の系譜のなかに見出しうる一つの特徴でもあった。特に，1990年代に入ると，（特にフランス語圏における）フォーマルな制度を欠いたなかでの政治動態を描く研究（Chabal and Daloz 1999）が広く受け入れられたほか，「アフリカにおける国家」を歴史的な背景をもつインフォーマルな制度群からなる産物として描き，ほとんどその制度的な様態に触れない国家論（Bayart 2009）も注目を集めた。

　民主化の移行期に関わる体系的な政治制度分析の事例として挙げることのできる研究（Bratton and van de Walle 1997）においても，制度の拘束性に関心を寄せながらも，アフリカの政治の中核的特徴としての新家産主義を扱わざるをえない点に，その特徴を見出すことができる。アフリカ政治研究では，制度を度外視する研究の視座の再検討を行い，よりフォーマルな制度の影響（あるいはインフォーマルな制度との関係性）を検討する必要を提起する議論がようやく現れてきた段階である（Cheeseman 2018）。

　とすれば，新家産主義体制が支配的な状況下において，果たしてそのあり方を制度的に保障するリベラル・デモクラシー，あるいは民主主義体制がそもそも「生まれるのか」「生まれてきたのか」ということも問題になる。リベラル・デモクラシーや民主主義体制がそれを保障する政治制度のうえに成り立っており，その政治制度が溶解したり浸食されたりする状況が民主主義の後退などと表現されるとすれば，そもそもアフリカのようにその制度化自体が不十分であり，インフォーマルな制度が政治動態を支配しているのだとすれば，そもそも起点としての民主主義が実現されておらず，民主主義の後退といった議論そのものがアフリカの文脈では成り立たなくなる可能性もある。

(3)　アフリカをめぐる政治体制の現状

　シグマンとリンドバーグ（Sigman and Lindberg 2017）は，指標化されたデータを用い，新家産主義を構成する三要素の相関関係について検討を行っている。おおむね，三要素の間には相関関係を認めるとしているが，大統領一極主義と他の二要素との関係において，大統領一極主義の値が相対的に高く，統計学的には外れ値の特徴を示している事例がある。この点で特徴的な国として

は，図6-1で下線を引いたルワンダ，エチオピア，エリトリアを挙げることができる。エリトリアは，憲法が停止されており，アフリカにおいても極めて独裁的な体制だが，ルワンダとエチオピアは，以下で説明するように非常に興味深い経験を有している国である。

　世界銀行が2019年に発表した「アフリカの鼓動（Africa's Pulse）」で，ルワンダとエチオピアは，ともに1990年代までに経験した紛争とも関連する「脆弱性（fragility）」からの移行に成功した事例として位置づけられ，強化された制度，政策環境，サービス提供能力によって特徴づけられるとされている（World Bank 2019: 2）。そして，こうした取り組みの結果，民間企業にとってより投資しやすい環境が整備されてきた事例という評価が行われ，それが経済成長につながっている。ルワンダとエチオピアに特徴的な傾向を，農業と製造業の成長という点に見出すことができる。さらには，紛争期の武装勢力をその組織的基盤とする指導者が，紛争後の政治体制構築を行ってきたという共通項を有している。

　さらに，2013年の段階でアフリカの被援助国のトップ10のなかには，一党体制のもとで民主的な政治参加の制限が大きく，政治的な反対勢力への抑圧的対

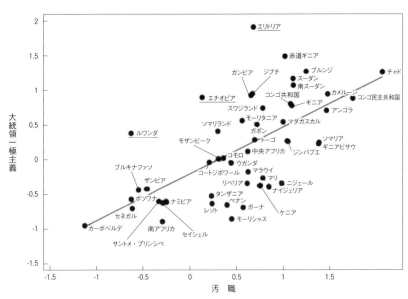

図6-1　大統領一極主義と「汚職」の相関関係
出所：Sigman and Lindberg 2017: 15.

応を行っているエチオピアとルワンダ（そしてモザンビークとウガンダ）が含まれており，西側の対アフリカ援助の狙いのなかには，明らかに民主化支援とは異なる条件が含まれるようになっている。特に，エチオピアとルワンダは権威主義的な一党体制であるにもかかわらず，援助国の視点からは"お気に入り（donor darlings）"となる共通要素を備えている。両国は，ガバナンスが官僚主義的であり，また「開発主義」的であり，政治や権利に直接関わらないという論理で援助国を説得するとともに，時間の経過とともにより独裁的になるなかで援助額を増やすことに成功してきた"実績"をもつ。両国ともに国家主導の開発の実現を指向しており，また地政学的にも（特に対テロ対策との関係において）アメリカやイギリスはルワンダ，そして特にエチオピアを重視する姿勢を示してきた（Hagmann and Reyntjens 2016: 1-5）。

⑷ 「新自由主義的権威主義」？

　上記のように，エチオピアとルワンダは，リベラル・デモクラシーという観点からみた場合には高い評価が得られない。他方，ガバナンスという観点からみると，エチオピアは世界銀行のガバナンス指標ではルワンダに水をあけられているものの，経済成長においては特記すべき成果を上げており，一定の実績を有してきた国として評価は高い。そして，欧米先進国は，これらの国に対する民主化を強く求める政策を実施しているわけでもない。

　ここに生起している問題をどのように考えればよいのだろうか。ブラウンはこれに関連する問題について，「民主主義だけではなく，正義の性質そのものについての論争もまた，グッド・ガバナンスの今日的規範によって，そしてガバナンスを問題解決と連携させる動きによって，とってかわられる」とし，新自由主義時代のガバナンス概念によって，民主主義が純粋に手続き的なものに再定式化されていくことへの注意を喚起している（ブラウン 2017：144）。こうした観点から改めて解釈すれば，ルワンダやエチオピアの事例は新自由主義時代に適合したガバナンスに担保され，国際社会において必ずしも民主主義の追求を求められない新たな政治体制のモデルとしても考えられる。いいかえると今日的な援助の潮流のなかで許容される「新自由主義的権威主義（neoliberal authoritarianism）」という新たな政治体制として評価可能である。ここでは，

これまでのモデルであったリベラル・デモクラシーという政治体制のなかで求められたリベラルな制度としての自由は，経済成長やそのための政府の施策の効率性や正統性におきかわる。

4　ハイブリッド・ガバナンスの諸相——交錯する制度

　ハイブリッド・ガバナンス（hybrid governance）という考え方は，紛争を経験した脆弱国家においては，国家あるいは政府は，安全や秩序を提供する主体として決して特権的な位置にはないことから，既存のローカルな制度との組み合わせで統治を実現するという見方である（ここには伝統的権威も含めることができる）。フォーマルな国家（あるいは政府）だけでなく，インフォーマルな伝統的秩序やその他の勢力と協働・対立して秩序を実現しようとする競合的な状況という形で認識し，それぞれの社会において一定の権威，正統性，能力を備えたインフォーマルな組織や制度との間で分担し，国家の統治領域に関わる政治秩序を実現しようとする発想である。

　しかし，ハイブリディを重視するだけでよいのかということは，政策的な対応として位置づけようとする場合には大きな課題となってきた。また，どのようなハイブリディティ（政府以外のどのような勢力がどの程度の関与をするのか）が望ましいのかということも一義的には明らかではない。社会人類学の観点から，政策とは一線を画す立場で研究を展開しているミーガーも，この考え方に一定の留意の必要を指摘している。ハイブリッド・ガバナンスを提起する研究者は，現代的な国家建設，あるいは国家形成の文脈におけるインフォーマルな制度の重要性を主張してきた。しかし，ミーガーらは，インフォーマルな制度や，国家以外の勢力がどの程度の活動の余地があるのかに関しては，その活動に対する国家からのフォーマルな承認を獲得するメカニズムと，その過程で生起するパワーと説明責任のあり方の変化によって決定づけられるという点への留意を示唆する。その意味では，ハイブリッド・ガバナンスに関わるインフォーマルな制度や組織によっては，社会的に正統性を有した制度の実現の可能性がある一方で，別の文脈では政治的に利用され，政治秩序の実現をむしろ妨げる可能性につながる危険性を孕むことに警鐘を鳴らしているということが

できる（Meagher 2012）。

　関連する問題は，1990年代以降，アフリカの各地域において「再興」してきたとされる，いわゆる「伝統的権威」と国家の関係についても観察される現象である。独立直後の時期には，「伝統的権威」の弱体化や廃止の動きがアフリカで広くみられていたものの，政治改革や紛争経験などの過程で，その役割を強化する兆候もみられてきた。一部地域では，開発の担い手として機能したりガバナンスを担ったりするなど，新自由主義的な開発文脈で，その役割が顕在化する動きもみられるようになっている。また，政府機関との間での協働をつうじたサービス・デリバリーといった機能を担う動きも観察されている。今後こうした伝統的権威の役割が一方向的に強化されていくのかについての見通しは明確ではないものの，フォーマルな制度とインフォーマルな制度の交錯という政治文脈における興味深い一現象として引き続き注目する必要がある。

参考文献

武内進一　2008「アフリカの紛争と国際社会」武内進一編『戦争と平和の間――紛争勃発後のアフリカと国際社会』日本貿易振興機構アジア経済研究所，3-56頁。

ブラウン，W　2017『いかにして民主主義は失われていくのか――新自由主義の見えざる攻撃』中井亜佐子訳，みすず書房。

レンジャー，T　1992「植民地下のアフリカにおける創り出された伝統」中林伸広訳，E・ホブズボウム／T・レンジャー編『創られた伝統』前川啓治他訳，紀伊國屋書店，323-406頁。

Bayart, J-F. 2009. *The State in Africa: The Politics of Belly*. 2nd ed. London: Polity.

Bratton, M. and N. van de Walle 1997. *Democratic Experiments in Africa: Regime Transitions in Comparative Perspective*. Cambridge: Cambridge University Press.

Chabal, P. and P. Daloz 1999. *Africa Works: Instrumentalization of Disorder*. London: James Currey.

Cheeseman, N.（ed）. 2018. *Institutions and Democracy in Africa: How the Rules of the Game Shape Political Developments*. Cambridge: Cambridge University Press.

Ekeh, P. 1975. Colonialism and the Two Publics in Africa: A Theoretical Statement. *Comparative Studies in Society and History* 17（1）: 91-112.

Hagmann, T. and F. Reyntjens（eds.）2016. *Aid and Authoritarianism in Africa: Development without Democracy*. London: Zed.

Lonsdale, J. 1992. The Moral Economy of Mau Mau: Wealth, Poverty and Civic Virtue in Kikuyu Political Thought. In B. Bruce and J. Lonsdale, *Unhappy Valley: Conflict in Kenya and Africa, II: Violence and Ethnicity.* London: James Currey, pp. 315–504.

Mamdani, M. 1996. *Citizen and Subject: Contemporary Africa and the Legacy of Late Colonialism.* Princeton: Princeton University Press.

Meagher, K. 2012. The Strength of Weak States? Non-State Security Forces and Hybrid Governance in Africa. *Development and Change* 43(5): 1073–1101.

Rotberg, R. I. ed. 2004. *When States Fail: Causes and Consequences.* Princeton: Princeton University Press.

Sigman, R. and S. I. Lindberg 2017. *Neopatrimonialism and Democracy: An Empirical Investigation of Africa's Political Regimes* (*Working Paper Series 2017: 56*). Gothenburg: V-Dem Institute.

Straus, S. 2012. Wars do End! Challenging Patterns of Political Violence in Sub-Saharan Africa. *African Affairs* 111(443): 179–201.

World Bank 2019. *Africa's Pulse.* Vol. 19. Washington, DC: World Bank.

●読書案内●

『崩壊国家と国際安全保障――ソマリアにみる新たな国家像の誕生』
　　遠藤貢，有斐閣，2015年
　　本章の執筆者が，2004年以降に関心をもつことになったソマリアの諸問題を「崩壊国家」という視座に立って検討し，まとめた著作である。「崩壊国家」という現象が，21世紀世界における特異な現象ではなく，現代世界の国際関係の帰結として現象化する側面を示唆している。

『民族紛争を生きる人々――現代アフリカの国家とマイノリティ』
　　栗本英世，世界思想社，1996年
　　人間社会は，様々な「紛争」を抱え込んだ社会である。本書が書かれたのは四半世紀も前のことではあるが，外からは見えにくいアフリカでの「紛争」を生きる人々の生き様を，長期のフィールド調査をふまえて丹念に描いており，その記述はまったく色あせない。

『現代アフリカの紛争と国家――ポストコロニアル家産制国家とルワンダ・ジェノサイド』
　　武内進一，明石書店，2009年
　　1994年に国際的にも大きな関心を集めた「ジェノサイド」が起きたルワンダを，ポストコロニアル家産制国家の解体過程として，その歴史的背景もふまえて精緻に描いた研究書。アフリカにおける紛争や国家の問題に関心をもつものの必読文献である。

Extraversion
外向性・外翻

遠藤　貢

Extraversion は，アフリカの政治研究においては比較的よく知られた概念である。最初にこの概念についての言及を行ったのは，西アフリカのベナンの哲学者であるオントンジ（Paulin Hountondji）であるとされるが，この概念がより広く知られるようになったのは，フランスの社会科学者であるバヤールの論考による。

バヤールは，この概念について，アフリカ社会（特にそのエリート）が（多くの場合，不平等な）外的な環境から資源を動員する戦略として捉えており，その資源を自らの政治的基盤の構築や経済的資源に転化することに，その意味を見出している。ある種の従属的な環境のなかにあっても，アフリカの主体性を見出そうとする点に，この概念の特徴があり，六つの要素を含めている。

第一に，強制（力），たとえば軍事面における外部資源依存の（時に偏りをもつ形での）内部弾圧，である。第二に，詐欺／策略であり，実体の無い非政府組織などの組織形成を事例として挙げる。第三に，逃走／脱出で，難民，移民，ディアスポラといった形での国外への脱出であり，その後の帰国という選択もここに含まれる。第四に，仲裁で，「対テロ」などの名目での外部勢力の関与などである。第五に，専有／領有であり，物質的な財やアイデンティティを自らに都合が良い形で「利用」することである。そして，第六に，拒絶であり，外部勢力との関係構築を積極的に拒絶する行為が含まれる。

たとえば，国際刑事裁判所（ICC）に関しては，検事部を併設する ICC が，審理対象となっている被告に関する現地での調査を行う際，対象国の政権側に有利な形で，ICC 検事部による調査実施の方向性を「誘導」可能であり，Extraversion を巧みに操っている事例と位置づけられている。

第7章

経済と開発

市場のなかのアフリカ

出町一恵

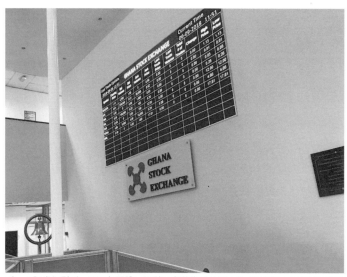

ガーナ証券取引所。2009年開設。取引は自動化されている（2018年，アクラにて筆者撮影）

　アフリカ諸国の経済は農産品や鉱物資源の輸出への依存からなかなか抜け出せない。独立以来多くの国が製造業を中心とした工業化を目指しながらも，目標を遂げぬまま，すでにアフリカ諸国の工業セクターは衰退を始めているともいわれる。1980年代に直面した債務危機から債務免除を経て，アフリカ経済は国際的な市場や金融とよりいっそう密接に関わるようになると同時に，古くて新しい問題に再び直面しようとしている。

1 植民地型経済の遺産

　サハラ以南アフリカ（以下「アフリカ」）の国々の経済は約30年にわたる長い停滞の時期を経て，2000年代に飛躍的に成長した。しかし一人当たり GDP で考えた場合には，2010年代に入ってやっと1970年代の経済水準を取り戻したに過ぎない。アフリカ諸国の経済はどのような特徴をもち，どのような問題を抱えているのだろうか。

(1) 一次産品輸出への依存

　アフリカ諸国は15世紀後半からヨーロッパ諸国により植民地化されていった。1960年代以降，アフリカの植民地は徐々に国家として独立を果たしたが，経済構造の特徴は現在でも植民地時代から大きく変わらない国が多い。

　19世紀始めの大西洋奴隷貿易の廃止以降，宗主国にとってアフリカ植民地は主に農産品や鉱物資源などの供給源となった。ただし主に小規模零細農民と天水に依存したアフリカの換金作物の生産効率および規模は，アジアや南米のプランテーションに比べてかなり劣るものであった。たとえば代表的な換金作物であるコーヒー，カカオ，綿花，天然ゴムについて，1951年時点でアフリカ全体の輸出シェアはそれぞれ23％，77％，8％，6％であり，カカオを除けばブラジルなどの南米やインドやマレーシアを含むアジアの優位性が目立つ（Daviron and Gibbon 2002）。また，この地域間のシェア構造は2019年時点でもほぼ変化していない（FAO 2021）。

　他方で，鉱物資源については植民地時代から南アフリカやガーナの金，ザンビアの銅，ナイジェリアの石油などが代表的であった。鉱物資源はこれらの国において独立以降も主要な輸出品目であり続ける一方，2000年代の世界的な資源需要と価格の上昇に伴い，多くの国で新たな探鉱・開発への資金が投下された。この背景には国際的な資源採取産業界における変化もあり，かつてのような大手資源メジャーではなく新興独立系と呼ばれる比較的小規模の資源会社が，それまで資源開発が行われていなかった国々で探鉱・開発を進めている（竹原 2008）。たとえばガーナは従来カカオと金を輸出する国であったが，2012

年より石油も産出するようになった。また鉱物資源に乏しいとされていたタンザニアやウガンダといった東アフリカでも石油・天然ガスの開発が進んでいるが，大規模な商業生産には至っていないとされる。なおモザンビークでは2010年に天然ガス開発が開始されたが，未だ商業生産には至っていない（橋本2021）。

　このような農産品や鉱物資源などの一次産品（コモディティ）の輸出に占めるシェアは，アジア諸国では工業化と経済発展に伴い低下した。しかしアフリカ諸国では一次産品輸出への依存度はむしろ増大している（UNCTAD 2019）。

(2)　資源価格と経済成長

　一次産品輸出に経済を依存することには，どのような問題があるだろうか。植民地時代と今日では，アフリカ諸国を取り巻く世界経済環境は大きく異なる。その一つが国際金融市場の発展である。植民地時代，一次産品輸出価格は主に競合相手国（植民地）による生産の増減と，買い手である宗主国の需要によって決まっていた。しかし戦後のユーロカレンシー市場の発展，ブレトンウッズ体制の崩壊に伴う為替の変動相場制への移行や資本移動の自由化に伴い，国際金融市場は飛躍的に拡大しその影響力を増した。一次産品価格は国際市場で決定されるが，先物取引も盛んになった結果，2000年代頃から金融市場と一次産品市場が強く相関をもつようになった。このため，世界的な景気の動向がより鮮明に一次産品価格に反映されるようになり，農産品や資源の価格も大きく変動するようになった。

　2000年代に世界的な鉱物資源価格が上昇した際には，アフリカ資源国の輸出も増大した（図7-1）。資源価格上昇の様々な要因のうちの一つは，中国を筆頭とする新興国の経済成長による資源需要の増大であるとされる。また不安定な中東の情勢から，米国がナイジェリアなど中東以外の国からの原油買い付けを増やしたという背景もあった。ただし米国ではこれと並行して国内でのシェールガス開発が進んだ結果，アフリカを含む海外からの原油輸入は2006年をピークにその後減少している（EIA 2021）。2007年末から2009年にかけての世界金融危機の際に国際金融市場で運用されていた資金がコモディティ市場へ流れ込んだことも，一次産品価格を押し上げる一因となった。

図7-1　サハラ以南アフリカの世界における輸出シェアと価格指標の推移

データ出所：輸出シェアは *UNCTAD Stat*（UNCTAD 2021），価格指標は *IMF Primary Commodity Prices*（IMF 2021a）。

注：輸出シェアはすべての財輸出（merchandise exports）の世界の輸出量に占める割合（%，棒グラフ，左目盛），各価格指標は2016年を100としたもの（線グラフ，右目盛）。年次データを使用。農産品価格指標には食料，飲料，農業一次産品が含まれる。金属鉱物価格指標にはベースメタルと貴金属が含まれる。燃料エネルギー価格指数には原油，天然ガス，石炭とプロパンガスが含まれる。価格指標はいずれも月次データを用いた。

このように世界経済の動向によって一次産品価格の変動は以前よりも大きくなり，一次産品輸出に依存する国々の通貨，貿易収支や政府収入も直接影響を受けるようになった。

(3)　揺れ動く財政

　一次産品価格が上昇する限りアフリカ諸国の輸出額は増大する。しかし上昇した価格はいずれ下落する。国際市場によって決定される一次産品価格の変動により，一次産品輸出国の経済は不安定になるため，価格上昇場面（ブーム期）では好況でも長期的には悪影響を受けることが多い。

　アフリカを含む新興国・途上国の多くでは，日本では一般的な戸籍，住所や金融機関の口座といった，徴税に必要となる社会の仕組みが個々人まで行き渡っておらず，所得税やそのほかの税を徴収するすべがない。また経済活動の大半がインフォーマルであり，法人登録した大規模な民間企業は多くなく，帳

簿の管理や監査なども一般的でないために法人税の課税対象となる収益を捕捉するのも困難である。そのため政府の収入源はその大部分を付加価値税（消費税）や関税収入などに頼らざるをえない。このような国内の乏しく捉え難い税源に比べ、資源の探鉱・採掘のための契約や輸出から得られる収入は莫大であり、アフリカの多くの政府にとって貴重な収入源となっている。

　世界経済の動向によって日々大きく価格が上下する一次産品輸出に収入を依存すると、政府や経済は次のような問題に直面する。まず長期的な投資の計画が立てられない。輸出品価格が大幅・継続的に下落した場合には貿易赤字になり、国外から借入れを行う必要性に迫られ外貨建て債務が累積する。また政府の制度が脆弱な場合、政府収入が増加するとその分公務員給与を引き上げるなど支出が増加してしまう。一度増加した支出はなかなか削減できず財政赤字になる。ここで政府が借入れを増やせば財政は悪化し、新たな貨幣の発行で財源を賄えばインフレーションを引き起こす。このような問題は経済や財政の従循環性と呼ばれる。価格変動の大きな一次産品を輸出する国のなかには安定化基金を設立し、この循環を断ち切って中長期的な収入の安定化を図る例もある。しかしアフリカ諸国のように制度が脆弱な場合、このような基金の運用も難しい。一次産品輸出に依存する国は、持続的な成長のためにも、また財政安定化のためにも、輸出品目と国内産業の多角化が喫緊の課題となっている。

2　「発展＝工業化」の失敗

　アフリカ経済の一次産品依存は、他の産業が育っていないことの裏返しでもある。アフリカの農業や製造業にはどのような問題があるのだろうか。

(1)　製造業の停滞

　社会は豊かになるに伴い、経済構造が農業主体から製造業主体へと移行していき、さらに進むとサービス業部門が大きくなると考えられてきた。先進工業国はかつて製造業部門に牽引されて豊かになったが、製造業の経済や労働に占める割合は徐々に減少しており「脱工業化」として論じられる。このような経済構造の移行はアジアの国々でもみられた。しかしアフリカ諸国では、製造業

部門の経済シェアが十分な度合いに到達することなく停滞が始まってしまった。このような状況をロドリク（Rodrik 2016）は「早すぎる脱工業化」と呼んでいる。

　各国の経済における部門ごとの規模は，各産業が生み出した経済付加価値の統計で計測する。しかしアフリカ諸国には統計が未整備な国が多く（コラム⑦参照），各国内の経済活動の明確な動向をみることが難しい。ここでは各国が1960年代から今日までのどの時期に製造業輸出割合のピークを迎えたかを10年ごとに区切って大まかに考える。

　世界銀行の世界開発指標で推計の得られるアフリカ諸国のうち，60年代にピークを迎えた国は9ヶ国，70年代が3ヶ国，80年代が4ヶ国，90年代が9ヶ国，2000年代が10ヶ国，2010年代にピークの国が11ヶ国となっている（World Bank 2021b）。国の数だけでみると近年ピークを迎えた国が最も多い。しかし各国の経済規模の差を考慮すると，アフリカ製造業のピークは2000年から2010年の間にあったと考えた方がよさそうだ。アフリカの輸出総額の3割近くを南アフリカが占めるため，ここには南アフリカの経済動向が強く反映されているが，南アフリカのGDPに占める製造業付加価値の割合は2019年でも12％に満たない。日本，フランス，ドイツでは1960年代のピーク時にはGDPの5割から6割が，中国でも2000年代のピーク時には付加価値の3割が製造業によって生み出されていた。アフリカについては製造業輸出金額の信頼できるデータが得られず，マクロ統計はごく粗い姿しか映さない。また一次産品価格が高騰すれば，たとえ輸出量が変わらなくとも相対的に製造業輸出の占める割合は小さくなる。しかし1960年代から今日まで，アフリカ諸国の製造業が経済成長をけん引した形跡はなく，全体として2000年代以降，製造業は停滞傾向にありそうである。

　実際，経済に製造業が占める割合の減少は世界的な傾向であり，背景には労働節約的な技術革新やデジタル化などによる生産性の向上や，先進国からより低賃金地域への生産拠点の移転などがある。しかしフェリペとメタ（Felipe and Mehta 2016）の推計によれば，外国からの生産拠点の移転による生産性の向上を除外した場合，世界で製造業の生産性が1970年代以降2010年に至るまでの長期間でマイナス成長なのはアフリカのみである。特に1990年から2010年ま

での間に世界全体では製造業の生産性は約2倍になったにもかかわらず，アフリカでは0.4％のマイナス成長となっている。アフリカの製造業は世界の流れからも取り残されつつあるようだ。

(2) 軽視された農業開発

　アフリカでは農業部門の発展も停滞している。農業は国内での食料供給，食料価格や食料輸入といった様々な側面をつうじ，経済全体の成長に大きな影響を及ぼす。

　今日までのアフリカの農業を全体的にみれば，生産量自体は増加している（FAO 2021）。しかしこの増加速度は人口成長のスピードには追いつけていない。図7-2には農業について土地の生産性，労働者の生産性，および生産量のそれぞれの変化を総合的にみた農業全要素生産性の変化率と人口成長率を示

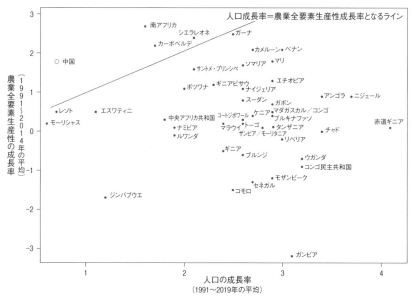

図7-2　アフリカ各国の人口と農業全要素生産性の成長率

データ出所：農業全要素生産性はIFPRI（2018），人口成長率は *World Development Indicators*（World Bank 2021b）。

注：農業全要素生産性の成長率はIFPRI（2018）によって公開されている1991年から2014年の間の三つの期間の推計値の平均，人口成長率は1991年から2019年までの年次成長率の平均。

した。参考のために中国を示してあるが，農業生産性を飛躍的に上昇させつつ人口抑制に成功した中国に比べると，アフリカの大半では農業生産性は減退しており，生産性がプラス成長した国でも人口成長に見合う速度で改善した（図7-2で直線より上）のは数ヶ国のみである。このような状況を指して，平野（2009）をはじめとする多くの論者がアフリカ諸国は「マルサスの罠」や「リカードの罠」に陥っていると形容する。すなわち，食料生産が人口成長に追いついておらず，また食料生産の停滞のために食料価格が上昇し，それに伴う高い賃金が投資や経済成長の足かせになっているという考え方である。

　アフリカ諸国における農業不振の理由は何だろうか。ベイツ（Bates 1981）は独立後の政治的介入による各国内農産品市場の歪みが，農民の生産意欲を殺いだと指摘する。第二次世界大戦後，旧植民地だった国々の指導者たちにとって，経済発展は工業化と同義であり，関心は都市部の開発にあった。また島田（1983）がナイジェリアについて指摘するように，アフリカでは食料生産に無関心な政府も多かった。

　ここで開発研究という分野に目を向けると，戦間期から戦後にかけてみられた初期の経済発展論では，農業部門の近代化に特別な政策や投資は不要であると認識されていた（Hayami and Ruttan 1985; Timmer 1998）。また1960年代以降の（現在では古典的とみなされる）開発経済理論において，農村（農業）は余剰労働者を都市部（工業部門）へ送り出し，植民地時代から続く換金作物の輸出により成長の原資となる外貨を稼ぎ，国内で輸入代替として生産された工業製品を需要・消費するための存在として捉えられており，経済開発の重点は工業部門におかれていた。このような開発経済学における原理主義的とも呼べる工業化志向と農業の軽視は，1970年代以降になってようやく転換する（Hayami and Ruttan 1985）。安価な食料を安定的に労働者へ供給するのみならず，貧困削減，社会開発という面でも農村は大きな役割を担うことが認識されるようになり，農業技術と生産性向上のための政策や投資が必要不可欠であると考えられるようになった。

　アフリカの多くの国が独立しつつあった時代，世界ではソビエト連邦をはじめとした社会主義国が建国された。農業部門が生み出す貯蓄と食料によって工業化を進めるというソビエト型の開発モデルは当初目覚ましい成功をおさめて

おり（Bennett 1949），開発経済学という学問分野にも，旧植民地地域の政治的指導者たちにも大きな影響を与えた。くわえて1950年代から60年代にかけては，米国から低開発国向けの大量の食料援助が送り出されており，旧植民地諸国の政策決定者の食料自給への危機感を薄れさせていた（Schultz 1960; ブラウン 1971）。アフリカ諸国の建国時の農業政策の失敗が時代背景に帰せられるべきか，初期の開発経済学，あるいは各国の政策立案者に帰せられるべきかの判断は難しい。しかし時をわずかに前後して，ラテンアメリカやアジアのいくつかの国々は緑の革命によって農業生産性を飛躍的に拡大させ，経済成長していった。

(3) 機を逸したアフリカの「緑の革命」

緑の革命は米国のロックフェラー財団が組織して資金を拠出し，途上国へ農業技術を移転する取り組みであった。1944年にメキシコでの高収量品種小麦の開発・普及への取り組みから始まり，フィリピンでの米（IR-8）の開発を経て，1960年代までにラテンアメリカ，アジアから中央アジアに至るまでの国々で穀物生産を飛躍的に増加させた（ブラウン 1971）。

アフリカに緑の革命の発端となった高収量品種が届かなかったわけではない。チュニジアやモロッコなどの北アフリカでも小麦が増産された。アフリカでも独立以前の1950年代前後には，ケニアやジンバブウエなどで高収量品種のメイズが導入されており，穀物生産をかなり押し上げている（Asiema 1994）。しかし世界の他の地域で慣習的農業から近代的農業への移行という革命的な変化を起こした新品種導入の威力は，アフリカでは十分ではなかった。

高収量品種や新しい農業技術の導入には，灌漑，交通・輸送のためのインフラ，農民の新たな技術への適応を促す努力などが必要である。特に種の購入や化学肥料の使用および灌漑が必要不可欠な高収量品種の導入には，世界の多くの国で政府補助金による助成が行われた。しかし独立から80年代にかけて経済停滞に見舞われたアフリカ諸国は，1980年のケニアを皮切りに次々と構造調整プログラムを受けるようになる。構造調整プログラムには，世界銀行や国際通貨基金といった国際機関からの構造調整融資に国内経済政策の転換が条件として付随し，競争原理や市場メカニズムを活かした経済へ移行するため，政府部

門の縮小・民営化や規制緩和といった事柄が条件として盛り込まれた。このため構造調整プログラムを実施した国々では，農業政策の改善は重点の一つとして挙げられながらも，実際には通貨切下げ，関税引下げ，公営企業の民営化といった改革とともに，政府支出削減の一環として農業分野の肥料補助金が廃止された（佐藤 1995；Akiyama et al. 2003）。

　緑の革命が進められるべき時期に政府が政策支出を減らした以外にも，様々な要因がアフリカ農業の近代化を妨げることになった。たとえば，初期に開発された高収量品種作物はアフリカ諸国の多くでは主食ではなかった。多くの国で灌漑が整備されなかったこと，多くが自国で化学肥料を生産できなかったことなども影響した。

　現在でもアフリカ版緑の革命にむけての努力は続いているが，食料増産への見通しは厳しい。日本のように食料自給率が危機的なほど低くくても，輸入によってそれを十分に賄うだけの外貨を稼ぐ輸出部門があればよい。しかしこれまでの製造業と農業の停滞により，アフリカ諸国が輸出で稼ぐ外貨は潤沢とはいえない。現在のアフリカ諸国の食料輸入はナイジェリアなど一部の国を除いて多くはないが，それは食料輸入が不要なためなのか，あるいは経済的制約の結果なのか，統計からは判断できない。今後のアフリカの人口増加や所得水準の上昇に伴い食料需要が増加したとき，アフリカ諸国は十分な食料を確保できるだろうか。

3　経済と社会の「制度」

　経済や社会が機能し発展するためには，法制度，社会規範，文化，価値観，宗教など多くの制度とルールが重要となる。しかしアフリカ諸国にはこの制度が脆弱な国が多い。現代の多くの先進工業国の社会や経済活動の根底をなす制度の一つに私的所有権制度が挙げられ，資本主義経済が機能するための基礎ともいえる（North 1990）。しかし，アフリカではこの概念が曖昧な社会が多い。

(1)　所有権制度と土地，信用，投資

　日本では多くの場合，土地や建物の所有者は登記簿に登録され，不動産は課

税の対象であるとともに売買の対象であり，必要な場合には土地や建物を担保にして融資を受ける。一方アフリカの多くの地域では，土地の所有者個人を特定することは容易ではなく，それぞれに異なる利権と背景をもつ人々やコミュニティの間で，慣習的な所有権と使用権，植民地期や独立以降に導入された権利が複雑に絡み合っている。土地の大規模買収が取り沙汰される国がある一方で，土地の売買が困難な場合や，制度の改革が土地や資源をめぐる争いにつながる国も多い（武内編 2017）。

　このような社会において，課税，長期的な投資，土地生産性の向上や金融制度の発達は先進工業国とは異なる過程を経ざるをえず，困難を伴うことが多い。たとえばアフリカの農民が土地所有権をもたないことが，農地生産性向上のための長期的投資のインセンティブを殺ぎ，土地生産性の停滞につながるという指摘がある（Deininger 2003）。他方，民間企業や個人が金融機関から融資を受ける際には，資産の特定が困難なために担保の設定が難しく，貸し手にとっては貸倒れのリスクが大きくなる。そのため融資は少額，短期で高金利にならざるをえない。これは様々なビジネスを興そうとする人々にとっての阻害要因になるとともに，長期的な資金が必要となる工業化の過程にとっても致命的である（寺西 1991）。

(2)　コーポラティブの経済社会

　制度が曖昧なアフリカでは，経済活動の大部分がインフォーマルとみなされる。しかし事業，資本や収益の私的所有形態である「会社」という概念から離れてみると，多様な経済組織によって社会が動いていることが分かる。

　コーポラティブ（cooperatives）という形態の組織は，産業革命以降のイギリスを含む西欧諸国や日本，また社会主義国において，様々に営まれてきた（クロポトキン 2012）。アフリカ諸国では植民地期に換金作物生産促進のための農民組織として植民地政府が導入したとされる。国によっては政府系の組合もみられるが，伝統的な人々の自助的集まりでもある（Schwettmann 1997）。今日では農業以外の金融・保険，交通，手工業，建設など様々な分野でも，ほとんどのアフリカ諸国でコーポラティブが組織されており，多くの人々が日常的に何らかのコーポラティブに関わっていると考えられる。

コーポラティブはインフォーマル経済の一部とされる場合も多いが，国によってはフォーマルな存在として扱われている。ガーナの例では，雇用労働省のなかに「コーポラティブ局」があり，コーポラティブは登録され監督を受けている。コーポラティブは国内における雇用創出や社会資本形成の面でも大きな影響力をもつ経済組織としての一面をもつ一方，稼得利潤は非課税とされるなど，非営利組織に近い捉え方もある。

近年，アフリカ諸国ではコーポラティブの一つでありメンバー間で資金の積立・貸出を行うクレジット・ユニオンの活動が活発である（Pollet 2009）。たとえばガーナでは資産規模や個人への貸出し規模で銀行などの金融機関に匹敵する規模のものも現れている。なかでも職域で結成されるクレジット・ユニオンは，被雇用者とその家族がメンバーとなるため，借り手の収入や支出情報が貸し手に伝わりやすい（情報の非対称の克服），職場での信用維持のため返済率が高まる（モラルハザードの克服）という特徴をもち，教会などのコミュニティで結成されるものよりも成功している組合が多い。銀行口座をもたない人々が多い社会でも，コーポラティブによる金融サービスが実現しているのである。

「会社」ではない組織による経済活動は，日本に暮らす私たちの目には独特に映ることもあるが，市場経済の機能や市場の失敗を補完するシステムとみなすこともできる。アフリカの制度の弱さは，アフリカなりの方法で克服されているのである。

(3) 制度の脆弱性による「脱漏」

独自の柔軟さで個々の制度の弱さを克服しているアフリカ経済であるが，国際経済のなかでは制度の脆弱性は対外的な弱さに直接結びついてしまう。

アフリカ諸国には海外から開発援助として多額の資金が流入するが，実際にはそれを上回る金額が毎年アフリカ諸国から海外へ流出している（Boyce and Ndikumana 2001）。国際収支統計に表れない資本の動きは世界各国でみられるが，特にアフリカ諸国については政治家の汚職による富の持ち出しや外国企業による脱税，貿易の際の虚偽申告による利益の国外持ち出しなども含め恒常的な富の流出が起きており，資本逃避の問題として知られてきた（Lessard and Williamson 1987; Ndikumana and Boyce 2011）。資本逃避はアフリカの対外債務

の問題にも大きく影響してきたが，近年これらの問題は「違法な資金の流れ」（Illicit Financial Flows: IFF）として国連や世界銀行などの国際機関が焦点をあてるようになってきた（UNCTAD 2020）。

　アフリカ諸国の制度の弱さの代表的な例が，税制に関するものである。アフリカ諸国でも天然資源開発を含め数多くの多国籍企業が活動し，利益を上げている。しかし外国企業が実際に稼ぐ利益に課税できている国は少ない。企業側は租税回避のテクニックを用い，帳簿上では利益が出ていないようにみせて法人税の課税を逃れる一方で，発展途上国の政府には企業会計に詳しい専門家もいない。国際的に活動する企業の租税回避を見抜き税源を捕捉することは先進国の政府にも難しい課題となっているが，企業の租税回避による税の損失は税源の乏しい途上国ほど大きい（マーフィー 2017）。

　また天然資源開発に関しても，外国企業と政府との間の契約や取引が不透明である場合には汚職の温床となり，本来国庫に入るはずの収入が散逸してしまうこともある。このような問題に対し，採取産業透明性イニシアティブによって，資源開発における国家と企業との契約や資金の流れの透明性を高める国際的な取り組みが続いている。

　なお，特に発展途上国では企業のみならず個人でも機会があれば資産を海外へ逃したいと考える人は多い。制度が脆弱で，通貨価値の安定しない国内に財産をおいておくよりも，運用の機会があり法的に資産が守られ，あわよくば課税も免れる海外に資産を移転させることを選択する人が多ければ，国内で生み出された富はどんなに経済活動が活発になろうとも国内へ投資されない。制度の脆弱さは，めぐりめぐってアフリカ諸国内の低投資の問題にもつながっているのである。

4　債務問題

　アフリカの債務問題は，植民地としての歴史，一次産品への依存，農業や製造業の不振，制度の脆弱性といった様々な問題の帰結である。1970年代から80年代に端を発する債務問題は，長い時間をかけて2000年代にようやく債務免除のプロセスを終えた。それと同時にアフリカの国々も国際金融市場へのアクセ

スを手に入れたが，今日ではまた新たな債務問題が表面化している。

(1) 重債務貧困国と債務免除

　1980年代に入り経済停滞，紛争，輸出品価格の低迷により貿易収支状況の悪化や実質的な通貨価値の下落が深刻化するなかで，アフリカ諸国の対外債務返済の負担は急速に増していった。アフリカ諸国の対外債務には先進国の民間金融機関からの融資もあったが，世界銀行や国際通貨基金，先進国政府や貿易信用機関などからの公的融資が大半を占めていた（二村 2004）。債務問題に対する国際的な対処が必要と認識されるようになったのは，アフリカ諸国よりも経済規模も債務規模もはるかに大きなメキシコが1982年に債務返済停止を公表してからであるが，アフリカ諸国については経済開発の停滞や国内の貧困問題も併せた対処が必要であることが徐々に明らかになった（図7-3）。

　南米諸国などの債務国に対しては1989年以降，債権者側を代表する米国の財務長官の主導により，主に先進諸国の金融機関や投資家などの債権者を巻き込み，債務の証券化と市場メカニズムを利用した債務削減手続き（ブレイディ・プラン）が進められた（Vásquez 1996）。一方，アフリカ諸国と一部アジア諸国などを含む債務国に対しては，当初，個々の債権者・国による債務削減や帳消しが行われたが，1990年代に至るまでこれらの国々の債務問題は長期化・深刻化し続けた。こうして1996年に重債務貧困国（Heavily Indebted Poor Countries: HIPC）イニシアティブが策定され，債務免除にむけた債権国間での共同の取り組みが始められた。

　当初の HIPC イニシアティブは，債務返済の負担が極めて大きい債務国に対し貧困削減などへの継続的な取り組みを条件として，債務が持続可能になる程度に免除を認めるものであった。しかしこの債務免除の規模が債務国の負担を十分に軽減するものでないとの批判から，1999年に拡大 HIPC イニシアティブが策定され，免除額も拡大された（IMF 1999; Thomas and Giugale 2015）。また2005年には多国間債務救済イニシアティブ（Multilateral Debt Relief Initiative: MDRI）が策定され，国際機関に対する債務も対象になったことで，特にアフリカ諸国への債務免除の規模は大幅に増加した。

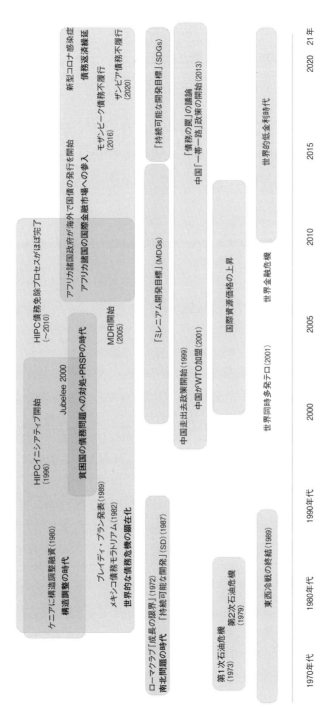

図7-3 アフリカに関連する開発援助年表

出所：筆者作成。開発援助の歴史に関わる詳しい内容は、北川・高橋編（2004：2014）や平野（2009）を参照。

ケニアに構造調整融資（1980）
構造調整の時代

HIPCイニシアティブ開始
（1996）

Jubelee 2000

貧困国の債務問題への対処・PRSPの時代

HIPC債務免除プロセスがほぼ完了
（～2010）

アフリカ諸国政府が海外で国債の発行を開始
アフリカ諸国の国際金融市場への参入

新型コロナ感染症

債務返済猶延

ザンビア債務不履行
（2020）

モザンビーク債務不履行
（2016）

ブレイディ・プラン発表（1989）
メキシコ債務モラトリアム（1982）
世界的な債務危機の顕在化

MDRI開始
（2005）

ローマクラブ「成長の限界」（1972）
南北問題の時代

「持続可能な開発（SD）」（1987）

「ミレニアム開発目標（MDGs）」

「持続可能な開発目標（SDGs）」

中国走出去政策開始（1999）
中国がWTO加盟（2001）

「債務の罠」の議論
中国「一帯一路」政策の開始（2013）

第1次石油危機
（1973）
第2次石油危機
（1979）

東西冷戦の終結（1989）

国際資源価格の上昇

世界金融危機

世界的低金利時代

世界同時多発テロ（2001）

1970年代　1980年代　1990年代　2000　2005　2010　2015　2020　21年

(2) 国際金融市場へのデビューと新たな債務

　HIPC イニシアティブの対象となった39ヶ国（うち31がアフリカ）のうち，2021年３月の時点でエリトリアとスーダンを除いた37ヶ国の債務免除が完了している（IMF 2021b）。債務免除プロセス完了の時期は国により異なるが，多くの国が2010年頃までに債務免除を受けた。これと並行して，2000年代に入ると債務免除を受けた国のなかにも，外国の金融市場で外貨建て国債を発行する政府が出てきた。

　米国のドルや英国のポンドなどの主要通貨建てで，主に海外の金融市場で，市場が存在する国の法律に基づき発行される国債はユーロ債と呼ばれる（ユーロはユーロカレンシーの意味で，欧州単一通貨を指すわけではない）。自国の金融市場が未成熟で資本規模の小さなアフリカの国々にとって，自国内で（すなわち自国通貨建てで）国債を発行し，長期的な資本を調達することは容易ではない。このような国の政府にとって，成熟し潤沢な資金が動く先進国の国際化した金融市場は魅力的である。また低金利の続く先進国の投資家にとっても，比較的金利の高いアフリカ諸国の国債は魅力的である。このような状況から，過去に債務不履行の経験のある国々の国債にも買い手がついている。2021年時点では少なくとも21のアフリカの国がユーロ債を発行しているとされる（Pilling 2020）。

　国際金融市場からの借入れがアフリカ諸国の長期的な経済成長へ結びつくのか，また持続可能で健全な債務管理が可能かなど，考慮すべき点は多い。すでに2016年にはモザンビークが，2020年の４月にはザンビアが債務不履行に陥ったほか，2020年の世界的な感染症拡大開始以前から債務状況が悪化している国も少なくない（World Bank 2021a）。しかし援助資金のみに依存するのでなく，民間資金と市場メカニズムを経済開発に活用するという動きは，世界において徐々に強まってきた大きな潮流の一部とみることもできる。債務国政府の財政運営や国内情勢および対外関係の安定度を市場が評価し，債券価格と金利がリスクを反映するという金融市場の仕組みは，リスクをとる意思のある世界中の投資家とアフリカ諸国政府を結びつけている。同時に，現在の動きは債務国も市場メカニズムに則って行動する必要があることを意味している。かつてのアフリカ債務問題では，外国政府や国際機関など公的機関からの借入れが大半を

占め，HIPC イニシアティブという対処がされた。しかしユーロ債の発行が進む今日では，アフリカ諸国が負う債務の相手として，民間の市場参加者の存在は無視できない。ザンビアのように債務不履行となった場合には，債務国政府が個々の債権者と債券を発行した市場の（すなわち外国の）法律に基づいて交渉を行わなくてはならない。アフリカ諸国の開発を賄う方法にも，リスクの負担のあり方にも，大きな変化が生じている。

(3) 新たな貸し手とこれからのアフリカ経済

　国際金融市場へのアクセスに加え，新たな資金の貸し手の登場もアフリカ諸国の経済開発のあり方を大きく変えている。特に中国によるアフリカ諸国政府への貸し付けは，2000年代以降注目を集めてきた。理由の一つには中国の投資の件数の多さや，融資金額の大きさが挙げられる。しかしそれ以上に中国の動向が憶測や不安を生んでいるのは，中国が OECD 開発援助委員会のメンバーではなく，従来の援助国とは異なる理念と手法で融資を行っており，情報が不透明であるためだろう。

　債務契約や返済に問題が生じて債務条件の再交渉が行われる場合，すべての貸し手が債権情報を共有し共同で対処しなければ，一部の貸し手の債権が削減されたり放棄されたりする一方で，情報を開示せずに最後まで譲歩しなかった貸し手は，他の債権者によって削減・放棄された債務の分だけ債務者に生まれた余裕によって返済を得るという不公平が生じる。このような問題から，2020年からの世界的な感染症拡大による経済停滞に直面している発展途上国への公的融資について，中国を含めた G20の国々は情報を共有し共同の取り組みをするために議論を進めてきた。2020年4月に決定された途上国の債務返済猶予措置イニシアティブ（Debt Service Suspension Initiative: DSSI）は，中国政府が世界の途上国に対してどれほどの債権をもっているのか，また世界の国々がどのような債権者にどれほどの債務を負っているのかを，部分的にではあっても開示する契機となった。

　世界銀行の国際債務統計によると，DSSI の対象となる公的債務の大半は中国と日本による融資であるが，中国の占める割合が全体の約半分を占め，日本の割合は15％ほどとなっている（World Bank 2021a: 16-17）。中国からの融資に

ついては，債務の罠といった議論もあり，警戒する国も多い。また DSSI の対象とならない民間からの債務の割合は年々高まっている。しかし DSSI の進展によって，アフリカ諸国と国際金融市場，新たな貸し手，および従来からの援助社会との付き合い方が今後大きく変化していく可能性がある。

参考文献

北川勝彦・高橋基樹編　2004『アフリカ経済論』ミネルヴァ書房。

　　──編　2014『現代アフリカ経済論』ミネルヴァ書房。

クロポトキン，P　2012『相互扶助論』大杉栄訳，同時代社。

佐藤章　1995「世界銀行の対アフリカ構造調整政策の展開」原口武彦編『構造調整とアフリカ農業』アジア経済研究所，195-224頁。

島田周平　1983「ナイジェリア──石油ブーム下の食糧不足」長谷山崇彦・小島麗逸編『第三世界の食糧問題』アジア経済研究所，134-176頁。

武内進一編　2017『現代アフリカの土地と権力』アジア経済研究所。

竹原美佳　2008「アフリカの風雲児──英米新興独立系石油企業」『石油・天然ガス資源情報』石油天然ガス・金属鉱物資源機構，1-11頁。

寺西重郎　1991『工業化と金融システム』東洋経済新報社。

橋本知世　2021「サブサハラアフリカ上流開発動向」『石油・天然ガスレビュー』55（2）：41-60。

平野克己　2009『アフリカ問題──開発と援助の世界史』日本評論社。

二村英夫　2004「累積債務問題と債務削減」北川・高橋編，前掲書，229-240頁。

ブラウン，L・R　1971『緑の革命』逸見謙三監訳，財団法人農政調査委員会。

マーフィー，R　2017『ダーティー・シークレット』鬼澤忍訳，岩波書店。

Akiyama, T. and J. Baffes, D. F. Larson, P. Parangis 2003. Commodity Market Reform in Africa: Some Recent Experience. *World Bank Policy Research Working Papers* 2995: 1-48.

Asiema, J. 1994. Africa's Green Revolution. *Biotechnology and Development Monitor* 19: 17-18.

Bates, R. H. 1981. *Markets and States in Tropical Africa*. Berkeley and Los Angeles: University of California Press.

Bennett, M. K. 1949. Food and Agriculture in the Soviet Union, 1917-48. *The Journal of Political Economy* 57(3): 185-198.

Boyce, J. K. and L. Ndikumana 2001. Is Africa a Net Creditor? New Estimates of Capital Fight from Severely Indebted Sub-Saharan African Countries, 1970-96. *The Journal of Development Studies* 38(2): 27-56.

Daviron, B. and P. Gibbon 2002. Global Commodity Chains and African Export Agriculture. *Journal of Agrarian Change* 2(2): 137–161.

Deininger, K. 2003. *Land Policies for Growth and Poverty Reduction*. Washington, DC: The World Bank and Oxford University Press.

EIA 2021. *Petroleum & Other Liquids: Data*. Energy Information Administration, U. S. Department of Energy. https://www.eia.gov/（最終閲覧2021年6月25日）

FAO 2021. *FAOSTAT*. Food and Agriculture Organization. http://www.fao.org/faostat/（最終閲覧2021年6月25日）

Felipe, J. and A. Mehta 2016. Deindustrialization? A Global Perspective. *Economic Letters* 149: 148–151.

Hayami, Y. and V. W. Ruttan 1985. *Agricultural Development* (Revised and Expanded Edition). Baltimore and London: The Johns Hopkins University Press.

IFPRI 2018. Agricultural Total Factor Productivity (TFP), 1991–2014: 2018. *Global Food Policy Report* Annex Table 5. International Food Policy Research Institute. https://doi.org/10.7910/DVN/IDOCML（最終閲覧2021年6月10日）

IMF 1999. Debt Relief for Low-Income Countries: The Enhanced HIPC Initiative. *IMF Pamphlet Series* No.51–1999. International Monetary Fund.

—— 2021a. *IMF Primary Commodity Prices*. International Monetary Fund. https://data.imf.org/（最終閲覧2021年5月31日）

—— 2021b. Debt Relief under the Heavily Indebted Poor Countries (HIPC) Initiative. *Factsheet*, March 23, 2021. International Monetary Fund.

Lessard, D. R. and J. Williamson 1987. *Capital Flight and Third World Debt*. Washington, DC: The Institute for International Economy.

Ndikumana, L. and J. K. Boyce 2011. *Africa's Odious Debt*. London: Zed Books.

North, D. C. 1990. *Institutions, Institutional Change and Economic Performance*. Cambridge: Cambridge University Press.

Pilling, D. 2020. Senior Africans Propose 'Standstill' on Eurobond Debt Payments. *Financial Times*, April 7, 2020, https://www.ft.com/（最終閲覧2021年6月28日）

Pollet, I. 2009. *Cooperatives in Africa*. Geneva: International Labour Organization.

Rodrik, D. 2016. Premature Deindustrialization. *Journal of Economic Growth* 21(1): 1–33.

Schultz, T. W. 1960. Value of U. S. Farm Surpluses to Underdeveloped Countries. *Journal of Farm Economics* 42(5): 1019–1030.

Schwettmann, J. 1997. *Cooperatives and Employment in Africa*. Geneva: International Labour Office.

Thomas, M. R. and M. M. Giugale 2015. African Debt and Debt Relief. In C. Monga and

J. Y. Lin（eds.）, *The Oxford Handbook of Africa and Economics*. Volume 2: Policies and Practices. Oxford: Oxford University Press, pp. 186–203.

Timmer, C. P. 1998. The Agricultural Transformation. In H. Chenery and T. Srinivasan（eds.）, *Handbook of Development Economics*. Volume 1. Amsterdam: Elsevier, pp. 275–331.

UNCTAD 2019. *Commodity Dependence: A Twenty-Year Perspective*. Geneva: United Nations Conference on Trade and Development.

── 2020. *Economic Development in Africa Report* 2020. Geneva: United Nations Conference on Trade and Development.

── 2021. *UNCTADStat*. https://unctadstat.unctad.org/（最終閲覧2021年5月31日）

Vásquez, I. 1996. The Brady Plan and Market-based Solutions to Debt Crises. *Cato Journal* 16（2）: 233–243.

World Bank 2021a. *International Debt Statistics*. Washington, DC: The World Bank.

── 2021b. *World Development Indicators*. https://databank.worldbank.org/（最終閲覧2021年5月31日）

●読書案内●

『統計はウソをつく』M・イルウェン，渡辺景子訳，青土社，2015年
　　アフリカの統計がいかに信頼できないか，推計（estimate）ではなく算出方法の不明な"guesstimate"であることや，経済成長の見え方がその数字によって大きく左右されていることを論じている。

『国家とハイエナ』黒木亮，幻冬舎，2016年
　　アフリカを含む新興国・発展途上国の債務についての事実をベースにした小説。先進国の金融機関や投資家，開発援助機関と債務国の関係が垣間見える。

『収奪の星』P・コリアー，村井章子訳，みすず書房，2012年
　　天然資源が豊かなのに経済成長できない国々のジレンマや問題点を分かりやすく解説している。

140

【コラム⑦】

統計がないということ

出町一恵

　アフリカの経済について詳しく知ろうとすると，信頼できるマクロ統計が存在せず立ち往生することが多い。データが存在したとしても，注のたくさんついた（すなわち慎重に用いることが求められる）推計だったり，大半が欠損していたり，どうやって得られたデータなのか不明な場合も多い。

　2010年，ガーナはGDPの計算方法を見直した結果，経済規模が60％上方修正され低位中所得国となった。2014年，ナイジェリアがGDPの計算方法を見直した結果，経済規模は89％上方修正され，それまでサハラ以南アフリカで最大の経済規模であった南アフリカを抜いたと発表した（Blas and Wallis 2014）。イルウェンはアフリカ諸国のGDP統計がどれほど信頼できないか，信頼できるはずがないかを詳細に示している（Jerven 2009; イルウェン 2015）。他の国々も計算方法を見直せば，統計上のアフリカの姿は大きく変わるのかもしれない。確かに世界銀行の所得別の国の分類では，サハラ以南アフリカの最貧国の数は1995年には35ヶ国だったのが，2020年には23ヶ国にまで減少した。ではアフリカの国々は本当に豊かになったのだろうか？　アフリカをみる人々の多くは，近年のアフリカの成長は資源価格の上昇によるものだと考えている。しかし，十分な統計がないことから，私たちはそれが本当は何による成長なのかを知ることはできない。

　統計のあり方は社会構造を表している（レイ 2020）。所得，雇用，GDP，物価，輸出額といった統計がないということは，社会の制度の脆弱さの現れなのである。しかし経済統計がないからといって，経済活動が存在しないわけではない。アフリカ諸国では特に統計で捉えられない経済の規模が大きい。そして統計がないことにも意味があるのだ。

参考文献

イルウェン，M　2015『統計はウソをつく』青土社。

レイ，O　2020『統計の歴史』原書房。

Blas, J. and W. Wallis 2014. Nigeria Almost Doubles GDP in Recalculation. *Financial Times*. April 7, 2014. https://www.ft.com/（最終閲覧2021年6月28日）。

Jerven, M. 2009. The Relativity of Poverty and Income: How Reliable are African Economic Statistics? *African Affairs* 109(434): 77-96.

第 8 章

越境する人々

移動によって広がるアフリカ世界

松本尚之

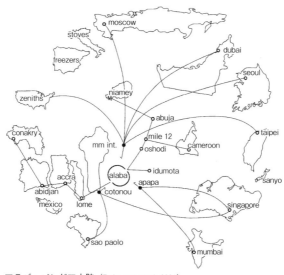

アラバ・パンゲア大陸（Belanger et al. 2001）

上図はハーバード大学の都市プロジェクトをもとに描かれたアラバ・パン
ゲア大陸（Alaban Pangea）の地図である。ナイジェリアのアラバ国際家電市
場を中心に人やモノの移動をとおしてつながる国や地域が描かれている。
パンゲア大陸とは，大陸移動が起こる以前に存在したとされる古代の超大
陸を指す。アラバ・パンゲア大陸の右端には「sanyo」という文字とともに
小さな日本も描かれている。グローバル化が進む今日，移動によって広が
るアフリカ世界は，もはや私たちにとっても無縁な世界ではないのである。

1 移動からみるアフリカ世界

　ナイジェリアの南西端に位置するラゴスは，アフリカ大陸最大の都市である。その人口は2000万人を上回るといわれている。ラゴスに数多くある市場の一つに，アラバ国際家電市場がある。この市場は，1970年代以降にナイジェリアの音楽産業の発展とともに成長してきた。かつては海外から輸入した中古の音響機器を主に扱う市場であった。しかし，近年では音楽や映画の海賊版のCDやDVDが流通する市場として悪名を馳せている。

　ハーバード大学大学院デザインスクールのプロジェクトでラゴスを訪れたベランジェら（Belanger et al. 2001）は，アラバ国際家電市場をパンゲア大陸に例えている。パンゲア大陸とは，2億年以上の昔，大陸移動が起こる以前に存在したとされる超大陸のことである。「アラバ・パンゲア大陸」の中央にはアラバ国際家電市場があり，その周囲を様々な国の輪郭をかたどった陸地が囲んでいる。それぞれの陸地には都市名が記されており，線によってアラバ市場と結ばれている。それらの都市は，市場に流通する商品の仕入れ先である。コトヌーやアクラ，アビジャンなど，アラバ市場のあるラゴスとは陸路でつながったアフリカ大陸の都市もある。さらには，モスクワやサンパウロ，ドバイ，シンガポール，台北，ソウルなど，海路や空路をとおしてアラバ市場と結ばれたアフリカ大陸外の都市も並んでいる。なかには，サンヨーやゼニスなど，都市名ではなく企業名で示された陸地もある。取引先の地名よりも製品名が，商人たちにとって馴染み深いことの表れであろうか。

　グローバル化をめぐる研究で著名な文化人類学者，アパデュライ（2004：21）は，「電子メディア化と大規模な移動が現在の世界を特徴づけるとしても，それは技術的に新しい力としてではなく，想像力の作動を駆り立てる（そしてときには強制する）力としてなのだ」と述べている。アラバ・パンゲア大陸は，想像力の作動によって生まれた今日のアフリカ世界をよく表した「地図」であろう。人やモノが国境を越え大陸を越え往来する現在，アフリカ世界はもはや一つの大陸のみで語ることはできない。

　本章では，アフリカ世界における人の移動について論じる。植民地化以前の

アフリカにおける移動については，第2章や第4章で論じてきた。そのため，以下では，特に近代以降の人々の移動について論じたい。はじめに第2節では，近代におけるアフリカの都市化と，都市に向かう出稼ぎ移民について述べる。そのうえで，第3節以降において，今日ますます盛んとなっているアフリカの人々の国境を越えた移動について概括する。

2　アフリカの都市化と出稼ぎ移民

⑴　アフリカにおける移動の歴史

　かつてアフリカは，「暗黒大陸」や「歴史のない大陸」と呼ばれ，変化に乏しい静的な社会というイメージで語られてきた。しかしながら今日では，そのような閉鎖的なアフリカ像は否定され，遙か昔より人やモノの移動や交流が盛んであったことが明らかとなっている。狩猟採集民や牧畜民など，移動を前提とした暮らしを営む人々がいる。また，植民地化以前より長距離交易を生業とし，商人として名を馳せていた集団もある。さらには，大陸外との交流も盛んであった。東アフリカでは，インド洋をつうじた交渉があり，帆船による交易は「海のシルクロード」を渡ってインドや中国にまで及んだ。また西アフリカでも，ラクダに乗りサハラ砂漠を越えて訪れるアラブ商人を介して地中海世界との交わりがあった。そもそも人類はアフリカで誕生し，その後，移動をとおして地球上の隅々にまで拡散していったのである。やや大げさな言い方をすれば，人がもつ「移動」と関わる関心や能力は，アフリカで生まれたといってよいであろう。

　しかしながら，アフリカにおいて人の移動が有史以前から盛んであったとしても，それが近代になって顕著となった現象であることは間違いない。

　第一に，交通技術の発達やインフラの整備は，より多くの人が，より遠くへ，より短期間に移動することを可能とした。ヨーロッパにおける海洋技術の発展は長距離移動と物品の大量輸送を可能とし，15世紀に始まる大航海時代を導いた。歴史学者カーティン（Curtin 1997: 63）は，大西洋奴隷貿易を，人類史上最初の大陸間を結んだ大規模な人口移動であると指摘している。さらに，19世紀に入りアフリカ大陸を支配下におさめたヨーロッパ諸国は，植民地統治

や資源開発，貿易のために，地方行政の拠点や港，鉱山などを結ぶ幹線道路や鉄道の整備を進めた。それら植民地開発は，宗主国の利益を優先したものであったが，結果として人の移動を方向づけ，アフリカ各地に新しい都市を生み出すこととなった。

　そして第二に，アフリカ諸社会が国家に包摂されたことによって，人々の移動は様々な影響を受けることとなった。植民地政府は，領土内の人民の管理を目的とし，人々の移動を制限するようになった。その一方で，金銭払いによる税制の導入によって，人々の生活に現金収入が不可欠となった。その結果，人々は住み慣れた土地を離れ，働き口を求め移動するようになった。移民たちが向かった先は，植民地時代以降に開発が進んだ鉱山や港，地方行政や産業の拠点となった都市である。

(2)　都市に暮らす移民たちの生活戦略

　20世紀のアフリカ都市に暮らす人々の多くは，出稼ぎ移民であったといわれている。彼ら出稼ぎ移民については，移住先の都市で日常生活を送る一方で，故郷との結びつきを強く保持し続けることが指摘されてきた。移民たちの多くは，都市に暮らし，働き，引退までのほとんどの時間を都市で過ごす。しかしながら，彼らは都市においては自らを「一時逗留者」とみなし，引退後は故郷で余生を送ることを夢みる。移住先の都市と故郷の村という二つの場所に帰属意識を持ち続ける移民たちの暮らしを，ググラー（Gugler 1997）は「二重システムの生活（life in a dual system）」と呼んだ。この移民たちの二重システムの生活を鮮やかに描いた研究に，文化人類学者の松田素二による1980年代のナイロビのスラム街を舞台とした民族誌がある。

　松田（1996：14）は，ナイロビのスラム街を指して，「出稼ぎ民がつくりあげた，小故郷の巨大な複合体」と称している。当時，ナイロビに暮らす人々の4分の3が出稼ぎ移民であり，その多くが男性であった。松田が調査したマラゴリ人出稼ぎ移民たちは，都市で直面する様々な困難に対し，故郷の村のように親族や同郷者の互助ネットワークを頼りに乗り切っていた。彼らは見知らぬ都市に出稼ぎに向かうにあたって，先発した知人や親族が暮らす長屋に押しかけ，住まいを確保する。仕事を探すにしても，親族や姻族などの身内や，同じ

村出身の同郷者のツテを辿る。長屋では様々な民族が隣り合って暮らし，日常的な付き合いをもつが，移民たちが週末に飲みに出かける仲間も同郷者が多いという。

　しかしながら，出稼ぎ移民たちが昔ながらの村での人間関係に閉じこもっていると考えるのは間違っている。なぜなら，彼らは都市生活の便宜に合わせて，互助のネットワークを柔軟に拡大しているのである。そうした移民たちの創造性がよく表れた事例として，松田（1996）はナイロビで移民たちが組織する自発的結社を挙げている。

　「自発的結社（voluntary association）」とは，個々人が自由意志で加入する組織を指す。アフリカの移民たちは，不慣れな地での相互扶助を目的として，様々な自発的結社を設立してきた（Little 1965）。それら結社は，同じ親族集団のメンバーや，故郷を同じくする人々が集まって設立する。都市移民たちが組織した自発的結社が果たす重要な役割の一つとして，メンバーが移住先の都市で亡くなった場合の対応がある。

　人々が生まれ故郷を離れ，異郷において亡くなるという事態は，出稼ぎが一般化するなかで広まった新しい死の形である。マラゴリ人たちは遺体を故郷に運び，故人の屋敷内に埋葬することが望ましいと考えている。ナイロビでは，1950年代になって鉄道や自動車を使った遺体輸送が可能となった。その結果，出稼ぎ民たちが組織した自発的結社が，遺体移送の資金集めに活用されるようになった。

　だが，遺体の移送には巨額の費用がかかることから，昔ながらの親族集団や村落を単位とした結社では賄うことが困難であった。そのため，1970年代に入ると，マラゴリ人たちは複数の村落の同郷者を集めたより大きな自発的結社を結成するようになった。そのなかには，162ヶ村，1296名が集う大組織もあったという。つまり，都市において生じた遺体移送という目的に合わせ，自発的結社のメンバーシップの基準となる「故郷」の範囲を拡大していったのである（松田 1996）。

　移民たちによる相互扶助を目的とした自発的結社の設立は，アフリカの様々な都市で報告がある。自発的結社は定期的に集会を開き，メンバーが抱える問題について話し合いの場をもつ。話題はメンバー間のいざこざから，メンバー

が隣人や大家，警察などとの間に抱えたトラブルなど，移民たちが都市で直面する様々な相談事が含まれる。さらに自発的結社は，会則を定め，メンバーから入会金や月ごとの会費を徴収する。集まった会費は，メンバーの福利厚生のために用いられる。たとえば，何かと金銭が入り用となる祝い事や不幸の折に，祝い金や見舞金を支給する。それは，移民たちにとって，見知らぬ異郷の地で生きるうえでの一種の生活戦略といってよいだろう。

⑶ 移民たちと故郷のつながり

　その一方で，アフリカの都市化と出稼ぎ移民の生活世界を扱った研究においては，移民たちが実際に故郷との間にもつ交流についても論じられてきた。都市で一定の成功をおさめた移民たちは，「故郷に錦を飾る」ことを望み，故郷の人々の求めに応じて様々な支援を行う。家族や親族への経済支援のみならず，故郷で進められる自助開発計画への資金援助などを熱心に行う者もいる。故郷の人々も，移民たちとコミュニティのつながりを維持するための取り組みを行っている。今日では，コミュニティの発展に多大な貢献をなした者に対し，伝統的な首長や貴族の称号を与える社会もある（松本 2016）。

　また，都市移民たちが組織した自発的結社がアフリカの村落開発に果たす役割についても指摘がある（Trager 2001）。移民たちの故郷で自助開発計画が企図されれば，その実行組織は，各地の同郷団体を介して移民たちから寄付金を募ったり，課徴金を回収したりする。また，都市で活動する同郷団体自体が，故郷に自助開発のアイデアを提案する場合や，独自に開発計画を立ち上げる場合もある。

　今日，アフリカの移民が向かう先は国内に限定されず，国境を越えた移動も盛んとなっている。アフリカからの国際移動については，移民たちの経済的支援が故郷の開発にもたらす恩恵に注目が集まっている。国際移民によるサハラ砂漠以南アフリカ諸国への送金額は，2010年の時点でおよそ200億ドルに上るとされており，公的援助の3分の2の金額にまで達している（Ratha et al. 2011: 49-51）。

3　アフリカのグローバル化と国際移民

(1)　アフリカにおける国際移動と移動の多様化

　1980年代以前，アフリカ人の大陸外への移動は，植民地支配の歴史的関係に基づく旧宗主国への移動が主であった。しかし，1980年代末にフランスやイギリスで移民の受け入れが厳格となったことから，移民の移動先も多様化した（Kane and Leedy 2013: 2-3）。

　表8-1は，国連経済社会局人口部（UNDESA 2020a）の統計データをもとに，サハラ以南アフリカ諸国出身の国際移民の移動先を，地域別にまとめたものである。2020年の時点で，出身国を離れ他国で暮らすサハラ以南アフリカ出身者の数は，3038万9425人に上る。その移動先を大陸別にみると，アフリカ大陸内での移動が最も多い。2020年現在，サハラ以南アフリカ出身の国際移民のうち，2056万2813人（67.7%）が母国以外のアフリカ諸国に暮らしている。た

表8-1　サハラ以南アフリカ諸国出身者*の移動先別人口と割合

移動先	1990年		2000年		2010年		2020年	
アフリカ	13,163,735	(82.7%)	12,477,185	(75.5%)	14,279,296	(67.4%)	20,562,813	(67.7%)
アジア	501,228	(3.1%)	591,386	(3.6%)	1,106,911	(5.2%)	1,526,227	(5.0%)
ヨーロッパ	1,724,805	(10.8%)	2,409,273	(14.6%)	3,804,904	(18.0%)	5,205,518	(17.1%)
北アメリカ	404,258	(2.5%)	850,338	(5.1%)	1,583,499	(7.5%)	2,529,289	(8.3%)
ラテンアメリカおよびカリブ諸国	10,091	(0.1%)	12,565	(0.1%)	20,210	(0.1%)	39,587	(0.1%)
オセアニア	115,625	(0.7%)	182,927	(1.1%)	383,097	(1.8%)	525,991	(1.7%)
合計	15,919,742	(100.0%)	16,523,674	(100.0%)	21,177,917	(100.0%)	30,389,425	(100.0%)

出所：UNDESA（2020a）**をもとに筆者作成.

注：*本表が依拠する International Migrant Stock 2020（UNDESA 2020a）において，スーダンは北アフリカに分類されており，サハラ以南アフリカには含まれていない。それに対し本章では，本書序章の分類に従い，サハラ以南アフリカにスーダンを含め集計している。
　　**国連経済社会局人口部の統計データは，主に各国の人口調査に依拠している。しかし，主として国民を対象とした国勢調査における外国籍者の扱いは，国によって異なる。そのため，上記の数値は必ずしもアフリカ諸国出身の国際移民の人口を網羅しているわけではないことに注意されたい。たとえば，今世紀に入り中国ではアフリカ出身の移民人口の増加が注目を集めているが，表中のアジアには中国のデータは含まれていない。

だし1990年以降の推移をみると，サハラ以南アフリカ出身者の国際移動に大陸内移動が占める割合は，82.7％から67.7％に減少している。大陸内移動をする移民人口は増加しているものの，割合でみれば大陸外への移動が増えていることが分かる。

　また，大陸外移動に目を向けると，サハラ以南アフリカ出身の国際移民が向かう先としては，ヨーロッパが最も大きい割合を占めており，2020年の時点で520万5518人がヨーロッパ諸国に暮らしている。ヨーロッパでは，2010年代に北アフリカ諸国やトルコから地中海を越えて沿岸諸国に押し寄せる移民・難民が話題となった。特に2015年には，100万人以上の移民・難民が上陸し（BBC 2015），「欧州移民危機」や「欧州難民危機」と呼ばれている。日本でも，移民たちが乗った船の転覆事故などが幾度か報じられた。上陸した移民・難民たちについては，特にシリア難民をはじめとした中東諸国出身者が注目を集めたが，アフリカ大陸出身の移民・難民も数多く存在した。とはいえ，サハラ以南アフリカ出身の移民のうち，ヨーロッパに在留している者は17.1％にとどまっている。ヨーロッパではアフリカからの移民・難民の大量流入を危惧する声があるが，サハラ以南アフリカ出身の移民の過半数は，先述のとおりアフリカ大陸内を移動しているのである。

　以下では，アフリカ出身者の国際移動に関して，特に重要と思われる三つのトピックを取り上げ概括する。

(2)　移動の女性化

　アフリカに限らず国際移動と関わる現象として，近年では「移動の女性化」が論じられている。植民地化以前の長距離交易にせよ，20世紀半ばの出稼ぎ移動にせよ，かつて移動する人々は男性が中心であった。しかし現在では，移民に女性が占める割合が増加している。国連経済社会局人口部（UNDESA 2020a）によれば，2020年の時点で，アフリカ出身の国際移民のうち46.4％（1883万7331人）が女性である。

　国際移民に占める女性の割合が増加した背景には，いくつか理由がある。

　第一に，移民男性による家族の呼び寄せである。移民男性のなかには，滞在が長期化するとともに，故郷から配偶者を呼び寄せる者たちがいる。また，故

郷を離れた折には独身であった者が，後に妻をめとり移動先の地に帯同する場合もある。いずれにせよ，単身で移動した男性が，移住先の地で比較的安定した地位を築くとともに滞在が長期化したことと関わりがある。

　そして第二に，移民の労働力が求められる業種の多様化が挙げられる。元来，受け入れ国が移民たちに求める労働は，建設業や鉱山労働など，受け入れ国の性別役割分業の認識において男性の仕事とされるような肉体労働が多かった。それに対し，近年では特に先進国において，家事や介護を担う労働力として，移民女性のニーズが高まっている。それら家事・介護労働は，以前は受け入れ国の女性が主婦として無償で行ってきた労働である。欧米諸国においては女性の社会進出が進むとともに，その穴埋めを途上国出身の移民女性が低賃金で担う状況が生まれているのである。

　児玉（2020）は，湾岸アラブ諸国で家事労働に従事するエチオピア人女性が，渡航先で直面する問題についてまとめている。湾岸諸国では，今世紀に入り，エチオピアやエリトリアなどアフリカ諸国からの家事労働者の受け入れが盛んとなっている。もともとこれらの国々は，フィリピンやインドネシア，スリランカなどのアジア諸国出身の移民女性を雇用していた。しかしながら，2010年代以降にアジア諸国においては，湾岸諸国で働く家事労働者の虐待事件が問題となった。雇用者の家庭が職場となる家事労働は，人目につきにくく，虐待などの人権侵害の危険にさらされやすい。そのため，アジア諸国は湾岸諸国への渡航禁止などの措置をとるようになった。代わって，新たな移民の送り出し国として需要を増したのが，アフリカ諸国である。

　児玉（2020）によれば，湾岸諸国へ向かうエチオピア人女性たちは多くの場合，親族や金融業者から借金をし，渡航費用を工面する。そして首都アディスアベバの人材派遣業者を介して集団で渡航する。移住先の湾岸アラブ諸国に到着後は，受け入れ国側の人材派遣業者が空港で彼女たちを引き取る。そして，派遣業者が身元引受人となり，働き先の家庭を斡旋する。女性たちはほとんどの場合，雇い主の家に住み込み，掃除や料理，洗濯などの家事全般をすることとなる。最初の雇い主は，人材派遣業者に斡旋料を支払っていることから，女性たちが手にする給与は低い。そのため，最初の雇い主のもとから逃避し，別の雇い主を探す。その場合，雇い主が業者に斡旋料を支払わない分，高い給与

をもらうことが可能となる。ただし，身元引受人である業者の管理下から逃れることになるため，女性は非正規滞在者の立場となり，さらに弱い立場におかれることとなる。湾岸諸国で家事労働に従事する移民女性への虐待や過剰労働による死亡事故は，エチオピアでもたびたび報じられ，問題となっている（児玉 2020）。

　松村（2017）は，家事労働に従事した経験をもつエチオピア人女性やその家族への聞き取りをとおして，女性たちの海外経験が母村の家父長制社会にもたらした揺らぎを描いている。母国においてエチオピア人女性たちは，無償で家事労働に従事する。それが湾岸諸国では，同じ労働で賃金を得ることができる。過酷な労働であろうとも，自ら働きカネを稼ぐことにやりがいを見出す女性もいる。さらに，彼女たちが稼ぐ賃金は，エチオピアの農村に暮らす男性たちの稼ぎを上回る。その結果，女性たちの国際移動は，女性の生き方や家族のあり方にも影響を与えているのである。

(3)　強制移動をめぐる問題

　今日のアフリカにおける人の移動を論じるうえで，避けては通れない重要なトピックの一つとして，強制移動が挙げられる。「強制移動」とは，紛争や暴力，貧困や災害などによって生じる，本人の意思に関わらない強制的な移動を指す。

　迫害にあい住み慣れた地を追われ移動を余儀なくされた人々は，いつの時代にも存在したといってよいだろう。20世紀に入るまで，それら強制移動民の庇護や保護は，彼らを受け入れる地域や国の判断に委ねられていた。しかし20世紀には，二つの大戦によって強制移動を余儀なくされた人々が急増した。そして1920年に国際連盟が，さらに1945年にはその後継にあたる国際連合が設立されると，強制移動民は「難民」として，その庇護や保護が国際的に制度化されることとなった。

　1951年に採択された「難民の地位に関する条約」において，難民は「人種，宗教，国籍もしくは特定の社会的集団の構成員であること，または政治的意見を理由に迫害を受けるおそれがあるという十分に理由のある恐怖を有するために，国籍国の外にいる者」と定められた。ただしこの条約は，主としてヨー

ロッパ内の難民を対象としており，さらに1951年1月1日以前の事件の結果で難民となった者を想定していた。そのため，1967年には新たに「難民の地位に関する議定書」が採択され，地理的・時間的制約が削除された。今日では，これら二つの条約をもとに国々が庇護する難民を指して「条約難民」と呼ぶ。

国連経済社会局人口部（UNDESA 2020b: 16, 21）によれば，2020年の時点で，サハラ砂漠以南アフリカ出身の国際移民のうちの26％，すなわち4人に1人が強制移動によって出身国を離れた人々である。また，国境を越えることなく国内で避難生活を送っている「国内避難民」もいる。国連難民高等弁務官事務所（UNHCR）の推計ではアフリカ大陸内に2252万7271人の国内避難民が存在する。

国連難民高等弁務官事務所の統計データによれば，2020年現在，上記二つの条約をもとに各国で庇護されている難民の人口は，2065万304人である。この数に，国連パレスチナ難民救済事業の支援対象者を合わせると，世界の難民人口は約2600万人となる。また，国連難民高等弁務官事務所の支援対象者のうち，アフリカ大陸出身の難民は759万3296人で，難民全体の36.8％を占める。出身国別人口をみると，南スーダン出身者が218万9141人で突出して多い。それに，コンゴ民主共和国（84万449人），ソマリア（81万4551人）が続く。また，難民の受け入れ国を確認すると，上記三国に隣接するウガンダ（142万1133人），スーダン（104万308人），エチオピア（80万464人）が上位三ヶ国となっている。

日本では，難民といえば難民キャンプでなすすべもなく国際支援を待つ姿が真っ先に思い浮かぶ人が多いのではないだろうか。しかしながら，今日の難民支援においては，難民キャンプや難民定住地は，移動や就労の自由を制限する「難民囲い込み」政策であると批判されている（杉木 2011）。また，長引く紛争によって難民の長期化がみられる。そのため，出身国への帰還のみならず，庇護を受けている国への定住（庇護国定住）や先進国への再定住（第三国定住）をとおして難民の経済的な自立を目指すことの意義が指摘されている。

今日では，難民キャンプや難民定住地に暮らす者は，難民の一部に過ぎない。戦火を逃れた経験をもちながらも難民条約による認定を受けない「自主的定着難民」や，都市に暮らす「都市難民」など，難民の生き方も多様化している。難民たちの第一次庇護国となるアフリカ諸国の多くは，難民にキャンプや難民定住地に住むことを求めており，特別な許可を得た者のみが都市に住むこ

とが許される。それでもなお，難民たちのなかには都市を目指す者も多い。彼らは，就職や教育の機会を求め移動する。また，匿名性の高い都市の方が安全と考える者や，第三国定住の機会を求め移動する者もいる（Jacobsen 2006: 276）。

　難民を最初に受け入れる第一次庇護国は，難民たちの母国に隣接した途上国であることが圧倒的に多い。難民は，しばしばホスト社会のゼノフォビア（外国人嫌悪）や搾取の対象となる。しかしながら，難民研究においては，難民たちの存在が周囲のホスト社会に対し肯定的な影響を与えた例も報告されている。たとえば，ウガンダの首都カンパラでは，都市難民が立ち上げた小学校の事例が報告されている（Dryden-Peterson 2006）。カンパラ都市難民こども教育センターは，コンゴ民主共和国出身の元教師が立ち上げた学校である。授業料が払えず学校に通えない子どもたちに無償で教育を提供していたが，そのなかにはウガンダ人児童も含まれていたという。

⑷　オンライン空間へと広がるアフリカ世界

　交通技術のみならず，情報通信技術（ICT: Information and Communication Technology）の発達は，人々の移動の実践や，世界をめぐる想像力の作動を大きく変化させてきた。それは，アフリカにおいても同様である。

　近年，アフリカ経済においては，「リープフロッグ現象」が話題となっている。「リープフロッグ」とは「蛙跳び」を意味し，途上国が新しい技術の導入により，先進国が過去に歩んできた発展段階を飛び越えて急速な発展を遂げる現象を指す。アフリカにおける「リープフロッグ現象」の代表例としてたびたび話題となるのが，携帯電話やインターネットの普及である。それらは，固定電話もなければ，ましてや電気も満足に通っていない地域においてさえ流通し，アフリカの人々の生活を大きく変化させている。

　アフリカにおける情報通信技術の普及は，移民たちの暮らしにも大きな影響を与えている。携帯電話や電子メール，ソーシャル・ネットワーク・サービス（SNS）の普及によって，移民たちは，故郷の家族・親族や，あるいは世界各地で暮らす同郷者とコミュニケーションをとることが容易となった。さらには，インターネット上の各種サービスをとおして，故郷の情報を得るだけでなく，自らの意見を発信し，他の人々と語らう機会を得た。

ベルナール（Bernal 2005）は，在米エリトリア人が立ち上げたオンラインコ
ミュニティと，彼らの母国の政変の関わりについて論じている。エリトリア
は，1960年代から続いた独立戦争を経て，1993年にエチオピアから分離独立を
果たした。しかしその後もエチオピアとの対立が続き，1998年から2000年にか
けて国境紛争が起きた。

　在米エリトリア人は，もともと30年にわたり続いた独立戦争の戦火を逃れ，
アメリカに避難した人々である。その多くは，エリトリアが独立を達成した後
も帰還することなくアメリカに留まった。彼らのなかには，長期化した戦争に
よってエリトリア国内に帰るべき故郷も，身を寄せる親族もなく，帰還できな
い者たちがいた。また，エリトリアは戦争によって経済が衰退した状況にあ
り，帰還民を受け入れる余地はなかった。このように，故郷に帰還することが
能わず，移住先に留まり続ける人々を指して「ディアスポラ」と呼ぶ。

　1990年代初頭に，在米エリトリア人ディアスポラが立ち上げたオンラインコ
ミュニティは，電子掲示板の一種である。会員登録をしたエリトリア人は自由
に投稿することができる。エリトリアに関するニュースが共有されるととも
に，母国と関わるトピックについて討論する場ともなっている。

　在米エリトリア人が立ち上げたオンラインコミュニティの重要性は，そこで
の活動がバーチャル空間の境界からあふれだし，現実世界に侵食したところに
ある。たとえば，会員たちの交流はインターネット上にとどまらず，イベント
をつうじて対面式の交流（いわゆるオフ会）も行われる。さらに，電子掲示板
での議論は，有形の成果を生み出した。1998年から2000年にかけての国境紛争
の折には，サイトで義援金の呼びかけが行われた。アメリカやヨーロッパ各地
で集まった寄付が，エリトリア政府が開設した義援金用の口座に送られること
で，実際に戦費の調達に貢献した。また，デモなどの政治行動の呼びかけにも
使われている。2000年には，オンラインでの呼びかけをもとに，ニューヨーク
の国連本部前で，国境紛争に対する国連の対応への抗議活動が行われた。

　ベルナール（Bernal 2005: 668）は，エリトリア人ディアスポラたちの生活世
界を指して，「万華鏡的存在」と呼んでいる。今日の移民／ディアスポラたち
は，故郷と移住先の地を往来するだけでなく，現実世界とバーチャルな空間の
双方にまたがる世界に生きているのである。

4　アフリカの移動と私たち

　2020年に，新型コロナウイルスの感染拡大と並んで世界中の注目を集めた話題として，ブラック・ライヴズ・マター運動（BLM運動）が挙げられるであろう。BLM運動はアフリカ系住民に対する暴力と差別の撤廃を訴える運動であり，2020年5月にアメリカ・ミネソタ州で起きた警察官によるアフリカ系男性の暴行死事件がきっかけとなって始まった。この運動は，アメリカのみならずヨーロッパやオセアニア，中東，そしてアジアへと拡大していった。BLM運動の広がりは，アフリカにつながる人々の大陸を越えた移動の長い歴史と，今日における広がりを象徴している。それと同時に，彼ら／彼女らが移動先の地でおかれた差別的，周縁的な立場をも物語っている。それは，日本も例外ではない。

　正規の在留資格をもち日本に暮らすアフリカ諸国出身者の人口は，2020年末の時点で，3ヶ月未満の短期滞在者も含め2万276人である。この数は，外国人全体（292万8940人）のわずか0.7％に過ぎず，マイノリティのなかのマイノリティといえる。しかし，その人口は30年前（1990年末）と比べると，9.5倍に増加している。特に，21世紀の初頭には，日本の景気低迷とともに他地域出身の外国人の人口増加が伸び悩むなか，アフリカ出身者の増加率に注目が集まった。

　アフリカ出身者のなかには，日本で安定した地位を得るとともに滞在が長期化している者もいる。日本人と結婚し，子をなし，家族を築いている者も少なくない。2010年代半ば以降，特にスポーツ分野や芸能分野において，アフリカにつながる若者たちの活躍が注目を集めるようになった。彼らの多くは，アフリカ出身者と日本人を両親にもつ，いわゆる移民二世にあたる若者たちである。彼ら／彼女らの活躍は，日本のアフリカ人コミュニティの成長を象徴する出来事の一つといってよいであろう。今日では，アフリカ出身者の25.8％，すなわち4人に1人が，永住権を取得している。

　本章で論じたアフリカ出身者の移動と関わる様々な現象は，日本においても無縁のことではない。永住権を取得した者のなかには，母国から妻子を呼び寄

せる者も出てきている。アフリカ人たちが開く親睦会に出かけると，かつては参加者が男性ばかりであったが，現在はアフリカ人女性や子どもたちを目にすることが増えた。また，アフリカ出身者の難民申請の増加も，支援者の間で話題となっている。

　日本に暮らすアフリカ出身者たちも，故郷を同じくする同郷者を集め，様々な自発的結社を組織している。それら団体のなかには，日本で不慮の死を遂げたメンバーの遺体移送を請け負うものもある。また，なかには，在米エリトリア人たちのように，インターネットを駆使して，母国の分離独立運動に参加する者もいる（松本 2021）。インターネットを用いた交流は，新型コロナウイルスの感染拡大以降はさらに盛んとなっており，今後も拡大していくであろう。

　グローバル化が進む今日，人の移動によって生まれたアフリカ世界は，もはや私たちにとって遠い世界ではないのである。

参考文献（ウェブサイトの最終閲覧日はいずれも2021年8月30日）

アパデュライ，A　2004『さまよえる近代――グローバル化の文化研究』門田健一訳，平凡社。

児玉由佳　2020「湾岸アラブ諸国に渡航するエチオピア人女性――就業機会を求めて」児玉由佳編『アフリカ女性の国際移動』アジア経済研究所，39-81頁。

杉木明子　2011「サハラ以南アフリカの難民と定住化――ウガンダの事例から」駒井洋監修，小倉充夫・駒井洋編『ブラック・ディアスポラ』明石書店，131-157頁。

松田素二　1996『都市を飼い慣らす――アフリカの都市人類学』河出書房新社。

松村圭一郎　2017「越境する女性たち――海外出稼ぎが変える家族のかたち」石原奈美子編『現代エチオピアの女たち――社会変化とジェンダーをめぐる民族誌』明石書店，46-78頁。

松本尚之　2016「グローバル化のなかの伝統的権威者――ナイジェリア・イボ社会における国際移民と首長位」太田至総編集，松田素二・平野（野元）美佐編『紛争をおさめる文化――不確実性とブリコラージュの実践』京都大学学術出版会，31-55頁。

――　2021「遠い日本から民族独立を願う――日本に暮らすイボ人たちとビアフラ戦争」『季刊民族学』176：18-25。

BBC 2015. Migrant Crisis: Over One Million Reach Europe by Sea. 30th December 2015, https://www.bbc.com/news/world-europe-35194360

Belanger, P. et al. 2001. Lagos: Harvard Design School Project on the City. In R. Koolhaas et al. (eds.), *Mutations*. Barcelona: Actar, pp. 651-719.

Bernal, V. 2005. Eritrea on 0 Line: Diaspora, Cyberspace, and the Public Sphere. *American Ethnologist* 32(4): 660–675.

Curtin, P. D. 1997. Africa and Global Pattern of Migration. In W. Gungwu (ed.), *Global History and Migrations*. Colorado and Oxford: Westview Press, pp. 63–94.

Dryden-Peterson, S. 2006. 'I Find Myself as Someone Who is in the Forest': Urban Refugees as Agents of Social Change in Kampala, Uganda. *Journal of Refugee Studies* 19(3): 381–395.

Gugler, J. 1997. Life in a Dual System Revisited: Urban-Rural Ties in Enugu, Nigeria, 1961–1987. In J. Gugler (ed.), *Cities in the Development World: Issues, Theory, and Policy*. Oxford: Oxford University Press, pp. 62–73.

Jacobsen, K. 2006. Refugees and Asylum Seekers in Urban Areas: A Livelihoods Perspective. *Journal of Refugee Studies* 19(3): 273–286.

Kane, A. and T. H. Leedy 2013. Introduction: African Patterns of Migration in a Global Era: New Perspectives. In A. Kane and T. H. Leedy (eds.), *African Migrations: Patterns and Perspectives*. Bloomington and Indianapolis: Indiana University Press, pp. 1–16.

Little, K. 1965. *West African Urbanization: A Study of Voluntary Associations in Social Change*. London: Cambridge University Press.

Ratha, D. et al. 2011. *Leveraging Migration for Africa: Remittances, Skills, and Investments*. Washington, DC: The World Bank.

Trager, L. 2001. *Yoruba Hometown: Community, Identity and Development in Nigeria*. London: Lynne Rienner Publishers.

United Nations Department of Economic and Social Affairs, Population Division (UNDESA) 2020a. International Migrant Stock 2020. https://www.un.org/development/desa/pd/content/international-migrant-stock

—— 2020b. International Migrant 2020 Highlights. https://www.un.org/development/desa/pd/sites/www.un.org.development.desa.pd/files/undesa_pd_2020_international_migration_highlights.pdf

（ウェブサイト）

United Nations High Commissioner for Refugees (UNHCR) Refugee Population Statistics Database. https://www.unhcr.org/refugee-statistics/

『都市を飼い慣らす——アフリカの都市人類学』松田素二，河出書房新社，1996年
　　　本章内でも紹介した，アフリカの都市移民を取り上げた代表的な民族誌。
　　　都市を自らの生活世界へと「飼い慣らす」，出稼ぎ移民たちの創造力に富ん
　　　だ生き方を描いている。

『難民・強制移動研究のフロンティア』
　　　墓田桂・杉木明子・池田丈佑・小澤藍編，現代人文社，2014年
　　　難民・強制移動をめぐる研究，実践の動向をまとめた概説書。研究者や実
　　　務家が，難民・強制移動の重要な論点について幅広く取り上げている。地
　　　域を限定せず難民・強制移動全般を扱っているが，アフリカの個別事例を
　　　扱った章も含まれている。

『アフリカ女性の国際移動』児玉由佳編，アジア経済研究所，2020年
　　　アフリカにおける「移動の女性化」を扱った論文集。本章で紹介した家事
　　　労働を含め，様々な業種に従事する経済移民や難民となったアフリカ出身
　　　の女性たちの移動と生活について考察している。

アフリカの中華料理

川口幸大

　アフリカにおいて中国の存在感が増し，数十万から100万人ともいわれる中国出身者たちが暮らすようになるに伴って，中国の食材やレストランを目にすることも多くなった。たとえば，ナイジェリアの大都市ラゴスで「チャイナタウン」と呼ばれる，中国製品の卸売りのテナントが集まった施設にあるレストランは，接客係がチャイナ服を着た地元の若い女性であるという以外，中国のどこにでもありそうな様相である。

　メニューも餃子や麺といったおなじみの主食類から，白灼蝦（ゆでエビ），辣子鶏（鶏肉のとうがらし炒め），梅菜扣肉（豚バラ肉と漬物の蒸しもの）などの各地の料理，それに揚げ焼きにした魚を大きな鉄鍋でとうがらしのスープとともに煮た烤魚など，最近中国で流行している品までそろえ，アフリカにいることを忘れさせる豊富なラインナップで，味も本格的だ。値段は主菜で6000〜8000ナイラ（約1600〜2000円）で，地元レストランの7〜8倍とかなり高額であり，客の大半は中国系の人々か，現地の人なら相当の高所得者層だ。

　対称的に，ショッピングモールのフードコートに入るレストランは，地元客向けに大幅に現地化されている。味はかなりスパイシーで，炒め物もいわゆる「つゆだく」でボウルに入れて出されるし，豚肉を使ったメニューはほぼなく，値段も上記のものの半分ほどである。中華だが調理はナイジェリア人が担当し，オーナーはレバノン人という，ナイジェリアらしいトランスナショナルな状況も垣間見える。

　多くのアフリカ諸国で中華料理が広まり始めてまだ日は浅いが，日本の中華が焼餃子や天津飯など独自の展開を遂げたように，アフリカ風の中華料理が誕生する日が来るかもしれない。

第 9 章

感染症

アフリカは感染症対策の主役となれるのか

玉井　隆

エボラウイルス病に関する注意喚起（2015年，ナイジェリア・ヤバ技術大学校（Yaba College of Technology）入口前にて筆者撮影）。

アフリカでは数多くの感染症が蔓延している。その結果，多くの子どもたちが，治るはずの病気で苦しみ，命を落としている。だからこそ私たちは，アフリカをもっと支援しなければと考える。しかし，なぜアフリカは常に，感染症対策の主役ではなく，支援の「受け手」とされるのか。本章ではこの疑問について，アフリカにおける感染症対策の変遷を解説しながら検討していく。

1　アフリカと感染症

⑴　巨大な「実験場」？

　新型コロナウイルス感染症（COVID-19）の世界的流行が始まっていた2020年4月，フランスのテレビ番組に出演した病院や研究機関の医師たちの発言が，世界中から非難を浴びた。彼らは，アフリカにはマスクがなく，治療手段も集中治療室もないのだから，COVID-19の研究に関するワクチンの臨床試験はアフリカで行うべきだと主張した。エチオピア出身のテドロス世界保健機関（World Health Organization: WHO）事務局長は，予防も治療もできないアフリカは「実験場」にふさわしいとするこの発言について，植民地主義の名残りだとして痛烈に批判した。世界中から怒りと非難が寄せられ，発言者らはそれを謝罪した（Busari and Wojazer 2020）。

　このことに関連してまず指摘すべきは，アフリカは「本当に」感染症の「実験場」にされた経験をもつという点であろう。たとえば1996年，アメリカの大手製薬企業であるファイザーは，髄膜炎の流行下にあったナイジェリア北部において，適切な手続きを経ずに髄膜炎治療薬の臨床試験を行い，11名の子どもの命を奪った。またこの当然の結果として，ナイジェリア北部ではワクチン接種に対する不信が一気に広まった（Renne 2010: 107-109）。

　こうした負の経験があるにもかかわらず，なぜ上記のような発言が平然とされてしまうのか。なぜアフリカでは未だ適切な医療サービスが提供されず，感染症が蔓延しているとされているのか。この背景には，アフリカはかつてヨーロッパに支配され，また現在は先進国に開発される対象としてしか認識されていないという問題がある。いいかえれば，差別的発言をした医師らにとって，アフリカは感染症に対処できず，先進国に支援されるだけの客体なのであって，感染症対策を推進する「主役」ではない。

　しかし，本当にアフリカは感染症の問題に自ら立ち向かうことができないのだろうか。

(2) 感染症とは何か

　まず本章のテーマとなる感染症とは何かを確認する。感染症とは，微生物（ウイルス，細菌，寄生虫など）が体のなかに入り込み増殖することによって引き起こされる病気である。微生物の多くは常在菌として消化を助けるなど，体にとって大事な役割を果たす。しかし，一部の微生物は病原体として体に害を及ぼす。たとえばインフルエンザはインフルエンザウイルス，結核は結核菌，マラリアはマラリア原虫（Plasmodium）によりそれぞれ引き起こされる。病原体が体内に侵入しその数を増やす（感染）と，臓器や組織が破壊される。それにより発熱など，体に様々な異常（症状）が生じることがある。

　感染症の特徴の一つは，病原体の侵入を受けた人（宿主）の病原体が，別の人に伝播してしまう点にある。たとえばCOVID-19を引き起こすコロナウイルス（SARS-CoV-2）は飛沫感染，つまり感染者が咳やくしゃみをした際に，病原体が含まれた水しぶき（飛沫）を，近くの人が吸い込むことで広がるとされる。マラリアを引き起こすマラリア原虫はハマダラカという種類の蚊（中間宿主）が吸血して人から人へ運搬することで感染が広がる。またHIV/AIDSはヒト免疫不全ウイルス（Human Immunodeficiency Virus: HIV）が感染することによるが，その感染源となるのは体液（血液，精液，膣分泌液，母乳など）で，性行為による感染，血液を介した感染，母子感染の三つの経路がある。

(3) 現状と課題

　今日のアフリカではどのような感染症が問題となっているのか。最も知られているのは，三大感染症と呼ばれるHIV/AIDS，マラリア，結核である。このうちマラリアと結核は長い歴史をもつ。マラリアは人類の祖先が生まれたときには存在していたと考えられている。また結核を引き起こす結核菌はエジプトのミイラからその痕跡が確認されている。これに対してHIV/AIDSは新興感染症と呼ばれる，新しく流行が確認された感染症である。HIVは1980年代にアメリカで初めて報告され，その後アフリカで爆発的な感染拡大を引き起こした。

　これに対して，国際社会が十分に注視してこなかったとされる「顧みられな

い熱帯病（Neglected Tropical Diseases）」と呼ばれる20の疾病がある。たとえばアフリカ眠り病（アフリカトリパノソーマ症）はアフリカでのみ確認される感染症で，ほとんどはツェツェバエの吸血により感染する。治療が行われない場合，中枢神経系が侵され，昏睡状態となり死に至る。

　世界から根絶された感染症として，紀元前から人類を襲ってきた天然痘がある。1977年に東アフリカのソマリアで最後の患者が確認され，1980年に根絶が宣言された。また「あと少し」で根絶できるとされる感染症の一つとしてポリオがある。アフリカ地域については，2016年にナイジェリア北東部の紛争地域で最後の患者が確認されたのを最後に，2020年8月に制圧が宣言された。現在のポリオ常在国（野生株ポリオが確認されている国）はアフガニスタンとパキスタンの2ヶ国である。

　本章執筆時点（2021年6月）において，COVID-19は世界中で猛威を振るっている。COVID-19は，人類がこれまでも，そしてこれからも，数限りない病原体と闘い続けざるをえないことを改めて思い知らせている。もちろん世界的な感染症の流行という現象自体は新しいことではない。第一次世界大戦中に世界で流行し多くの犠牲者を出したインフルエンザ（スペイン風邪）はその一例である。2000年代に猛威を振るった重症急性呼吸器症候群（SARS）や中東呼吸器症候群（MERS）は，COVID-19と同様コロナウイルスにより人を死に至らせる肺炎を引き起こす感染症である。

　当然のことながら病原体は国境を越えて広がる。ましてやヒトとモノがやすやすと国境を越えて移動するグローバル化した社会において，感染症は各国が独自に対処して解決できる問題ではない。地球の裏側のどこかで発生した感染症は，すぐに自国に侵入し広がってしまうかもしれない。だからこそ感染症は，国際社会が協調して対処しなければならない問題だといわれる。しかしそれは決して容易なことではない。このことを考えるために，次節ではアフリカにおける感染症対応の変遷について，植民地期から1980年代頃までを対象に概況する。

2　感染症対応の変遷

(1)　植民地期

　かつてアフリカ大陸は，外世界との豊かな交流のなかで，自律的な社会を発展させてきた（第4章参照）。しかしヨーロッパのアフリカ進出はそれに大きな打撃を加えた。15世紀に始まる大西洋を舞台とした奴隷貿易に始まり，植民地支配に至るヨーロッパのアフリカ進出により，アフリカは弱者の地位におかれ，また近代世界システムの周縁に追いやられてきた。ヨーロッパはアフリカの政治や経済に強大な影響を及ぼしていくことになった。

　ではそうした植民地支配はどのように正当化されたのか。このとき作り出されたのが，「文明社会」たるヨーロッパが，病気の蔓延した「暗黒大陸」たるアフリカを救済するという図式である（奥野 2006：26-29）。植民地統治に関して強い影響力をもち，ナイジェリア植民地の総督を務めたフレデリック・ルガード（Frederick Lugard）は，ヨーロッパは「文明」の恩恵を「原住民」たるアフリカ人に授ける使命を負っていると主張している。

　しかし実際のところ，「文明」の光明がアフリカに差すことはなかった。そもそも奴隷貿易や植民地支配の過程で，ヨーロッパ人はアフリカで様々な感染症に遭遇し苦しめられていた。たとえば奴隷貿易が行われた西アフリカ地域では多くのヨーロッパ人が熱病（マラリアや黄熱病）で亡くなり，「白人の墓場」と呼ばれた。その後イギリスやフランスはアフリカを対象とした熱帯医学の研究を進めた。そこで蓄積された知見は，アフリカ人を生かすためよりもむしろ，入植者の健康と植民地経営を守るために用いられた（奥野 2006）。

　ヨーロッパが進出する以前のアフリカでは，自然と人間のエコシステムはある程度うまく機能していたと考えられている。たとえば交通の著しい発展，農業開発，人口密度の増大といった理由で，感染症が爆発的に流行するといったことはなかった。しかしヨーロッパはその支配の過程で自ら感染症の流行を引き起こした。たとえば19世紀末のウガンダでは，労働力確保のため，アフリカ人居住区を再編し人々に移動を強いた結果，人間・灌木・野生動物間にあったエコシステムが破壊され，ツェツェバエの汚染地域が拡大し，アフリカ眠り病

が流行した。こうした介入の結果，ヨーロッパが植民地支配を本格化させる1890年代から1930年頃までの数十年間は，「アフリカ史上最も不健康な時代」となった（見市 2001）。

(2) 開発の時代

　第二次世界大戦終結後の1949年，アメリカのトルーマン大統領は就任演説のなかで，「低開発地域（Underdeveloped Areas）」に対する開発の必要性を訴えた。冷戦初期に行われたこの演説は後に「開発の時代」の幕開けを告げるものとして知られることとなった。この演説以降，宗主国と植民地という関係は，独立を達成するにしたがい，経済的指標に基づく「高」開発地域と「低」開発地域という関係におきかわっていく。アフリカは宗主国に支配される対象としての植民地から，先進国や国際機関により開発される対象としての開発途上地域となった（信田 2017）。では開発の時代のアフリカにおける感染症対策はどのように進められたのか。この点について以下では三つの動きに焦点を絞って概況する。

　一つめは，1950年代〜1960年代頃のアフリカにおけるマラリア根絶計画の失敗である。この計画を主導したのは，1948年に創設された WHO であった。1955年，アメリカの強力な後押しを受けて，WHO は世界中でマラリア根絶計画（Malaria Eradication Program）を開始した。この計画では有機塩素系の殺虫剤である DDT の家屋内散布により，マラリアを媒介するハマダラカを駆除することが目指された。その結果，確かに一部の国々でマラリアを制圧したが，アフリカ諸国を含む国々で失敗に終わった。その要因として，たとえば住民側が DDT を用いることに抵抗したこと，蚊が DDT や薬剤への耐性を獲得したことなどが挙げられる。また同計画に，蔓延地域におけるコミュニティの人々をみてそこから学びを得るという姿勢が一切なかったことが問題だという指摘もある（Paul 1955）。ただしマラリア根絶は失敗したものの，この頃の公衆衛生環境の整備については肯定的な評価もある。特に経済成長が進んだ一部の国では，母子保健の強化，ワクチン接種拡大などにより，平均寿命が伸び，感染症などによる致死率が低下した（Prince 2014）。

　二つめは，1978年に WHO と国連児童基金（United Nations Children's Fund:

UNICEF：ユニセフ）が提唱した，現在も世界中から高い評価を得ているプライマリ・ヘルス・ケアである。これは先ほどのトップダウン型のマラリア根絶計画とは対照的な，ボトムアップ型のアプローチといえる。プライマリ・ヘルス・ケアは「すべての人々に健康を」をスローガンとし，様々な感染症を含む保健医療に関する横断的な課題に対応する。たとえば健康教育，食料・栄養の確保，水と衛生の管理，母子保健，予防接種，必須医薬品の供給への対応が，コミュニティ住民の積極的な参加に基づき推進されることを目指した。ただしこの頃はプライマリ・ヘルス・ケア以外の公衆衛生に関する開発の大きな進展はなかった。さらに1970年代はオイルショックによる世界的な景気の低迷が影響して，アフリカ諸国の開発は停滞し，また貿易収支は悪化し，感染症対策も低迷した。

　三つめは，構造調整プログラムによる負の影響である。1970年代末から1980年代にかけて，対外債務の増大に見舞われたアフリカ各国政府は，世界銀行や国際通貨基金が主導する構造調整プログラム（Structural Adjustment Programs）の導入を余儀なくされた（第7章参照）。構造調整プログラムは保健部門への歳出削減を伴い，アフリカの保健医療に多大な負担を強いた。この結果，たとえば病院運営ができなくなった医療従事者が国外へと移住したり，貧困層は近代医療のサービスを受けることが困難となったりした。またプライマリ・ヘルス・ケアにおける費用対効果の低い保健医療プログラムは中断され，国家の保健医療部門は民営化をとおして縮小した。

　このように，開発の時代におけるアフリカ諸国では，公衆衛生や感染症に関する問題が順調に解決したとはいいがたい。そして冷戦が終結し，グローバル化が加速する1990年代以降，アフリカの感染症をめぐる状況はさらに複雑化していく。この点について，次節では20世紀末から現在における主要な感染症の問題として知られるマラリアと HIV/AIDS を例として考えていく。

3　グローバル・ヘルスと感染症

(1)　マラリア

　1990年代頃から現在までの国際社会におけるアフリカの感染症対策の特徴

は，グローバル・ヘルスという言葉を用いて検討されることが多い。グローバル・ヘルスの特徴としては，①公衆衛生課題は国家だけではなく，NGO や企業などの様々なアクターが協力して対処すること，②医薬品や医療技術，知識が商品化され，グローバル市場で取り引きされることが挙げられる。ここで検討するマラリアと HIV/AIDS は，グローバル・ヘルス時代における代表的な公衆衛生課題であるといえる。

　マラリア根絶計画の失敗以降停滞したマラリア対策は，1980年代末から再び脚光を浴びた。1989年，WHO はマラリアを公衆衛生の最優先課題の一つとすることを決定した。この背景には，クロロキンやメフロキンといった抗マラリア薬に対する耐性蚊が出現していたことや，マラリアの犠牲者が1950年代と比較して増加していることがある（WHO 1998: 54）。1998年には，先進国，WHO，世界銀行，ユニセフなどが連携して「ロールバック・マラリア（Roll Back Malaria: RBM）」イニシアティブを開始した。同イニシアティブに基づき，検査キットによる早期診断，適切な治療薬による確実な治療，蚊帳を用いた予防といった指針と具体的な数値目標が示された。

　さらに RBM を財政面で後押ししたのが，「世界エイズ・結核・マラリア対策基金（The Global Fund to Fight AIDS, Tuberculosis and Malaria）」（以下「グローバルファンド」）である。グローバルファンドは WHO に事務局をおく国際機関である。先進国，ビル＆メリンダ・ゲイツ財団などの巨大財団，グローバル製薬企業などが資金を拠出し，グローバルファンドがそれを管理し，低・中所得国における三大感染症のための予防，治療，感染者支援，保健システム強化に用いる。

　たとえば2001年に日本企業の住友化学が，殺虫剤の効果が数年にわたり持続する，長期残効性の防虫蚊帳であるオリセットネットを開発した。オリセットネットはグローバルファンドをつうじて購入され，アフリカを中心に途上国で使用されている。タンザニアではオリセットネットの製造工場も建設されている。こうした国際社会による努力の結果，マラリア死者数（推計）は2000年の73.6万人から，2019年には40.9万人（うち94％はアフリカ）にまで減少した。依然として重大な感染症ではあるが，成果は徐々に出ているといってよいだろう（WHO 2020a: 19）。

(2) HIV/AIDS

　HIV/AIDS は1980年代からアフリカで流行し始めた。その後 HIV に有効な治療薬として抗レトロウイルス薬（ARV）が開発されたが，HIV は変異を起こしやすいために薬剤耐性が問題となった。そこで1996年，数種類の ARV を組み合わせる抗レトロウイルス薬療法（ART）が開始された。その結果，HIV/AIDS に対しては治療薬を一生涯内服することで，エイズの発症を抑え込むことができることとなった。HIV/AIDS による死者数（推計）は，2004年に過去最高の210万人に達して以降は減少傾向にあり，2020年時点で69万人となっている（UNAIDS 2021）。

　また HIV/AIDS はアフリカのなかでも南部アフリカ地域で爆発的な感染拡大があった。2003年の推計値によれば，成人（15〜49歳）の HIV 陽性率はスワジランド（エスワティニ）で38.8％，同じくボツワナは37.3％，南アフリカは21.5％であった。南アフリカは世界最多となる530万人もの HIV 陽性者がいた（UNAIDS 2004: 190-192）。

　また HIV/AIDS の治療にアクセスできる人の数は2740万人（2020年推計）であり，HIV と共に生きる人々（People Living with HIV）3760万人のうち73％を占める。他方，2000年時点で治療にアクセスできていた人は56万人で，これは HIV と共に生きる人々のうち 2 ％に過ぎなかった（UNAIDS 2021）。

　なぜ人々は HIV/AIDS の治療にアクセスできなかったのか。その要因の一つは欧米の製薬企業が製造した治療薬が極めて高額で入手できなかったためである。この背景として，HIV 治療薬は，世界貿易機関（World Trade Organization: WTO）が定める「知的所有権の貿易関連の側面に関する協定（Agreement on Trade-Related Aspects of Intellectual Property Rights）」（以下「TRIPS 協定」）に基づき，その特許権が保護されていたことがある。つまり特許権があるがゆえに，治療薬は高額のままであり，多くの場合，他の企業が無断でそのジェネリック医薬品を製造・販売することは許されなかった。その結果として欧米の製薬企業の莫大な利益が守られ，HIV/AIDS と共に生きる人々が治療にアクセスできず亡くなってしまう事態となった。

　この状況を変革するために，HIV と共に生きる人々や彼らを支える NGO ら

が連帯し，全世界で大規模な運動を展開した。その結果，2001年にドーハで開催されたWTO閣僚会議では「TRIPS協定と公衆衛生に関する宣言（ドーハ宣言）」が採択され，各国政府は公衆衛生上の緊急事態において，強制実施権，すなわち国家が特許権者の許可なしに当該特許を使用する権限の行使が妨げられないとするルールが決められた。

　ドーハ宣言を皮切りにHIV/AIDS対策は大きく前進する。たとえば先述したグローバルファンドのほか，2006年には子ども向けのエイズ治療薬や，多剤耐性が問題となっていた結核の治療薬などを安定的に供給するために，ユニットエイド（UNITAID）が創設された。ユニットエイドは航空運賃に対して一定額の税を賦課する「航空券連帯税」を主な原資としている。さらに2010年，NGO側の提案が功を奏し，ユニットエイドの資金を原資として「医薬品特許プール（Medical Patent Pool）」が創設された。これは製薬企業などの特許権者が所有する特許を，医薬品特許プールで管理運用し，ジェネリック医薬品企業などが必要なライセンスを受けジェネリック版医薬品を製造することができる仕組みである（アフリカ日本協議会 2020）。

　HIV/AIDSをめぐっては，知的財産権の保護により恩恵にあずかる製薬企業と，文字どおり命をかけて闘うHIVと共に生きる人々とが対立する構図がみられた。HIV治療へのアクセスについては依然として問題が山積している。しかしHIVと共に生きる人々による強力な運動が，今日の治療アクセスをめぐる状況の改善に貢献してきたことを確認しておく必要がある。

4　感染症の経験

(1)　ポリオ・インフラストラクチャ

　本節は，これまで概況してきたアフリカにおける感染症対策の歴史的背景をふまえつつ，アフリカのCOVID-19対応を検討したうえで，本章冒頭で示した疑問「アフリカが感染症の問題に自ら立ち向かうことはできないのだろうか」について検討する。

　アフリカは医療システムの基盤が脆弱で，また医療資源が限られている。たとえば病床数，基礎的な医薬品，医療人材，あるいは保健財政など，いずれを

とっても不十分といえる。そのためアフリカでは，COVID-19の流行により甚大な被害が及ぶと予測された。国連アフリカ経済委員会は2020年4月17日に発行した報告書において，アフリカのCOVID-19による死者数は，最低でも30万人，最悪の場合330万人に達するとした（UN-ECA 2020）。しかしCOVID-19がアフリカで確認されてから約1年が経過した2021年3月1日時点において，アフリカ大陸全体のCOVID-19による被害は死者数7万3381人（世界全体の約2.7%），感染件数289万5549件（世界全体の約2.4%）であり，いずれの予測値よりも大幅に低い（WHO 2021）。

なぜ大方の予測に反しアフリカではCOVID-19対応が「うまくいっている」のか。多くの議論があるが，その一つは，アフリカが感染症対応に関する膨大な経験を有しているからという説明である。以下ではその例としてナイジェリアにおける「ポリオ・インフラストラクチャ（Polio Infrastructure）」とエボラウイルス病の経験を中心に検討する（玉井 2021）。

第1節で言及したポリオは，ナイジェリアを最後に，2020年にアフリカで制圧が完了し，世界から根絶されるまで「あと少し」の状況である。しかしそれが存在する限り，私たちはポリオを再び流行させないためにワクチンを打ち続けなければならない。日本でも1980年以降野生株ポリオによる患者は確認されていないが，定期接種のワクチンとして位置づけられている。

ワクチンをすべての子どもに打つことは大変難しい。とりわけ住民登録が整備されておらず，どこに誰が何人住んでいるのかが十分には分からない場合，なおさらである。こうした事態に対応するために，ナイジェリアの人々と国際社会が協力して作り上げたのが，ポリオ・インフラストラクチャである。ここで活躍するのはコミュニティレベルで配置されている多数のヘルスワーカーである。彼らは毎年複数回行われるワクチン接種キャンペーンの際，対象地区に分かれ，自分たちで作成した地図をもとに1軒ずつ家を回りワクチン接種を呼びかける。

ここで重要なのは，ヘルスワーカーがその場で子どもの人数の増減を確認したり，「ワクチンよりも生活水が欲しい」といったニーズを聞いたり，様々な健康相談を受けたり，ポリオ以外のワクチンの説明を行ったりする点である。さらに，こうして家々を回って得られる情報は地方政府，州政府を経て連邦政

府レベルでも集約される。集約の結果，ワクチン接種を拒否する人々が多いコミュニティに対しては，地方政府の長や宗教リーダーが直接説得に行き，場合によっては州知事自らが直接出向いて交渉する。この取り組みは保健省のみならず，ユニセフ，WHO，ロータリー財団などの様々なアクターが協力して実施している。ポリオ・インフラストラクチャは，本章冒頭で紹介した，1996年に髄膜炎治療薬の臨床試験が行われ，一時は州知事や伝統的首長がワクチン拒否の姿勢を示していた，ナイジェリア北部でも高い成果を上げている。

　COVID-19対応に際しては，特に感染者の接触者の追跡と検査，適切な情報提供の場面でこのポリオ・インフラストラクチャが活用された。これは同じ地域出身で，同じ言語，宗教，文化を共有するヘルスワーカーが，長年の経験をとおして獲得してきた信頼と実践の蓄積があるからこそ可能となったのである（WHO 2020b）。

(2)　エボラウイルス病

　エボラウイルス病は，1976年6月にスーダン南部で，その2ヶ月後にザイール（コンゴ民主共和国）で，世界で初めて流行が確認されて以降，アフリカで毎年のように流行した。エボラウイルス病は極めて高い致死率と感染力をもつ感染症であるものの，ワクチンや治療薬などの開発は行われず，顧みられない熱帯病の一つとされていた。しかし2013年12月，西アフリカのギニアでの感染を皮切りに，ギニア，リベリア，シエラレオネでかつてない大規模な流行が起こった。また同3ヶ国を経由した人の移動により，ナイジェリア，マリ，セネガル，スペイン，イギリス，イタリア，アメリカでも患者が発生した。感染の収束が宣言される2016年1月までに感染者（疑い含む）2万8610人，死者1万1308人の被害（致死率約39%）を出した（WHO 2016）。

　このエボラウイルス病の流行の経験は，今日のCOVID-19対応に様々な形で活かされた。たとえばエボラウイルス病の感染終結後の2016年，アフリカ連合（Africa Union）の専門機関として「アフリカ疾病予防管理センター（Africa Centres for Disease Control and Prevention)」（以下「アフリカCDC」）が設置された。アフリカCDCはCOVID-19を含め，アフリカ全体における感染症流行をめぐる情報収集・発信，アフリカ各国への迅速な支援，ワクチンを含む資機

材の調達など多岐にわたる役割を担っている。

　また筆者が調査を行うナイジェリアにも「ナイジェリア疾病管理センター（Nigeria Centre for Disease Control）」（以下「ナイジェリアCDC」）が設置されている。そのセンター長であるチクウェ・イヘクウェアズ（Chikwe Ihekweazu）は，2014年にエボラウイルス病の対応をした経験があり，またWHOが2019年に招集したコンゴ民主共和国におけるエボラウイルス病に関する緊急委員会のアドバイザーを務めた経験もある（Maxmen 2019）。そうした経験を活かし，イヘクウェアズはナイジェリアにCOVID-19患者が確認されていない2020年1月の時点で，各空港における入国時の医療検査の拡充，WHOとの調整や関係機関との会合を開始し，また空港ではエボラウイルス病患者の発生以降導入された赤外線サーモグラフィによる体温確認や健康チェックシートの記入・確認が行われるようにした。

　なおイヘクウェアズはインタビューのなかで，COVID-19流行以前の「平時」のうちに，COVID-19のような大規模な感染症の流行に備え準備をしていたと述べている。ただし「平時」というものの，ナイジェリアではエボラウイルス病，黄熱病，髄膜炎，コレラ，ポリオ，ラッサ熱といった対応の難しい疾病が頻発している。特にエボラウイルス病に並ぶウイルス性出血熱（viral hemorrhagic fever）であるラッサ熱は，2016年以降毎年被害が拡大しており，2019年は833例が確認され，うち174人が死亡した（致死率20%）。2019年末からのラッサ熱の流行は前年を上回るペースであり，2020年1月24日にナイジェリアCDCはラッサ熱のアウトブレイクを宣言し，緊急対策室（Emergency Operation Centre）を設置した（NCDC 2020）。COVID-19はラッサ熱のアウトブレイクに対応している最中に国内に持ち込まれている。

(3)　アフリカは感染症対策の主役となれるのか

　2021年初旬，日本におけるCOVID-19予防のためのワクチン接種は，他の先進諸国と比べて明らかに遅れていた。それについて多くのメディアが日本政府の対応を「ワクチン後進国」という言葉を用いて批判した。日本はワクチン後進国に成り下がった，という論調である。この議論の前提には，ワクチンは最も「進んだ」国や地域の人々がまず接種し，最も「遅れた」人々が最後に接

種するのが当然だという前提がある。まさにこの前提どおり，2021年1月のエコノミスト誌による世界のワクチン接種の将来の予測では，たとえばアメリカやヨーロッパ諸国の多くが2021年末まで，日本は2022年前半までに接種を終えるのに対して，アフリカ大陸の大半の国々は2023年以降になるとされた（The Economist 2021）。

　第1節で述べたように，感染症は，国際社会が協調して対処しなければならない問題のはずである。そうであるにもかかわらず，何の疑いもなくアフリカは後回しにされ，また先進国の「支援」の対象におかれる。こうした事態に対して，2020年10月，南アフリカとインドがWTOに対して，COVID-19の流行が収束するまでの間，COVID-19に関わる知的財産権の放棄を求める提案を行った。この提案に対しては，すべてのアフリカ諸国を含む途上国に加え，多くの製薬企業を抱えるアメリカも賛成しているが，ヨーロッパなど一部の国々が反対している。アフリカを中心に全世界のNGOがこれに賛同し，本章執筆時点においても大規模な運動が展開されている（「新型コロナに対する公正な医療アクセスをすべての人に！」連絡会 2021）。もしこれが実現されれば，アフリカ「が」COVID-19に関する検査，治療，予防に関わる製品や医薬品などを製造する可能性が開かれる。逆にいえば知的財産権があるがゆえに，たとえばファイザーが開発したワクチンを別の企業が製造することは，その許諾がない限りできない。知的財産権を保有する欧米のグローバル製薬企業らは，知的財産は研究開発における投資促進やイノベーションにおいて必要不可欠であり，また設備や原材料の調達，各国の薬事規制などの技術的な問題が膨大にあると指摘し，同提案に反対している。

　なぜアフリカが主役となって感染症対策のための検査，治療，予防を推進していくことができないのだろうか。確かにアフリカには感染症対策をめぐる多くの問題がある。しかし本章で議論したように，アフリカは自ら感染症対策を放棄し受け身に徹しているのではなく，アフリカが常に感染症対策の受け手の立場におかれてしまう構造的な問題が背景にある。こうした問題に対応し，私たちがアフリカへの眼差しを変更しない限り，アフリカが感染症対応の主役となることは困難であろう。

参考文献（ウェブサイトの最終閲覧日はいずれも2021年6月30日）

アフリカ日本協議会　2020「『医薬品特許プール』ができたわけ」https://ajf.gr.jp/covi d19_26jun20/

奥野克巳　2006『帝国医療と人類学』春風社。

「新型コロナに対する公正な医療アクセスをすべての人に！」連絡会　2021「『新型コロ ナに対する公正な医療アクセスをすべての人に！』連絡会ご参加・ご協力の呼びか け」https://ajf.gr.jp/covid-19/network-covid19/

玉井隆　2021「ナイジェリアにおけるCOVID-19の経験──ロックダウン下において 生起する暴力」『アフリカレポート』59：28-41。

信田敏宏　2017「グローバル支援の歴史的位置づけ──『開発援助』の生成と変容」信 田敏宏・白川千尋・宇田川妙子編『グローバル支援の人類学──変貌するNGO・ 市民活動の現場から』昭和堂，1 -14頁。

見市雅俊　2001「病気と医療の世界史──開発原病と帝国医療をめぐって」見市雅俊・ 脇村孝平・斎藤修・飯島渉編『疾病・開発・帝国医療──アジアにおける病気と医 療の歴史学』東京大学出版会，3 -44頁。

Busari, S. and B. Wojazer 2020. French Doctors' Proposal to Test Covid-19 Treatment in Africa Slammed as 'Colonial Mentality'. https://edition.cnn.com/2020/04/07/ africa/french-doctors-africa-covid-19-intl/index.html

Maxmen, A. 2019. This Nigerian Doctor Might Just Prevent the Next Deadly Pandemic. *Nature* 566: 310-313.

NCDC 2020. 28th April 2020: Nigeria Centre for Disease Control Announces End of Emergency Phase of 2020 Lassa Fever Outbreak. https://ncdc.gov.ng/news/249/2 8th-april-2020-%E 2 %80%93-nigeria-centre-for-disease-control-announces-end-of- emergency-phase-of-2020-lassa-fever-outbreak

Paul, B. 1955. *Health, Culture and Community: Case Studies of Public Reactions to Health Problems*. New York: Russell Sage Foundation.

Prince, R. 2014. Situating Health and Public in Africa: Historical and Anthropological Perspectives. In R. Prince and R. Marsland (eds.), *Making and Unmaking Public Health*. Ohio: Ohio University Press, pp. 1-51.

Renne, E. P. 2010. *The Politics of Polio in Northern Nigeria*. Bloomington: Indiana University Press.

The Economist 2021. More than 85 Poor Countries Will Not Have Widespread Access to Coronavirus Vaccines before 2023. https://www.eiu.com/n/85-poor-countries- will-not-have-access-to-coronavirus-vaccines/

UNAIDS（The Joint United Nations Programme on HIV/AIDS）2004. 2004 Report on

the Global Aids Epidemic. https://files.unaids.org/en/media/unaids/contentassets/
documents/unaidspublication/2004/GAR2004_en.pdf

—— 2021. Preliminary UNAIDS 2021 Epidemiological Estimates. https://www.
unaids.org/en/resources/documents/2021/UNAIDS_FactSheet

UN-ECA (United Nations Economic Commission for Africa) 2020. COVID-19 in
Africa: Protecting Lives and Economies. https://repository.uneca.org/handle/1085
5/43756

WHO 1998. The World Health Report 1998: Life in the 21st Century: A Vision for All
(Report of the Director-General) https://apps.who.int/iris/handle/10665/42065

—— 2016. Ebola Situation Report. https://apps.who.int/iris/bitstream/handle/10665
/204714/ebolasitrep_30mar2016_eng.pdf;jsessionid=8B088B70955F6934312FF43733
19C75D?sequence=1

—— 2020a. World Malaria Report. https://www.who.int/publications/i/item/978924
0015791

—— 2020b. Nigeria's Polio Infrastructure Bolster COVID-19 Response. https://www.
afro.who.int/news/nigerias-polio-infrastructure-bolster-covid-19-response

—— 2021. WHO Coronavirus (COVID-19) Dashboard. https://covid19.who.int/

『世界を動かしたアフリカの HIV 陽性者運動——生存の視座から』
　　新山智基，生活書院，2011年
　　2000年頃のアフリカを舞台として，HIV と共に生きる人々や，彼らを支え
　　る NGO が，どのように運動を形成し展開したのか，その詳細を提示した
　　資料である。運動の内実や特許権をめぐり何が問題とされたのかを分かり
　　やすく紹介している。

『顧みられない熱帯病——グローバルヘルスへの挑戦』
　　Ｐ・Ｊ・ホッテズ，北潔監訳，Ｂ・Ｔ・スリングスビー／鹿角契訳，
　　東京大学出版会，2015年
　　SDGs（持続可能な開発目標）3.3.5にも含まれた「顧みられない熱帯病」に
　　関して，その概要を一つずつ丁寧に整理し解説している。各疾患について，
　　感染症としての特徴からその流行の仕方まで，幅広く説明されている。

『ノー・タイム・トゥ・ルーズ——エボラとエイズと国際政治』
　　Ｐ・ピオット，宮田一雄・大村朋子・樽井正義訳，慶應義塾大学出版会，2015年
　　国際保健分野において世界で最も知られている人物の一人であるピー
　　ター・ピオット氏の回顧録。エボラウイルス病やエイズの研究，国際連合
　　エイズ計画（UNAIDS）の初代事務局長としての HIV/AIDS 対応などが克
　　明に描かれている。

「マラリアなので早退します！」

感染症と共に在る世界での生き方

玉井　隆

　2011年２月，私はナイジェリアにあるラゴス大学の講義室で授業を眺めていた。ナイジェリアに来て２週間しか経っていなかったが，私はマラリアに対する人々の行動や考えについて懸命に調査をしていた。お世話になっているラゴス大学の先生がそんな私の姿を見て，たまには気分転換をしたらと言って，授業に誘ってくれたのだった。ただし理学部の授業なので，正直なところ授業の内容はあまり理解できていなかった。

　しかし一つだけ，はっきりと覚えている出来事がある。前の方の席で真剣に授業を受けていた学生の一人が立ち上がり，「先生，マラリアなので早退します！」と言い，先生は「オッケィ。お大事に」と返答し，その学生は教室を出て行ったのである。

　マラリアの調査を始めたばかりだった私は，それに大変驚き，さぞかし酷い発熱か何かがあるのだろうと思い，学生の身を案じた。後日，先生にその学生のことについて聞いた。すると先生は，その出来事自体を思い出すのにずいぶん苦労した挙句，笑いながら，「みんなマラリアなのだ」と言った。

　私が「現場」におけるマラリアを初めて知ったのは，このときだった。感染症対策を行う実務者たちは，年間40万人以上の人々の命を奪う恐ろしい感染症としてマラリアをみる。私はそうした知識を頭に入れて，現場を訪れていた。そして「いかに現場は悲惨な状況か」を無意識のうちに探し求めていた。しかし「マラリアなので早退します！」の一言が私に突き付けたのは，マラリアは誰もが罹り，逃れることのできない，日常の病いとして認識されているということであった。彼らは日本で暮らす私たちよりも遥かに長い間マラリアが存在する世界で生き，またマラリア対策が盛んに喧伝されているなかで，マラリアと共に在る日常を生きているのである。

　COVID-19の流行を見て分かるとおり，世界はこれまでも，そしてこれからも感染症の脅威にさらされ続けるだろう。私たちは感染症の存在が当たり前の日常を生きなければならない。いったい，それはどうやって？　このとき私たちは，感染症のスペシャリストであるアフリカの人々から多くのことを学べるだろう。

第10章

教　育

問われる学校の意義

有井晴香

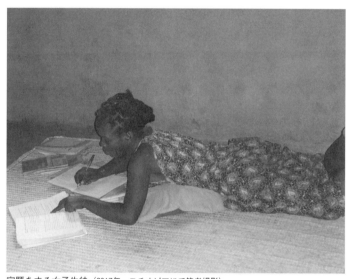

宿題をする女子生徒（2017年，エチオピアにて筆者撮影）

「アフリカの子どもは学校に行けない」というイメージはもはや過去のものになりつつある。就学者数は急速に増加し続けており，子どもが学校に通うことは日常的な風景となっている。一方で，教育の質の問題や，一部の人にとっては依然として教育機会が限られていることなど，課題も多い。これらの課題をいかに乗り越えるのか，そもそも人々にとって学校はどのような意義をもちうるのか考えてみよう。

1 学校教育の普及

(1) アフリカの教育

　サブサハラ・アフリカ（以下，アフリカ）の多くの地域において，学校教育制度は植民地時代に植民地政府や宣教団をつうじてもちこまれた外来的なものである。一部の例外として，エチオピア正教会における司祭の養成を目的とした教会学校やイスラームのコーラン学校などの宗教教育が挙げられる。これはしかし，それまでアフリカ社会において「教育」が行われてこなかったということを意味するわけではない。エチオピアのアムハラ文字のような例外を除いて，ほとんどのアフリカの言語は文字をもたず，書記による知識の蓄積や伝達が行われないかわりに，口承文化が発達してきた。また，学びの場は日常生活の至るところに存在しており，社会における行動規範や生業に関わる技能・知識を，実践をとおして習得してきた。

　一方で，植民地時代に行われていた学校教育は，広く一般大衆を対象にしたものというよりは，主に政治的エリート層の養成へとつながるものであった。1960年代に多くのアフリカ諸国が独立を果たし，国家建設において教育政策が重視された。しかし，経済状況の悪化を背景に，1980年代に導入された構造調整政策によって，教育に対する国家財政は縮小されるなど，アフリカの人々にとって長らく教育機会は非常に限られたものであった。

(2) 教育機会の拡大

　1990年にタイのジョムティエンで開かれた「万人のための教育（Education For All: EFA）会議」，2000年の「世界教育フォーラム」の開催および「国連ミレニアム開発目標（Millennium Development Goals: MDGs）」の提唱は，それまでの流れを大きく変える転換点であったといえる。2000年代に入って，国際的な教育協力が活発に行われるようになった。特に，MDGsの目標として2015年までの初等教育の完全普及が掲げられたことを受け，国際協力の支援は初等教育に重点がおかれた。各国政府は教育無償化政策の導入など，積極的に就学者数の増加にむけた取り組みを行っていった。

結果として，2015年までの初等教育の完全普及は達成できなかったものの，大幅に就学者数は増加した。一方で，就学者数の急増に伴い，教室・教材・教員などが不足する事態が起こるなど，教育の質の低下が問題視されるようになった。また，初等教育に重点がおかれたため，中等教育以降のアクセス拡大も残された課題であった。

　MDGs では初等教育の拡大に重点がおかれていたのに対して，2015年に採択された「持続可能な開発目標（Sustainable Development Goals: SDGs）」では初等教育だけではなく，生涯学習までをも含む包括的な目標を掲げている。SDGs において強調されるのは公正さであり，「誰一人取り残さない」ということが目標とされている。これまで指摘されてきた男女間格差や都市－地方間格差だけではなく，多様な格差に注目が集まっている。たとえば，障害がある子どもや，貧困層の子ども，紛争（後）社会の子どもなど「困難な状況にある子ども」は依然として教育機会が限定されていると考えられる。

2　教育の格差

⑴　ジェンダーと教育

　教育におけるジェンダー格差の是正は2000年以降，重点的に取り組まれてきた。概して女子の方が学校に行きにくいと考えられ，社会的・経済的・文化的な背景から女子の就学を阻む要因が指摘されてきた。たとえば，学校側の要因として，女子トイレなどの設備不足や学校内でのセクシャルハラスメントの問題，遠すぎる通学路における誘拐・暴行などのリスクが挙げられる。また，社会・文化的な要因として，世帯内労働の負担や，家父長制的な価値観のもとで女子に教育は不要であるとみなす見方があること，早婚の慣習，あるいは妊娠・出産などが挙げられる。

　こうした「リスク」に対処すべく，タンザニアなど一部の国においては，就学中の妊娠は退学処分の対象とされている。確かに，出産を経験したうえでの就学は，そうではない場合に比べて様々な困難があると考えられるが，必ずしも出産した女性が教育をあきらめなければいけないわけではない。筆者が調査を行ってきたエチオピアのある農村の女性たちは，それぞれの状況に合わせて

柔軟に就学の選択を行っており，結婚・出産を経てもなお学業を継続していた。結婚は就学を阻害する要因として考えられがちであるが，むしろ結婚して夫が教育費を負担したおかげで学校に通えるようになった事例もある。これらの既婚あるいは子どもを抱えた女性たちの就学は家族を中心とした周囲の人々のサポートを受けることによって可能となっていた。また，学校においても，担任教員が生徒のことを把握しており，休み時間を利用して授乳のための一時帰宅を認めるなどの柔軟な対応を行っていた（有井 2015）。

　女子教育の推進は，個々の女性をエンパワーメントするだけではなく，社会全体に対しても貧困削減や人口抑制，社会的なジェンダー平等の実現などの効果をもたらすものとして期待されている。しかし，このような学校教育が社会問題をすべて解決する「万能薬」のような役割を果たすと想定することに対する批判もある（Vavrus 2003）。たとえば，学校教育を受けることでジェンダー平等の実現を目指すことについていえば，実際には社会のなかでみられるジェンダー権力構造が学校のなかでも再生産されうる側面を見落としてはならない。また，学校で教える知識が西欧的なジェンダー規範を内包しており，伝統的な慣習を批判する一方で，隠れたカリキュラムによって，むしろ固定的な性役割を押し付けてしまっているという指摘もされてきた（Stambach 2000）。ジェンダー平等とはいったいどのような状態を指すのか，個別の地域の文脈に基づいて問い直していく必要があるだろう。

　また，ジェンダー格差というと，一般的には女子が不当に扱われるということを想像しがちであるが，男子の方が劣位におかれるような状況もある。特に，ジェンダー以外の要素・状況が組み合わさったとき，女子就学に焦点があてられていることが，かえって男子が正当に教育を受けられないことへとつながりうる。たとえば，障害者の教育支援については女子に対して重点的な支援が行われやすいのに対して，男子の場合，支援を受けることができずに取り残される傾向が強いというような報告もある（川口・丹羽 2020）。

　ジェンダーのみならず，教育格差の要因となることがそれぞれ重ね合わさったときに，どのような影響が生じているのかも十分に検討される必要がある。

⑵ 貧困と教育

　アフリカ諸国では，初等教育の無償化，中等教育の無償化が進められていく一方で，依然として低所得層に対して教育機会が平等に提供されているとは言い難い状況にある。学費が無償とはいえ，教材や制服の購入費用が必要となるほか，学校設備費などの名目で教育にかかる費用が完全にゼロになっているというわけではないことが一因として挙げられる。学校教育は経済格差を埋めるための大きな契機となりうることが期待される反面，学校に通うためには，少なからず経済的負担が必要となる。そのため，既存の経済格差が教育格差へとつながり，結果的に貧困が再生産されていく状況に陥ることになってしまう。

　経済的に厳しい状況におかれた子どもの就学の実現のためには，政府や国際機関，NGO などによる支援制度の充実が望まれるだけでなく，日常生活においてみられるインフォーマルな支援の実践が重要となる。

　親を亡くした子ども（遺児）は，経済的な困窮に見舞われることが多い。たとえば，マラウイにおける遺児の就学と生活実践に注目した研究によれば，政府や NGO からの奨学金の支給に加えて，近隣住民による支援や学校・教員による個別の配慮を得ること，休暇期間中の現金稼得活動への従事などによって，就学を継続することが可能になっているという（日下部 2020）。アフリカにおいては，遺児に限らず子どもが市場での売買や，農作業，土木作業などの現金稼得活動に従事することは広くみられ，教育費をまかなう重要な手段となっている。

　低所得者層の教育として，もう一つ都市スラムの事例を挙げよう。都市部における低所得者層が密集する地域においては，無認可学校が大きな役割を果たしている。政府による認可がないゆえに，これらの学校の生徒は就学者としてはカウントされず，国家の教育統計データには数値として反映されないような教育実践である。ナイジェリアやウガンダ，ケニアといった国々の都市部では，低学費の私立校・無認可校が教育の受け皿として機能している。

　なぜ，人々は学費が無償化された公立校ではなく，低額とはいえ学費を支払う必要のある私立校を選択するのだろうか。その理由として，公立校では「学費」としての支払いはなくとも，別途，教育に関係する費用が必要になること

を考慮に入れると，公立校は経済的負担が軽いとは言い難いことが挙げられる。また，低学費私立校・無認可校は，無資格教員を低額の給与で雇用することによって経営を成り立たせており，教育の質が問題視されてきた。しかし，それに対して，給与の低さや資格の有無にかかわらず，教育に対する熱意が高い学校もみられ，必ずしも教育の質が低いとはいえないことが報告されている（大場 2017；澤村 2019）。

(3) 障害と教育

　EFA や MDGs においては，障害児の教育に関する具体的な指針が示されなかったのに対して，SDGs においては，前述したように，特別なニーズに対する教育の必要性が明記されている。不就学児童に占める障害児の割合は，そもそも障害者の定義づけが不明瞭なこともあり，数値化されているわけではないが，その多くを占めていると予想される。また，障害児の存在が地域社会や家庭のなかで隠されることもあり，その把握は困難である。

　ただし，アフリカ社会において，これまで障害者に対する教育が行われていなかったわけではない。たとえば，西アフリカではろう者のコミュニティが手話を用いた学校を運営する（亀井 2006）など，特定の障害をもつ人を対象とした特殊教育が各地で展開されてきた。

　障害のある不就学児童を学校に取り込むためには，インクルーシブ教育を導入していくことが最も効果的であるとする国際的な流れもあり，アフリカ諸国では近年，インクルーシブ教育を導入する政策が積極的にとられている。インクルーシブ教育とは，特別なニーズをもつ子どもに対して，学校側がニーズに合わせた教育を提供していくものである。すなわち，特別なニーズに対応できる設備および教員のスキルが必要となるのだが，インクルーシブ教育の導入をうたう国において，実施体制が十分に整っているとは言い難い状況にある。結果的に，ただ単に障害児を普通学級のなかに取り込むだけになってしまい，障害児が周囲への適応を迫られる状況におかれがちである。EFA の目標を掲げることによって，何が何でも子どもたちを学校のなかへと包摂しようとする傾向があるが，インクルーシブ教育の実施にこだわるよりもむしろ，人々が学校教育に対してどのようなニーズをもっているのかをまず把握することが必要で

ある（川口 2021）。

　また，障害という特性のみならず，障害の程度や種類，ジェンダーや居住地域などの別の要因を合わせてみたとき，一概に障害者に対する教育状況を語ることはできない。たとえば，マラウイでは地域特有の障害観が教育の受容と関係しているという。視覚障害であれば話すことを重視した職に就くことが期待されるなど，障害に応じた職業適性が考えられている。一方で，特定の障害以外は職に就くことも困難だとみなされ，そもそも教育を受けさせるモチベーションにつながらないという。また，NGO などの援助組織も，支援の形が分かりやすい障害に特化して援助を行う傾向があるといい，障害の有無による格差のみならず，障害者間でも諸条件によって大きな格差があることが指摘されている（川口・丹羽 2020）。

(4)　難民の教育

　アフリカでは，紛争の勃発などを背景に2008年に230万人だった難民の数は2018年には630万人にまで増加している（UNHCR 2018）。紛争解決において紛争後社会の平和の実現と開発を進めていくことが重要であり，そのためには難民に対する教育の普及は不可欠のものとして捉えられる。

　ケニアのカクマ難民キャンプのような巨大な難民キャンプにおいては，多額の支援が投じられ，教育機関の拡充が行われてきた。それに加えて，ごく限定された枠ではあるが，ケニア国内やカナダなどの国際的な高等教育機関への進学機会が与えられることや，あるいは第三国再定住の可能性も含まれている。充実した教育機会にひきつけられ，積極的に難民となる「教育難民化」ともいえる動きが起こっていたという（内海 2018）。

　教育難民化が生じる背景には，難民キャンプと難民発生地域との間の教育水準の格差がある。もともとの所属コミュニティの教育環境が不十分であることや，生業や慣習との不適合などを背景に，それまで教育を受けてこなかった層にとって，難民キャンプは貴重な教育機会を提供してくれる場となる。また若年層を中心に，難民が教育を求めるのは，経済的な理由だけにとどまらない。南スーダンのロピットの「若者」が紛争による物理的な脅威から逃れつつ，教育を求めて移動している事例では，将来の経済的に安定した生活を確保するこ

とへの期待に加えて，生まれ育った故郷の共同体とのつながりを確認・強化するような動きもあるという（村橋 2018）。

　また，難民状態が長期化するなかで，難民の早急な自国帰還を想定した施策ではなく，受け入れ国・地域に統合し，開発の担い手として難民の貢献を期待するような戦略がとられるようになっている。たとえば，難民の受け入れを積極的に行っているウガンダでは，難民の子どもたちに対して自国民と同等の教育を受ける権利を保障している。ただし，難民居住地で行われている教育は初等教育が中心であり，ウガンダの公教育の枠組みで運営するからこその制約によって，難民教員を十分に活用できず教育の質の担保ができないことや，中等教育以降の教育の拡充が容易ではないことが課題として挙げられている（坂上他 2018）。

3　学校教育がもたらすもの

(1)　生業活動と学校

　近代学校教育とアフリカの伝統社会はしばしば対立するものとして捉えられてきた。たとえば，遊牧や狩猟採集を生業として遊動生活を送る人々にとって，子どもを一ヶ所の学校へ継続して通わせることは困難であると考えられてきた。また，子どもが学校に通うと世帯内労働の担い手が不足するために，親が子どもを学校に通わせたがらない，ということもある。

　しかしながら，近年，学校教育の普及とともに，こうした近代と伝統という二項対立的な捉え方は見直されつつある。地域社会の文脈に合わせた学校運営が目指されるとともに，学校教育の影響を受けて地域のライフスタイルも変化している。たとえば，農村において人手が必要となる収穫期に合わせて短期休暇期間をもうけるなど，学校側が地域社会の生業に合わせたスケジュールを組み立てることが行われている。また，一方で，学校に通う子どもたちが，学事暦に合わせて労働内容を柔軟に調整している様子も報告されている（田 2017）。筆者が調査を行っているエチオピア農村では，教室数の不足から授業時間を学年によって午前と午後に振り分ける二部制がとられているが，二部制であることを利用して，キョウダイの間で世帯内労働をうまく分担し，学校に

通い続けることができている。教育の質の面からみると授業時間が長くとれる一部制の方が望ましいのかもしれないが，地域によっては，二部制はより多くの層が学びの機会を得ることにつながる仕組みとなっている。

(2) 教育による差異化

アフリカの子どもが学校に行くことは，もはや日常的な風景といえるが，一方で，高等教育に至るまで学校に通い続けることは依然として困難な状況にある。学校教育を受けたか否かはアフリカのコミュニティに加わった新たな差異であり，「就学者」と「不就学者」が区別されるだけではなく，「就学者」と「中途退学者」もまた区別される。

たとえば，ボツワナに暮らす狩猟採集民の子どもたちの教育に関する報告では，学校教育をとおして，ボツワナのマジョリティであるツワナ社会や西欧社会の言語・生活様式を身に着けるとともに，新たな人脈を形成しているという。一方で，学歴による差異が生じ，交友関係が分断されていることも指摘されている（秋山 2014）。

ケニアの牧畜民サンブルの間では，特に女子の間で学校に通っているかどうかによって明確な区別があるという。たとえば，教育を受けていない娘が数多くのビーズの首飾りを身に着けているのに対して，学校に通う娘たちは，洋服を着用している。また，教育を受けたか否かの違いは，通過儀礼としての割礼を受けるタイミングやその後の結婚選択にも関わっている。ただし，教育を受けた娘と教育を受けていない娘との間でライフコースが完全に差異化されているわけではない。従来，結婚と同時に割礼が行われていたのに対して，近年では教育を受けた娘を中心に，未婚のまま割礼を行うことが増えているという。サンブルでは割礼を受けた娘は一人前の女性として扱われる。結婚に先んじて割礼を受けることで，結婚の時期や相手を主体的に決める娘たちも現れており，周囲の人々と協働しながら，恋愛結婚や非婚といった新たな選択を生み出している（中村 2016）。

(3) 教育と雇用

2000年代以降，アフリカの多くの国が目覚ましい経済成長を遂げてきた反

面，就労状況については大きな改善がみられていない。この状況をふまえ，SDGs においては教育機会を拡充していくことに加えて，雇用につながる技能の習得を目指す内容が盛り込まれた。こうして職業訓練制度の見直しが進められているが，一方で，教育を受けても望ましい職に就くことができない若者が少なくない。

　ただし，アフリカの若年層失業率は世界平均と比べて高いわけではなく，むしろ低い方である。ILO（2020）によれば，2021年時点で世界平均が13.8％なのに対して，北部アフリカも含むアフリカの平均は10.6％と推計されている。その背景には，インフォーマルセクターが労働市場の多くを占めているというアフリカの特徴が挙げられる。

　西アフリカでは公的な職業訓練教育機関よりも，ローカルな徒弟制度で技能を学ぶことを好む傾向があるという。そのなかで，ガーナの職業訓練教育機関はインフォーマルセクターへの就業を想定したような教育を行っており，公的な教育機関とローカルな徒弟制度の差異が曖昧になってきているという。若者たちは自らがおかれた環境やキャリアプランをふまえて，技能を学ぶ場を柔軟に選択しているようである（山田 2017）。

　学校教育を受けても，雇用機会が不足していることにより，期待していたような経済的向上が見込めない状況は，若者の教育モチベーションを下げるように思える。しかしながら，それでもなお，教育熱が高い状況が各国でみられている。教育を受けたからといって，必ずしも高い給与につながるとは限らないが，教育を受けなければそもそも雇用にもつながらないと考えられていることが一因として挙げられる。また，教育を受けたというステータスに重きをおき，ライフスタイルの違いによって教育を受けていない人との差異化を図ろうとするような動きもある（Bolten 2015）。経済的向上への期待は教育を求める大きな動機づけではあるが，各地の事例をつぶさにみていくと，就学には多様な価値が見出されていることが分かる。

4　これからのアフリカの教育

　ここまで述べてきたように，アフリカでは初等教育を中心に教育機会の拡大

が進み，学校教育の社会的重要性が増している一方で，様々な側面において教育の格差が生じている。こうした格差を是正すべく取り組みがなされてきたなかで，新型コロナウイルス感染症の世界的流行によって，アフリカの教育環境はさらなる課題を抱えることとなった。教育機会に関していえば，ほぼすべてのアフリカの国において，一時的であれ学校を閉鎖せざるをえない状況に追い込まれた。ユネスコの2021年5月31日時点のデータ（UNESCO 2020）によれば，アフリカの半数以上の国において学校閉鎖期間が20週以上に及び，最も長いウガンダでは59週もの間，閉鎖が続いていた（一部地域のみ閉鎖の場合も含む）。

　学校閉鎖による学習機会喪失への対処として，遠隔授業が実施されている地域もある。オンライン授業の実施だけではなく，インターネット設備が不十分な地域においては，ラジオやテレビを用いた教育も試みられており，ユニセフは太陽光電池式ラジオを配布するなどの支援も行っていた。とはいえ，こうした特殊な状況下において，特別なニーズをもつ子どもやこれまでも教育機会を限定されてきた層がますます教育に手の届きにくい状況となってしまい，教育格差の問題は深刻化しているものと考えられる。アフリカの感染者数の半数を占める南アフリカにおいては，いち早く対策が練られ学校向けのガイドラインが提示されたが，学校再開時期を学年ごとに変える方針がとられ，授業数や学習進度の差が生じてしまうことが懸念されているという（山崎 2021）。また，学校運営の観点からは，学費が徴収できないため私立校の経営が成り立たなくなるリスクなどが考えられる。ポストコロナにむけて平等な教育機会の創出は，よりいっそう大きな課題となっている。

　また，学校閉鎖の影響は学習機会のみにとどまらない。学校が閉鎖されたことによって，いわば学校がシェルター的な役割を果たしていた側面が機能しなくなり，児童婚や性暴力が拡大する契機となることや，学校給食のサービスを受けられないことによって栄養状態が悪化するということが懸念されている。こうした懸念をもとに，WHOは早期の学校再開を要請していた（WHO 2020）。しかしながら，そもそも過密傾向にあり，十分な水資源を確保・利用できないアフリカの学校において，感染対策を徹底したうえでの再開は困難である。こうして，これまで問題視されてきた教育環境の課題が改めて重くのしかかっている。

このように，コロナ禍に伴い，新たな教育格差が生まれるとともに，これまでの教育課題が改めて問われている。その一方で，この経験から遠隔教育などより多様な教育形態が模索されることで，新たな教育機会が開かれていくかもしれない。また，学校閉鎖がもたらした変化からは，翻って，各地域における学校の役割が見出されるのではないだろうか。こうしたグローバルな緊急事態下においては，共通の知見を活かすことに加え，よりいっそう，地域の文脈をふまえた検討が求められるだろう。

参考文献（ウェブサイトの最終閲覧日はいずれも2021年6月30日）

秋山裕之　2014「〔ボツワナ〕優等生国家における少数民族と学校教育」澤村信英編『アフリカの生活世界と学校教育』明石書店，72-96頁。

有井晴香　2015「女性の就学選択とライフコース——エチオピア西南部マーレを事例に」『アフリカ研究』88：1-12。

内海成治　2018「カクマ難民キャンプにおける教育の状況と課題——教育難民化を考える」湖中真哉・太田至・孫暁剛編『地域研究からみた人道支援』昭和堂，121-147頁。

大場麻代　2017「スラムで学び，遊び，働く——ケニアの首都ナイロビで」清水貴夫・亀井伸孝編『子どもたちの生きるアフリカ——伝統と開発がせめぎあう大地で』昭和堂，226-242頁。

亀井伸孝　2006『アフリカのろう者と手話の歴史——A・J・フォスターの「王国」を訪ねて』明石書店。

川口純　2021「教育におけるインクルージョンと不就学児童の教育戦略」荻巣崇世・橋本憲幸・川口純編『国際教育開発への挑戦——これからの教育・社会・理論』東信堂，53-74頁。

川口純・丹羽勇人　2020「教育格差の中にある格差——マラウイの初等教育への就学実態を事例に」『国際開発研究』29（2）：63-74。

日下部光　2020『アフリカにおける遺児の生活と学校教育——マラウイ中等教育の就学継続に着目して』明石書店。

坂上勝基・清水彩花・澤村信英　2018「ウガンダ北部南スーダン難民居住地の生活と学校——開発志向の難民政策下における教育提供」『アフリカレポート』56：50-62。

澤村信英　2019「ケニアの非正規市街地における無認可私立学校の運営実態とその特質——ナイロビ・キベラスラムの初等学校を事例として」澤村信英編『発展途上国の困難な状況にある子どもの教育——難民・障害・貧困をめぐるフィールド研究』明石書店，305-325頁。

田暁潔　2017「日常生活の中の学び──ケニアの牧畜民マサイ」清水・亀井編，前掲書，54-67頁。

中村香子　2016「スルメレイが手にした選択肢──ケニア・サンブル女性のライフコースの変容」落合雄彦編『アフリカの女性とリプロダクション──国際社会の開発言説をたおやかに超えて』晃洋書房，75-106頁。

村橋勲　2018「教育を求めて難民になる『若者』──『故郷』と『難民』を揺れ動くロピット難民の『若者』たち」『スワヒリ＆アフリカ研究』29：78-100。

山崎瑛莉　2021「コロナ禍における南アフリカ共和国の教育──重層的な課題の顕在化」『比較教育学研究』62：96-113。

山田肖子　2017「学習者が選び取る職業教育パス──ガーナ国クマシ市の職業教育訓練機関における自動車修理関連分野の生徒に対する質問票調査から」『アフリカ研究』91：1-16。

Bolten, C. E. 2015. "A Great Scholar is an Overeducated Person": Education and Practices of Uncertainty in Sierra Leone. *Journal of Anthropological Research* 71（1）: 23-47.

ILO 2020. Global Employment Trends for Youth 2020: Africa. https://www.ilo.org/wcmsp5/groups/public/---dgreports/---dcomm/documents/briefingnote/wcms_737670.pdf

Stambach, A. 2000. *Lessons from Mount Kilimanjaro: Schooling, Community and Gender in East Africa*. London and New York: Routledge.

UNESCO 2020. Monitoring COVID-19 Caused by School and University Closure. https://en.unesco.org/covid19/educationresponse

UNHCR 2018. *Global Trends* 2018. Geneva: UNHCR.

Vavrus, F. 2003. *Desire and Decline: Schooling Amid Crisis in Tanzania*. New York: Peter Lang.

WHO 2020. WHO, UNICEF Urge Safe School Reopening in Africa, August 20, 2020, https://www.afro.who.int/news/who-unicef-urge-safe-school-reopening-africa

●読書案内●

『世界はきっと変えられる——アフリカ人留学生が語るライフストーリー』
　　　山田肖子編，明石書店，2019年
　　　アフリカ各国から日本に留学している大学生５人のライフストーリーが紹
　　　介されており，各人の人生を辿りながらアフリカの様々な社会の状況につ
　　　いて知ることができる。アフリカ社会について知るきっかけになるだけで
　　　なく，日本とアフリカのつながりについても考える契機となる一冊。

『子どもたちの生きるアフリカ——伝統と開発がせめぎあう大地で』
　　　清水貴夫・亀井伸孝編，昭和堂，2017年
　　　アフリカの各国・地域の事例を「乾燥地」「サバンナ」「熱帯雨林」「水辺」
　　　「都市」という五つの環境別に分け，子どもたちの日々の生活や学校での学
　　　びのようすを生き生きと描き出している。

『アフリカの生活世界と学校教育』澤村信英編，明石書店，2014年
　　　従来，教育開発研究では，学校を中心とした視点が中心であったことを批
　　　判的に捉え，ローカルな人々の視点にたつことに重きをおくことによって，
　　　教育開発研究において見過ごされがちであった問題を問い直すものである。
　　　本書ではアフリカの11の国が取り上げられている。

カンニング
通信環境の発達の影

有井晴香

　アフリカ各国で学校教育が広がっている一方で，学歴の資格的な側面が重視され，教育内容が空疎化する事態が起こっている。そうした状況の象徴的な出来事の一つとして，試験における不正行為が挙げられる。

　筆者が調査を行っているエチオピアのとある農村では，ありとあらゆる手法が駆使されて試験をパスすることが目指されていた。優秀な生徒の近くに座るために，学校での登録名を変更して試験での席順を調整したり，カンニングペーパーをいかに素早く作成して効率よく回すかのノウハウが共有されたりしていた。こうした状況を教員も把握しつつ，試験結果は学校としての業績にも関わることであるため，あえて黙認するような事態が生じていた。また，通信環境の改善により，近年ではインターネットを活用した不正行為も生じている。調査地域では「風が運んできた答え」としてインターネット上に流出したという偽回答が出回り，それを信じ込んだ生徒たちが軒並み試験に落第するようなこともあった。

　インターネットを介した不正行為は，エチオピア全体で対処すべき課題となっている。2016年，エチオピアでは大学入学試験がソーシャルメディアに流出し，大きな問題となった。エチオピア政府が国内のインターネットアクセスに規制をかけることによって対処する事態にまで発展した。翌2017年にも，試験期間に合わせてアクセス制限が実施された。

　小学校の卒業認定試験から高等教育，海外留学のための試験など，ありとあらゆる段階の試験において，不正は実施されている。こうした不正行為は表に出にくく，実態がつかみにくい。教育開発においては，教育を広げることに主眼がおかれてきたが，教育の意義について，ローカルに問い直されていくことがますます重要になってくるだろう。

第11章

社会的包摂と排除

見落とされてきた地域社会の構成員

仲尾友貴恵

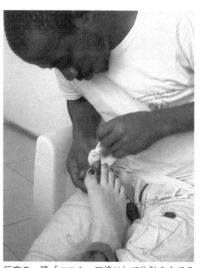

行商の一種「マニキュア塗り」で生計を立てる
若者（2012年，筆者撮影）

社会をみるとき，「何が周縁化されるか」に着眼するのは案外効果的であ
る。アフリカ社会について考えるとき，それを必ずしも「まとまり」や
「集合体」として捉える必要はない。「まとまり」のようにみえるものには
必ず，そこからはみだしかけているものがあり，そこにこそ，社会の根幹
的なものが凝縮されている。本章では，社会のなかで安定的な居場所がな
いような人々についての研究史をみることを通して，「周縁」を手がかり
とする地域研究の方法を学ぼう。

1 アフリカにおける排除

(1) 「アフリカの牧歌的地域社会」のイメージ

　紛争などを別にして，あなたはアフリカの人々はどのような人間関係のなか
で生きていると想像するだろう？　（日本の大都市のように）人々が目も合わせ
ない関係？　親戚や幼馴染みが近隣に住み合う共同体のような関係？　貧しい
なかで赤の他人同士が助け合う「下町」のような関係？　年功序列などが「厳
格」な社会を想像する人もいるかもしれない。

　「アフリカの人々は互いに相手が誰かを認識できるような『小さな社会』で
協力しながら暮らしている」，もう少し固い言い方をすれば，「アフリカの人々
は血縁や地縁や民族紐帯で結びついた人々から成る『共同体』に所属して生き
ている」。アフリカの社会についてのこのようなイメージは今日も根強く，一
見「素朴」で「素直」なイメージのように思える。しかし，意外にもこのよう
な社会のイメージには厚い歴史と政治的意味が伴う。

　西欧列強が19世紀にアフリカ大陸を「分割」した後，まさにこのイメージは
効力を発揮した。最も影響力のあった二大帝国，イギリスとフランスに目を転
じてみよう。両国は一見異なる統治方針をとったとされる。イギリスは，現地
人に対して直接行政を行わずに，現地人から成る統治機関を立ててそれを監督
するという，「間接統治」と呼ばれる方法をとった（第4章，第6章も参照）。
対照的にフランスは「同化政策」という，フランス文化の体得と帝国人として
の義務（帝国による戦争への参加など）を果たす者なら出身地にかかわらず対等
に扱われるという大義を掲げた政策を行った。しかし，結果的には，フランス
支配下のアフリカ出身者でフランス本国出身者と同等に扱われた者はごくわず
かであったし，行政実態も間接統治であったことが分かった（第4章参照）。今
日までの研究で，両帝国の植民地政策は実質的に共通項もかなりあったことが
分かってきている。

　両帝国とも，植民地経営のコストを削減するためや帝国本国出身者の優位性
を保つため，植民地出身者を帝国本国出身者とは本質的に異なる者として想定
する必要があった。「アフリカの人々は血縁や地縁や民族紐帯で結びついた

人々から成る『共同体』に所属して生きている」というイメージは，このとき
に持ち出された。このようなイメージを持ち出すことで正当化された帝国側と
アフリカ植民地側の差異のうち重要な一例は，社会保障の欠如である。帝国側
は「共同体で生き（られ）るアフリカ人」（つまり，「個々が独立して生きている
近代西洋社会に生きる我々」とは違う人々）というイメージを「実態」として想
定することで，アフリカ植民地には帝国本国と同程度の社会保障は必要ないと
した（Killingray 2010: 179-202; Parsons 2015: 132, 141）。

　1950年代以降アフリカ諸国は次々と「独立」し，名目的には植民地時代は
「終わった」が，「アフリカ人は共同体のなかで生きている」（ので公的社会保障
はさほど重要ではない）という論理は，独立後の行政主体にも引き継がれた。
独立後のアフリカ人による国家運営も，植民地期と地続きに，公的社会保障を
整備することよりも経済的利益を生み出すことをより重視する方針をとってい
る。このような経緯で，現在もアフリカの諸社会のほとんどは公的社会保障が
著しく未発達である。

(2) 社会的排除の三つのメカニズム

　「アフリカ人は共同体に属していて，そのなかでケアされる」というのが実
態を伴っていないとしたら，公的社会保障の欠如はどのような影響をもたらし
うるだろう。この意味でアフリカには，コミュニティから弾き出された者や，
自身で元気に働いて稼ぐことが難しい人にとっては，シビアな世界がある。し
かし，このシビアさを考えるとき，日本社会の状況を前提としてそれと比較し
てアフリカの状況を捉えると，しばしば過剰に「足りていない」ことばかりに
注目して認識が歪んでしまう。日本社会が長所と短所を備えているように，ア
フリカの諸社会にも，それぞれの文脈のなかで，排斥的な現象だけでなく包摂
的な現象も起こる。重要なのは，第一に，アフリカを一枚岩的に捉えずその多
様さを丁寧にみていくこと，第二に，あらゆる社会には文脈があることを忘れ
ないこと，第三に，包摂か排斥かのどちらか一方だけを取り上げるのではな
く，両者を表裏一体な関係にあるものとして柔軟な思考と広い視野で捉えよう
とすることだ。

　アフリカにある社会的排除は，アフリカの諸社会が多様なだけに，実に多様

な形をとりうる。ただし，そのメカニズムは少なくとも三つの軸で捉えると分かりやすくなる。一つ目は政治・行政構造，二つ目は労働市場，三つ目は「異常」性である。順に換言すれば，政治的力学，経済的力学，価値規範（人があるべき状態についての価値観）的力学である。

　政治・行政構造の軸で捉える社会的排除は，政治や行政運営に着眼する学問分野（政治学など）で中心的な研究テーマとされることも多く，さらに，排除される人々がある程度の人口としてまとまって存在しているという意味で，実態のある「集団」であることが多い。そのため，この社会的排除は比較的可視化されやすく，研究蓄積も厚い。たとえば，特定の民族（エスニシティ）集団，「女性」，特定の地域的・政治的背景を共有する人々（「先住民」や「難民」など）を焦点とする研究はそうとう厚く，日本語で読める書籍も多い（本章の読書案内とコラム⑪も参照）。

　そこで本章では，特に第二と第三の軸における社会的排除に着目し，それぞれにおける周縁者の状況をみることで，アフリカ社会について概観する。この二つの軸は互いに排反ではないが，第二の軸は特に，不特定多数の人たちが密集し，激しく生存競争をせざるをえない都市的環境において顕在化しやすい。第三の軸は対照的に，構成員に一定の同質性が求められるような相対的に少人数から成る社会，いわば村落的な環境において，より顕在化しやすい。以下ではそれぞれで節を分け，節内でも事例を三つに分けてみていく。労働市場からの排除（第2節）では，若者，高齢者，身体障害者を取り上げる。「異常」性による排除（第3節）では，ハンセン病罹患者，身体形状や振る舞いが「異常」とみなされうる人々（双子，アルビノ，てんかん患者，精神病者など），性的マイノリティを取り上げる。

　研究には流行り廃りがある。とはいえ，研究史は一つのトピックの流行後に次のトピックへ移るような単線的なものではない。そう断ったうえで，各節内での項目の並びは，アフリカ地域研究史において研究トピックとして「発見」された時期（厳密には，最初の研究の公表時期ではなく，研究トピックとして注目を集めるようになった時期）が早い順，あるいは注目度の山が高かった順に並べたつもりである。したがって本章では，都市と村落という環境の違いを背景とした排除と包摂，そしてそれらに対するアフリカ地域研究史を垣間見ることが

できる。最後の第4節では，現存する排除との「向き合い方」について考える。

2　労働市場における排除

(1)　若　者

　都市の若者に地域研究者が注目し始めたのは1960年代である（Mitchell ed. 1969）。この頃，植民地期には制限されていたアフリカ人の移動や職業選択が「独立」によって自由化され，人々はよりよい暮らしを求めて都市に流入した。当時は公共事業も盛んで，都市ではそれらへの就業機会も期待できた。この時代に行われた若者研究の関心は，単純に都市的という意味で「新しい」社会関係が形成される様子にあった。ここで若者は，単純に「これから」のアフリカ社会を体現する存在として意味づけられ，その弱者性が注目されていたわけではなかった。

　ところが，1970年代から80年代の経済危機を経て，構造調整で様々な領域で民営化が進み（第5章，第7章，第10章も参照），社会保障がある雇用枠は著しく減少した。人々が行える経済活動は，いわゆる「インフォーマルセクター」と呼ばれる，社会保障とは紐づかない性質のものとなった。都市の若者の社会的弱者性は，この変化と重なる1990年代以降に注目を集めた。たとえば，都市での競争に敗れても帰る場所がない（出身村に十分食べていけるだけの土地がない，地方の生業では現金収入が足りない），雇用が安定しない（日雇い・首切りは日常茶飯事），福祉もないといった状況が注目されるようになった。今や若者とは，不安定な立場のなかで何とか現金を回して生き延びなければならない存在である（小川 2016）。若い女性がセックスワークや，金品の贈与を伴う性愛関係を「活用」する現象も，様々な都市から報告されている（小田 2019）。

　若者の窮状の背景には，出生率が高止まる一方で乳幼児死亡率が下がっているため若年人口が急増するという，人口学的な要素もある。世界銀行の統計によれば，2019年時点で，サブサハラ・アフリカの平均特殊出生率（1人の女性が一生のうちに産む子の数の平均）は4.6を超え，1990年からの下落幅は約28%だが，同期間の乳幼児の死亡率（1000人当たり）の下落幅は50%を超える。

⑵　高齢者／老人

　アフリカ地域社会で「高齢者」（この呼称自体，高齢化社会が問題化される近年に使われるようになったものだ）が注目されてきた時期も，1990年代以降と，若者の弱者性が注目され始めた時期と重なる。

　若者への観点が変わったのと同様，今日「高齢者」として言及されうる人々は，かつては「長老」や「年長者」としての立場，つまり社会におけるその政治的意味の方が注目されていた（Spencer（1965）2004）。ここでは民族社会のなかで圧倒的権限をもつ「強い」年長男性像が描かれた。（特に男性の）「老人」について，下の世代を「祝福」や「呪詛」を通して統制できる「権力者」であるという見解からの研究が蓄積された（長島・浜本 1995）。

　このような見方が相対化された背景には，若者を取り巻く社会変化として前で述べたような構造的変化（資本主義の浸透と経済構造の変化，都市人口の増加，地方での生計基盤の脆弱化など）がある。構造調整後の都市で若者の社会的立場が弱化し不安定になるのと，表裏一体の現象が起きている。かつての若者が都市で高齢化して「働けない，食べていけない」状況になったり，かつては稼得と仕送り担当が期待された若者の当人が今日では生活困窮しているため，それに依存する高齢者の困窮につながったりしている。さらに，1980年代以降のHIV/AIDS の流行の結果として孤児のケア負担が祖父母世代に課される現象など，「老人／高齢者」を取り巻く社会環境の変化が報告されている（Gerold 2014）。他方で，「高齢者」は総人口のなかでは少数派であるため，公的支援における優先順位は低いままであるという問題も指摘されている。

　人口学的には今は圧倒的に「若い」アフリカ社会は，21世紀末には未曾有の人口が高齢化する社会となることが予想されている（増田 2016）。今日では，アフリカ外で練り上げられた分析枠組み（たとえば「高齢者＝ケアが必要な者」と先験的に位置づける枠組み）の単なる当てはめでも，かつてのエキゾチックな「民族社会の構造」という観点だけからの分析でもない，より繊細な分析枠組みの模索が続いている（Gerold 2014；田川他編 2016）。

⑶ 身体障害者

「障害者」は，アフリカ社会構成員としては（研究者からは）長年例外的に位置づけられてきた。アフリカ地域研究において「障害者」と社会との接点が本格的に着目され始めたのは，『障害と文化』（イングスタッド／ホワイト編 2006）が発表された1995年前後からである。

ここではひとまず身体障害者に話を限定する。肉体労働に制限がかかる身体障害者は，第一次産業が主幹産業である村落でも，商業などの第三次産業が生業の選択肢に入るがバリアフリーではない都市部でも，労働市場のなかで，より不利な立場におかれやすい。1995年前後以来，「障害者」を通した地域研究が少しずつ蓄積されつつあるが，こと労働市場との関係を問う研究が現れるのは2000年代後半以降と，若者や高齢者に比べれば，やや遅い。その注目度も低くとどまる。障害者の労働への着目が遅れた要因には，おそらく，工業化した社会のなかで「働けない者」として「障害者」を概念化してきた西洋近代社会的状況を背景にした思い込みが影響している。

アフリカの身体障害者の労働研究として厚みがあるのが，国境における障害者ポーター（国境を越えて人々や荷物を運ぶ人々）の研究である（戸田 2016；Whyte and Muyinda 2007）。関税の支払いが求められる国境を越えるのには，通常はそれなりのハードルがある。しかし，二つのコンゴの国境や，ケニア・ウガンダ国境においては，身体障害者がある種特権的にこのハードルをすり抜けられる運び屋として，健常者が入り込めないニッチの労働世界を自分たちで創り上げていることが明らかとなってきた。

とはいえ，インフォーマルセクターにはふつう「障害者雇用枠」はなく，身体障害者がみな成功裡に就業機会を獲得できるわけではない。都市部には人々からの施しを頼りにする「物乞い」従事者もよく見られる。しかし，物乞い従事者の生活をよく見てみると，その生活は労働者のそれそのものである（読書案内参照）。そこまでを考慮すると，物乞いといった違法経済活動が常態化している都市部には，ホームレスやストリートパフォーマーが「居られる」場所を限定する日本の都市とは異なる形での，包摂があるといえよう。

ここまで，若者，高齢者，身体障害者に着眼して労働市場からの排除と包摂

をみてきた。それぞれのカテゴリー内にはさらにジェンダー差があり，女性は
より周縁化される傾向がある。不安定な若者のなかでも女性は参入できる経済
活動がいっそう限られ（Tripp 1997），女性の高齢者には男性高齢者のような権
力はないことが多い。身体障害者の結婚も，男性なら容易だが女性は難しいこ
とが多い。個々の事例研究をぜひ深掘りしてほしい。

3　「異常」への恐怖心に因る排除

　何が「異常」であるか（あるいは何が「正常」か）の基準は普遍的に決まって
いるわけではない。本章で言及するものは，言及されるものの性質そのものが
異常だというわけではない。当該社会の大半の人々によって異常とみなされる
という意味である。人々が特定のものを異常とみなす契機は様々である。珍し
い（あまり見かけない）から，よく説明できない（未知である）から，差異に驚
く（外見にインパクトがある）から，など。その理由は，一つ一つを取り出せば
素朴に過ぎると思えるかもしれない。しかし，これらの「非科学的」基準で異
常とみなされたものに，人々は大きな恐怖心を抱くことがある（コロナ禍の社
会パニックを思い出そう）。その社会的影響力は大きい。

(1)　ハンセン病罹患者

　人々に次々と身体的異変が出る現象は，かつては神秘的な力による「祟り」
や「災害」と捉えられていた。それが19世紀以降の病原菌の発見により，その
一部が「感染症」という，特定の物質的原因による生理現象として捉え直さ
れ，新たな対処法や治療法が確立するものも出てきた。とはいえ，科学史と社
会的受容の変遷史は，（関連しつつも）微妙に異なる様相をみせる。
　その端的な例としてハンセン病をみる。ハンセン病とは「らい菌」という細
菌による感染症である。初期症状として皮膚に斑点が出る。病状が進むと，身
体のあちこちの変形や，知覚麻痺による壊死の進行で指先から欠損していくこ
とも多い。古来，重度のハンセン病の外見的特徴は世界各地で恐れられてき
た。ノルウェー人のハンセン医師が19世紀後半に病原菌を特定したことで病名
がつけられ，その後治療薬も確立し（1980年代），現在では，適切な医療処置

202

を行えば確実に完治するし，早期発見で外見の変化も予防できる。らい菌の感染力は弱いことも分かっている。医学的には，ハンセン病は「かかりにくく，発病しにくく，発病してもきれいに完治させる方法が確立している」病気である。

　しかし，かつて社会で恐れられ，行政が牽引して患者の隔離も行われた歴史は，今日までハンセン病者に対する差別を残している。アフリカでは西欧列強の進出とともに隔離施設がつくられたが，資金・人員不足のために当初から厳重に隔離が実施されたわけではなかったうえ（磯部 2020），20世紀後半には脱施設方針もとられていった。しかしながら，医療へのアクセスが様々な理由で限定される現地社会では病状が進みやすく，その罹患者の姿に呪術的意味が付与されることも多い。地域共同体から弾き出され，隔離施設やその周囲にできたハンセン病者集住地区で生きる姿が報告された（姜 2015）。

　他方，包摂的ともいえるような事例もある。たとえば，若林佳史による文献総覧（2016；2017；2018；2019）からは，罹患者に対する社会的反応の多様さが垣間見られる（ただし若林論文には地域情報の誤りも散見されるため，典拠元論文にあたることを推奨する）。排斥や差別の具体例（病気を指す隠語や婉曲表現の発達や，ハンセン病者だけに適用される葬儀方法など）が豊富にみられる一方で，医学的知識がない地方においても，家族が罹患者と最後まで同じ家に住み，死までを看取る慣習がある地域社会もあることが分かる（若林 2017：40, 41）。

(2) 先天的な「異常」性，「異常」な振る舞い

　身体形状や振る舞いにおける先天的な特性でもって「異常」とみなされるものもある。双子やアルビノ（先天的色素欠乏症。身体のメラニン色素が少ないために肌や瞳や体毛の色が家族と異なる場合がある）はその有名な例で，嬰児殺しの対象となることや儀礼で供儀として用いられることが「慣習」として報告されてきた。資本主義が普及した近年では，こういった「特異」な身体が呪術的な力を帯びた「商品」として高値で国際的に取り引きされることも社会問題となっている（Comaroff and Comaroff 1999）。

　「てんかん」も特殊な意味づけをされやすい。てんかんは生物医学的には，脳細胞が異常な電気的活動をするために突発的・一時的に身体が痙攣したり意識を喪失したりする発作を起こす，脳の慢性疾患とされる。しかし，遺伝病や

感染症として，あるいは呪術的現象として解釈され，患者が非人間的に扱われる事例も報告されてきた（ホワイト 2006）。

　日本では「（知的／精神）障害」や「精神病」をもつ人として理解される人々の例もみよう。このテーマについては落合雄彦と金田知子が精力的に研究してきたので，日本語でも旧英領アフリカの精神医療史を読むことができる（読書案内参照）。それによれば，「西洋的な意味での精神医療や施設ケア」（落合・金田 2007：2）については，1990年代以降に医療史の研究が蓄積された。英領アフリカでは，シエラレオネに1844年に設立された病院を皮切りに，1910年代までに複数の植民地で精神病者のための施設が建設された（落合・金田 2007）。しかし，実態は治療施設というよりも隔離・収容施設であり，法を犯した収容者も多かった。1950年代までは退院者数より施設内死亡者数の方が多いのが典型的だが，その後，治療に重心をおこうとする運営改革や，施設でなく地域での包摂を目指す方針がとられるようになったとされる。とはいえ，2010年代にも南アフリカで当局による強引な「退院」の後に元入院患者が多数死亡していた事実が明るみに出て問題化するなど，理想通りの「脱施設」が達成されつつあるとは言い難い。精神病院の（潜在的）入所者と社会との関係，あるいは，社会のなかでの包摂の仕方は，現在進行形で課題となっている。

　これらと対照的な事例もある。たとえば，筆者の調査地（タンザニアのダルエスサラーム）では，知的障害があるように見えたある男性の生活費を，近隣の若者たちが「あいつは働けないから」と言いカンパしていた。また，家族が家でみる場合も，その理由は必ずしも（医療が未発達ゆえの）「消極的」なものに限られず，より丁寧なケアを提供するための「積極的」判断としてなされる事例もあることが報告された（イングスタッド 2006）。

(3)　性的マイノリティ

　「性的マイノリティ」という用語とアフリカ地域研究との結びつきの歴史は（先に「発見」された「女性」とは比べるまでもなく）浅い。それだけに今後の展開が期待される。「性的マイノリティ」の定義には幅があるが，ここではひとまず「異性以外を性愛対象とする人」や「『男性』でも『女性』でもないと自認する人」と解釈しておこう。

日本語で読める文献が少ないため，筆者が調査地で2012年に経験した出来事から話を始めたい。筆者は欧米出身の男性A，女性Bと同じ宿泊施設に長期滞在していて親しくなった。Aはゲイで，そのことをBと筆者に知らせていた。ある日，Aがオンラインのゲイサークルで知り合ったタンザニア人の若者3～4人と初めて会うとき，Bと筆者も同伴してランチを囲むことになった。ランチは楽しく終わったが，その夜，宿泊施設の庭には，同じく長期滞在者であるケニア人男性留学生D（有名大学修士課程で法学を学ぶエリート）がBに暴言を吐く光景があった。どうやら，DはBの「今日はゲイの子たちとランチを食べた」という発言を聞いたらしい。「アフリカにはゲイなんていない！」「もしいたら，俺が殺してやる！」と，庭にいた十数人の面前で大声で主張してはばからなかった。

　Dの態度は，昨今のアフリカ大陸を覆う「同性愛者嫌悪（ホモフォビア：homophobia）」を体現している。たとえばウガンダでは，2013年に合意に基づく同性間の性行為に終身刑（法案段階では死刑）を科す「反同性愛者法」が可決され，その後も性的マイノリティの人権運動を抑圧する政府側の動きがみられるなど，緊迫した状況が続いている。欧米から広がり2010年代には世界的ムーブメントとなった性的マイノリティ（LGBTQ）の社会運動の影響もあり，近年は特に，アフリカは「ヘテロセクシャルが支配的」で「過激なホモフォビアがある」と問題視されることが増えた。

　しかし，この「遅れたアフリカ」（性的マイノリティを抑圧するアフリカ！）像は，人類学者マーク・エプリクトの知見によれば，歴史的・経験的事実を無視している眉唾ものである。エプリクトによれば，アフリカでは同性間の性行為や，柔軟な性意識（Amadiume 1987）がみられてきた。しかし，それは植民者からは「野蛮性」の象徴と意味づけられて抑圧された。ところが時代が下り，西洋世界で性の多様性が認められていくと，逆にアフリカ社会はヘテロセクシャルが支配する社会として位置づけられていった。アフリカ地域研究者が描くアフリカ世界像も圧倒的にヘテロセクシャルであったが，1990年代以降はそれへの批判も始まった（背景には，1980年代からのHIV/AIDSのエピデミックを契機として，アフリカ地域研究においてセクシャリティへの学術的関心が高まったことがある）。しかしながら，今日までこのトピックは著しく周縁化されてい

る（Epprecht 2013: 42）。

　エプリクトによれば，近年のアフリカで顕著なホモフォビアは，伝統に由来するというよりも一種のバックラッシュである（Epprecht 2008; 2013）。この観点から，エプリクトはホモフォビアをする側だけでなく，多様な性愛関係を「性的マイノリティ」と一括りにする立場も批判する。西洋的価値観を批判的に捉え返すこともなく，アフリカにみられる性愛関係を「啓発」や「救済」の対象とする立場をも批判するのである。エプリクトは，アフリカの諸社会でみられる多様な性愛の形は異なる社会文脈や価値観を背景としているのだから，「ホモフォビア」（単数形）ではなく，「ホモフォビアズ（homophobias）」と複数形で捉え返されるべきとする（Epprecht 2013: 176）。

4　排除への向き合い方

(1)　「根絶」へと真っ直ぐに駆け出す前に

　ここまで，周縁化される人々に着目してアフリカ社会を描いてきた。あなたが社会のあるべき姿として「まとまり」を重視する立場なら，ここまでの内容はずいぶんと殺伐として問題含みにみえたかもしれない。このような「負の側面」とも呼べそうな側面を，これから地域研究を始めようという人が知ることに，どのような意義があるのだろう。

　その意義は，アフリカ外部の人々の力を投入してこれらを「解決」することにある（解決のために問題を知る必要がある）と考える人もいるだろう。問題がみえたらまず解決を目指す，これは一見ごく「自然」で「当然」の思考回路のようにみえるかもしれない。

　しかし，一度立ち止まってみよう。「アフリカの○○社会」の「問題」がみえたとき，その背景にどんな要素が絡まっているか，見通せている感覚はあるだろうか？　「『問題』はみえるが，その他はあまり知らない」のに，そのまま地域に介入すると，大変に傲慢な人になってしまう。試しに「アフリカの○○社会」をあなたの慣れ親しんだ地名におきかえてみよう。あなたの地元にも，地域社会で浮いている人や蔑ろにされている人が必ずいる。仮によそから来た人がそこに関心をもったとして，その人が，あなたの地元の基本的なこと（よ

くとれる食材，郷土料理，人口，地理など）には興味を示さず，地元民にとっては「触れてほしくない」側面ばかりを取り上げて論じようとしたら，あなたはどう感じるだろう？

　この感覚は重要である。「問題」は常に当該社会の「一見何の問題もみられない側面」と関係しているし，ある社会で誰かが周縁化されるとき，それは「その他大勢」のあり方と表裏一体だ。あなたの地元で過疎が問題になっているとき，あなた自身は様々な「個人的」な理由によって地元を離れて都市に出て学ぼうとしているかもしれない。地元が都市部の人は，ホームレスを目の脇に入れても何も感じないようになっているかもしれない。「問題」について知りたいなら「問題以外の側面」こそよくみる必要があり，だからこそ「問題の解決」に一直線に向かうのではなく，当該地域について何でも知ろうとする探究心が必須である。

(2)　歴史に学び，多様な包摂のあり方を学ぶ

　その際，必ず「歴史」に目を向ける，つまり時間的幅をもって社会をみることが肝要だ。ここまでみてきたように，アフリカの多くの地域では1980～90年頃に大きな社会変革があり，「問題」はその頃から可視化されたものも多い（地域によっては，これより後にも変革期がある）。そのため，たとえば40～50年ほど遡って文献を紐解いてみるだけでも，所与の観点を相対化する効果は絶大だ。

　効果的な「解決」策を考案するためにも，歴史に学ぶのは不可欠の作業だ。特に，第3節でみた事例群については何十年も前から「問題化」と「解決策の実施」が繰り返されてきたこと，さらに，多くの場合は「未開性」といった生産性のない議論が何巡も繰り返されていることが容易に分かるだろう。ここまでを捉える視野が必要である。

　また，現地社会のありように隠れている多様な包摂の形に学ぼうとする姿勢も重要である。社会的包摂は必ずしも，周縁化された人々をカテゴリーとしてまとめ，そのうえで権利擁護を訴える方法に拠ってのみ達成されるものではない。アフリカの諸社会では，「なあなあ」なやり方——明文化しない，規則をつくらない，規則を守らないなど——の方が，明示的な社会運動よりも効率的に実利に結びつくことも多い。税金を納めずに（公的機関を通さずに）商売を

することが職にあぶれた人々の受け皿となっている実態もあるし，物乞いや露天商は違法だと知りつつも路上の障害者を寛容する（自らも施しをあげたり，そこから物を買ったりする）ことが，身体に不具合がある人が経済活動から締め出されることを防いでいる側面もある。呪術的解釈はときに特定の者を排除することもあるが，ときに逆に包摂のための意味づけの根拠となることもある。

　これらの方法にも短所はあるが，特定の人々の脆弱性を前面に押し出した社会運動という明示的な方法にも短所があること，たとえば，新たな差別を生むこともあることについては，知っておいてよいだろう。アルビノの人権擁護運動が大々的に行われた後でそれ以前にはなかった差別が平準化して現れた現象（Brocco 2015: 1150）や，性的マイノリティの社会運動が活発化するにつれホモフォビアの過激化が同時進行した現象が例として挙げられる。

　重要なのは，一見しただけで決めつけてかからないことだ。アフリカ社会における周縁化に対しては，ぐっと堪えて，問題を通してその背後にある社会全体をよくみてほしい。そのとき，アフリカの社会はより立体的にみえてくる。

参考文献

磯部裕幸　2020「ベルリン・ハンブルク・そして『熱帯』──ドイツ版『帝国医療』をめぐる考察」『史林』103（1）：177-214。

イングスタッド，B／S・ホワイト編　2006『障害と文化──非欧米世界からの障害観の問いなおし』中村満紀男・山口惠里子監訳，明石書店。

イングスタッド，B　2006「Mpho ya Modimo 神からの贈り物──障害者に対する『態度』への視角」佐々木順二訳，イングスタッド／ホワイト編，前掲書，431-463頁。

小川さやか　2016『「その日暮らし」の人類学──もう一つの資本主義経済』光文社。

小田英里　2019「ガーナ都市部における『シュガー・ダディ』との交際関係──動機をめぐる視座の再考」『Core Ethics』15：47-57。

落合雄彦・金田知子　2007「植民地期の精神医療施設」落合雄彦・金田知子編『アフリカの医療・障害・ジェンダー──ナイジェリア社会への新たな複眼的アプローチ』晃洋書房，1-38頁。

姜明江　2015「故郷に出会うまで──ザンビアのハンセン病回復者のライフストーリー」新山智基編『アフリカの病・医療・障害の現場から──アフリカセミナー「目の前のアフリカ」での活動を通じて』生存学研究センター報告23，立命館大学生存学研究センター，51-67頁。

田川玄・慶田勝彦・花渕馨也編 2016『アフリカの老人――老いの制度と力をめぐる民族誌』九州大学出版会。

戸田美佳子 2016「国境をまたぐ障害者――コンゴ川の障害者ビジネスと国家」森壮也編『アフリカの「障害と開発」――SDGs に向けて』研究双書622，日本貿易振興機構アジア経済研究所，153-193頁。

長島信弘・浜本満 1995「東アフリカにおける老人観と老人処遇のあり方」中内敏夫・長島信弘他『社会規範――タブーと褒賞』藤原書店，435-464頁。

ホワイト，S 2006「てんかんの構築――東アフリカにおけるイメージと文脈」北林かや訳，イングスタッド／ホワイト編，前掲書，399-430頁。

増田研 2016「〈老いの力〉の未来を左右する少子高齢化」田川他編，前掲書，217-136頁。

若林佳史 2016「東アフリカにおけるハンセン病に関する心理社会研究と健康教育研究――文献綜述」『大妻女子大学紀要　社会情報系，社会情報学研究』25：31-48。

―― 2017「西部アフリカにおけるハンセン病に関する心理社会研究と健康教育研究――文献綜述」『大妻女子大学紀要　社会情報系，社会情報学研究』26：35-58。

―― 2018「中部アフリカおよび南部アフリカにおけるハンセン病に関する心理社会研究と健康教育研究――文献綜述」『大妻女子大学紀要　社会情報系，社会情報学研究』27：13-37。

―― 2019「北部アフリカにおけるハンセン病の捉えられ方と同病者の扱われ方――文献綜述」『大妻女子大学紀要　社会情報系，社会情報学研究』28：47-61。

Amadiume, I. 1987. *Male Daughters, Female Husbands: Gender and Sex in an African Society*. London: Zed Books.

Brocco, G. 2015. Labeling Albinism: Language and Discourse Surrounding People with Albinism in Tanzania. *Disability & Society* 30(8): 1143-1157.

Comaroff J. and J. Comaroff 1999. Occult Economies and the Violence of Abstraction: Notes from the South African Postcolony. *American Ethnologist* 26(2): 279-303.

Epprecht, M. 2008. *Heterosexual Africa? The History of an Idea from the Age of Exploration to the Age of AIDS*. Athens and Scottsville: Ohio University Press and University of KwaZulu-Natal Press.

―― 2013. *Sexuality and Social Justice in Africa: Rethinking Homophobia and Forging Resistance*. London: Zed Books.

Gerold, J. 2014. *Full of Life: Old Age and Care in Urban Dar es Salaam, Tanzania*. Zürich: Lit Verlag GmbH & Co.

Killingray, D. 2010. *Fighting for Britain: African Soldiers in the Second World War*. Suffolk: James Currey.

Mitchell, C. ed. 1969. *Social Networks in Urban Situations: Analyses of Personal*

Relationships in Central African Towns. Manchester: Manchester University Press.

Parsons, T. 2015. No Country Fit for Heroes: The Plight of Disabled Kenyan Veterans. In J. Byfield, C. Brown, T. Parsons and A. Sikainga（eds.）, *Africa and World War II*. New York: Cambridge University Press, pp. 127–143.

Spencer, P.（1965）2004. *The Samburu: A Study of Gerontocracy in a Nomadic Tribe*. London and New York: Routledge.

Tripp, A. 1997. *Changing the Rules: The Politics of Liberalization and the Urban Informal Economy in Tanzania*. Berkeley: University of California Press.

Whyte, S. and H. Muyinda 2007. Wheels and New Legs: Mobilization in Uganda. In B. Ingstad and S. Whyte（eds.）, *Disability in Local and Global Worlds*. Berkeley: University of California Press, pp. 287–310.

（ウェブサイト）

世界銀行　https://data.worldbank.org/（最終閲覧2022年2月9日）。

●読書案内●

....

『社会的包摂／排除の人類学——開発・難民・福祉』
　内藤直樹・山北輝裕編，昭和堂，2014年
　副題の3語をキーワードとする3部構成で，アフリカ5ヶ国（ケニア・エチオピア・ボツワナ・ザンビア・アンゴラ），オーストラリア，日本（在日外国出身者を含む）を舞台に，社会的に「排除された者」に注目して，そこで作用する権力と生の力を考察している。

『不揃いな身体でアフリカを生きる——障害と物乞いの都市エスノグラフィ』
　仲尾友貴恵，世界思想社，2022年
　タンザニアの最大都市を舞台に，労働市場で周縁化されやすい身体障害者がいかに生き抜いているかを描く生活史。それを取り巻く社会構造を植民地期から辿り，アフリカ地域の障害者を取り巻く状況が世界史と密接に関係していることを論じている。

『アフリカの医療・障害・ジェンダー——ナイジェリア社会への新たな複眼的アプローチ』
　落合雄彦・金田知子編，晃洋書房，2007年
　医療や福祉に関心があるなら必読。「医療問題」「障害者」「女性」という「周縁部」から社会を描き出そうとするアプローチに特徴がある。植民地期以来の精神医療史，薬物依存，妊産婦の（日本ではマイナーな）健康問題が，厚く書かれている。

....

ジェンダー

新たなアフリカの発見にむけて

眞城百華

　アフリカでもジェンダーに関する意識は高揚しており，多くの変化がみられる。ジェンダーギャップ指数ではアフリカの国が世界のランキングで上位に入ることも珍しくはなく，2021年にはナミビアが総合6位，ルワンダが同7位となった。特にアフリカが突出しているのは女性の政治参加を測る指標となる女性国会議員比率である。ルワンダは憲法で定められた女性議員の割当制30％を大幅に超えた61.3％を女性国会議員が占め，世界第一位の女性議員比率である。世界的にみても，ルワンダ以外にもアフリカでは女性議員比率の高い国が多く，南アフリカが第10位（46.4％），ナミビア16位（44.2％），セネガル18位（43％），エチオピア19位（42.6％），モザンビーク20位（42.4％）である。割当制により女性の国会議員の議席を確保している国もあるが，割当制がなくとも政党独自の政策により女性議員の参加拡大を図る国もある。各国の政治史における女性の貢献も一連の女性の政治参加の拡大に影響を及ぼしている（2021年11月現在）。

　しかし他方で，アフリカでは女性の経済的，社会的脆弱性が他の地域と比べても顕著であり，今後さらなる改善が期待される。アフリカ女性に対する支援や援助が実施されているが，アフリカの女性たち自身による改善の試みも活発である。女性たちによるマイクロクレジット機関の運営をつうじた女性起業家の支援や，女性の専門職の組織化，女性組織や女性により運営されるNGO，女性のセックスワーカーの組織化と相互支援などの動きもみられる。

　アフリカにおける女性を取り巻く一連の環境の変化は，国際的なジェンダー平等の流れの影響だけによるものではない。アフリカ史の各時代で女性の政治，社会，経済，文化における活発な活動を見出すことができる（富永・永原編 2006）。

　エチオピア北部のティグライ州では，1975年に結成されたティグライ人民解放戦線（TPLF）のもとで，女性幹部を中心に「女性解放」政策が積極的に導入された。ティグライの農村では家父長制の影響が強く，女性たちは自分の人生を決定することもままならなかった。エチオピア帝政に挑戦した学生運動に参加したティグライ出身の女子学生は，女性解放思想に触れ，出身地域の女性たちの地位改善を図るために導入しようと男

性幹部と折衝を繰り返した。当時の TPLF は軍事政権との内戦を繰り返しながら，同戦線の支配地で階級と女性の解放を目指した改革を実践した。家事，育児や農作業にだけ従事してきた農村の女性たちが戦時下で，土地を配分され，教育を受け，農村の自治にも参加する機会を得た。農村の男性が戦地に赴いた後，農村の自治，防衛，農業を女性が担った。活躍する場を与えられたティグライの農村の女性たちは，男性不在の農村で軍事政権による攻撃にさらされながら農村の生活を守るために枢要な役割を担った（眞城 2017）。1975～91年に内戦を経験したティグライは，2020年11月から再び戦火に見舞われ，戦時性暴力による深刻な被害が報じられている。国際支援が届きにくい戦時下でもティグライの女性たちの一部は被害女性たちのために避難所の確保や医療，メンタルケアの提供に奔走している。紛争と女性といえば，女性たちが受けた深刻な被害や犠牲に関心が集まるが，同時に女性が苦境のなかで生活や家族や地域を守るために行った貢献にも目を向けてみてほしい。

アフリカにおけるジェンダーでは LGBTQ にも言及する必要がある。アフリカ諸国のなかには LGBTQ に対して厳しい刑罰を設けている国が多い。その背景には植民地支配下で導入された法律や宗教の影響が強い。LGBTQ の人権保護や法律改正が今後の課題である。他方で，アパルトヘイト終焉後の南アフリカで1996年に採択された新憲法では，世界でも初めて憲法においてジェンダーと性的指向に基づく差別の禁止が明文化された。同国では同性婚も認められている。憲法や法律により権利が保障されている国であっても LGBTQ に対するスティグマや差別はあるが，アフリカ内外で当事者団体が多数結成されており，LGBTQ 権利擁護活動も拡大している。

アフリカのどの地域のどの時代にも，男性だけではなく女性も存在する。政府の記録にはその名や活動が記録されない女性や LGBTQ の人々の存在に光をあてると，新たなアフリカの一面が映し出され，政治，経済，社会，文化や開発などの捉え方を変える可能性を有している。アフリカを学ぶ視点にジェンダー，女性も組み込んで，新たなアフリカを発見してみよう。

参考文献

富永智津子「アフリカにおける『同性愛』の法と歴史」比較ジェンダー史研究会（https://ch-gender.jp/wp/?page_id=13664，最終閲覧2022年3月28日）。

富永智津子・永原陽子編　2006『新しいアフリカ史像を求めて——女性・ジェンダー・フェミニズム』御茶の水書房。

眞城百華　2017「戦う女性たち——ティグライ人民解放戦線と女性」石原美奈子編『現代エチオピアの女たち——社会変化とジェンダーをめぐる民族誌』明石書店，146-179頁。

第12章

国際関係

重層的つながりのなかでの国家

阪本拓人

アフリカ連合（AU）創設を決めたアフリカ統一機構（OAU）最後のサミット（2001年，ザンビア・ルサカにて毎日新聞（当時）城島徹氏撮影，© 毎日新聞社）

アフリカの国々は，国境を越え，大陸を越える様々な関係性のなかに埋め込まれている。こうした外部との関係は，統治基盤の脆弱なアフリカの国家にとってしばしば死活的な重要性をもってきた。また，そこには国家だけではなく，多様な非国家的・脱国家的主体が，高い自立性を示しつつ関与してもいる。この章では，現代アフリカの国際関係のこうした側面を事例とともに概観する。

1　アフリカの国家と国際関係

(1)　国際関係論におけるアフリカ

　他の地域と同様にサハラ以南のアフリカでも，今日，国際的に承認された多数の主権国家が，紛争から協調まで互いに様々な関係を結んでいる。だが，国際関係，特にその政治的側面を広く探究の対象とする国際関係論（ないし国際政治学）では，アフリカとその国際関係は長らく周辺的な扱いを受けてきた。

　国際関係論は，近代世界で支配的地位を占めてきたヨーロッパの国々の経験を基盤に形成され，第二次世界大戦後の世界を主導した米国において確立した学問分野である。特に「現実主義（Realism）」と称されるその主要な学派では，こうした列強の政策関心を反映して，もっぱら大国間の同盟や戦争，大国間の力の分布に焦点があてられてきた。このような学問分野において，多数の小国がひしめくアフリカが関心の埒外におかれてきたことは自然であろう。むしろ，度重なる紛争や人道危機，蔓延する貧困に苦しむこの地域を，学問的な理解の対象外にある「厄介な他者（problematic 'other'）」とみなす風潮すらあったのである（Harman and Brown 2013: 69）。

　だが，近年こうした状況が少しずつ変わりつつある。アフリカを対象とする研究者の間で既存の国際関係論を相対化しながら，アフリカの国際関係の現実を正面から捉えようとする動きが活発化してきたのである（たとえば Bischoff et al. 2016; Cornelissen et al. 2012）。その際，多くの論者が出発点としてきたのが，主要な国際関係論で想定されている国家と，アフリカの多くの場所で現実にみられる国家とが著しく乖離しているという点であった。

　前者の想定上の国家は，対内的には自らを有効に統治し，対外的には明確に定義された国益を追求する単一の合理的主体とされてきた。他方，後者のアフリカ国家の現実——たとえば排他的な領域統治の欠如——は，こうした主体としての有効性や単一性の想定からはしばしばかけ離れている。そのため，アフリカの国際関係の理解には，従来とは異なる理論的な前提と分析枠組みが必要になると考えられたのである。

⑵　内と外の不可分

　伝統的な国際関係論の想定とは対照的に，こうした研究では，国家の領域における政治権力が中央の政府によって独占されていない状況が半ば自明視されている。「ある一定の領域の内部で正当な物理的暴力行使の独占を（実効的に）要求する人間共同体」（ヴェーバー 2020：9）という有名なマックス・ヴェーバーの国家の定義が最初から成立していない状況である。このような状況を出発点にすると，いかなる国際関係の描像が出てくるのであろうか。ここでは，特にアフリカ国家の統治者の立場を起点に，二つの観点を示しておこう。

　一つは，国家間のフォーマルな関係——二国間の政治・経済関係や国際組織などをつうじた多国間の関係——の回路（チャンネル）を介さないインフォーマルな関係に注目する見方である。中央政府が必ずしも全土を実効的に統治しておらず，国境の浸透性も高いアフリカの国々では，特に首都から離れた場所を中心に，様々な非国家的・脱国家的な主体が，国家から一定の自立性を示しながら，国境をまたぐ活動を公然と行っている場合が少なくない。たとえば，密輸に従事する交易商人や犯罪組織，隣国の支援を受けた武装組織，資源採掘を行う新興国や先進国の企業などである。

　こうした主体とその相互作用が生み出す複合的な政治秩序は，「脱国境的編成（transboundary formations）」など（Callaghy et al. 2001），様々な概念をつうじて理解が試みられてきた。そしてアフリカ国家の統治者は，こうした政治秩序の存在を前提に，自らの政治的生存や統治基盤の強化のために非国家的・脱国家的主体との関係を積極的に活用することになる。次節で言及する「脱国家的同盟（transnational alliances）」（Tamm 2016）は，アフリカでみられるこのような状況に対して，伝統的な国際関係の理論——国家間の同盟理論——の拡張を試みたものとして理解できる。

　もう一つは，国家による対内的な権力独占が成立していないがために，その統治者にとってフォーマルな対外関係がなおいっそう重要になるという観点である。アフリカの国々は，たとえ軍事的・経済的に脆弱であっても，法的には他の国々とまったく変わらない主権国家である。この法的地位によって，アフリカの統治者は，域内外の主権国家と公的に関係を結び，これらの国々を独占

的なメンバーとする国際組織に参加できる。そしてこうしたフォーマルな関係
は、非国家的・脱国家的主体には望めない「合法的な」形で様々な資源——開
発援助や軍事支援など——を統治者たちにもたらすのである（Clapham
1996)。第3節と第4節でみるように、冷戦後のアフリカを取り巻く国際関係
は、こうした側面においても着実に拡大し複雑化してきた。近年注目されてい
る中国やインドといった新興国のアフリカ進出は、その局面の一つに過ぎない。

　以上二つの観点がそれぞれ強調する国際関係の断面は、経験的には相互排他
的ではなく、今日のアフリカで同時に見出せるものである。そのため、現実の
アフリカの国際関係は、国家の内と外とがフォーマル・インフォーマル様々な
回路をつうじて不可分に結合された、大変複雑な様相を示すことになる。これ
らの国々の統治者にとって、こうした外部との数々のつながりは、自らの生存
と権力強化のために利用可能な「外向性戦略（strategies of extraversion)」のレ
パートリーを構成している（Bayart 2000; コラム⑥も参照）。以下では、このよ
うな描像を理解の助けにしながら、現代のアフリカと世界にまたがる重層的な
国際関係を概観していこう。

2　国境をまたぐ対立と協調

(1)　アフリカ国家の危機と国際関係

　第5章では、冷戦終焉を境に多くのアフリカの国々が政治的にも経済的にも
危機的な状況に陥ったことを述べた。また第6章では、こうした国々のなか
で、大規模な武力紛争に直面し、国家の領域的な一体性が損なわれた結果、
「失敗（破綻）国家」「崩壊国家」などと称される状況に至る国が現れたことも
みた。このような過程は、様々な越境的なダイナミクスを伴う。戦火に追われ
て故郷を逃れ、国境を越える難民はその一例である。また、中央政府の統治の
独占が崩れ、様々な武装組織が跋扈するなかで、ある国の政権が隣国の武装組
織を匿ったり支援を与えたりするといったことも当然のように起こる。紛争状
況や政情不安にある国家の統治者にしてみると、自らの統治を脅かす脅威は、
周辺の敵対国から国内の競合組織まで内外に幅広く存在する。そのため、こう
した統治者は、自らも非国家的・脱国家的主体を含む国内外の様々な主体と合

従連衡しながら，多様な脅威に対応するのである。

　こうしたアフリカの統治者の複雑な対内・対外行動は，「汎均衡（omnibalancing）」（David 1991）や「脱国家的同盟」（Tamm 2016）といった概念で捉えられ分析されてきた。以下では，このような行動が駆動したアフリカ域内の国際関係の典型的な事例として，中部アフリカの大湖地域における紛争を取り上げる。ザイール／コンゴ民主共和国（DRC）とその隣国ルワンダ・ブルンジ・ウガンダを中心とするこの地域は，1994年のルワンダでのジェノサイドをはじめ，冷戦後度重なる武力紛争と人道危機に見舞われてきた。ここでは，特に DRC の武力紛争をめぐる国際関係に注目する（Reyntjens 2009など）。

(2)　大湖地域と「アフリカ大戦」

　30年以上にわたってザイールに君臨したモブツであったが（第5章参照），1990年代も後半になると，冷戦期の西側諸国からの強力な支援を大部分喪失し，政治的自由化を求める国内各層からの要求にもさらされ，その長期政権は末期的状況にあった。このようななか，1996年10月に東部国境地帯で始まった反乱は瞬く間に拡大し，わずか半年あまり後の97年5月にモブツ政権はあっけなく放逐される（モブツは同年9月に亡命先のモロッコで死亡）。その後，国名をコンゴ民主共和国に改称し新たな統治者となったのは，反乱を主導したコンゴ・ザイール解放民主勢力連合（AFDL）の指導者ローラン・カビラであった。カビラと AFDL に対しては，ルワンダやウガンダなどの隣国が支援を与えていたことが広く知られていた。特に AFDL の創設に深く関与したルワンダのカガメ政権は，1994年のジェノサイドを主導し，その後自らが放逐した前政権を支えた旧国軍や民兵組織が，モブツの庇護下にあると考えていた。ジェノサイド後に多数の難民とともに隣国コンゴの東部に流れ込んだこれらの勢力は，難民キャンプを拠点にルワンダの新政権に対してたびたび越境攻撃を行っていたからである。

　以上の「第一次コンゴ戦争」に対して，より大規模に，より多くの周辺国を巻き込む形で展開したのが，第一次戦争終了後のわずか1年あまり後に勃発した「第二次コンゴ戦争」である。きっかけは自らの政権に対するルワンダの影響を嫌ったカビラが，その排除に乗り出したことであった。1998年8月，再び

ルワンダのカガメ政権の強い影響下で結成されたコンゴ民主連合（RCD）が，東部で武装蜂起する。こうして始まった武力紛争は，反政府側にルワンダやウガンダなどが，カビラ側にジンバブエ，アンゴラ，スーダンなどが，それぞれ派兵を含む軍事支援を投入する「アフリカ大戦（Great African War）」の様相を呈することになった。これら周辺国の介入の動機は，資源開発の利権から域内での影響力拡大まで様々であったが，多くは，先述のルワンダのように，隣国コンゴにまたがって活動する自国の反政府組織に手を焼いており，政権の維持や強化といったそれぞれの国内政治上の考慮にも強く影響されて，カビラを支持したり，反カビラ側についたりしたのである（Tamm 2016）。

　膨大な数の犠牲者を出した第二次戦争であったが，2001年1月にカビラが暗殺され息子のジョセフ・カビラが後を継ぐと，国際社会，特に南アフリカの仲介もあって，主要な紛争当事者の間に和平の機運が生じた。2002年12月のプレトリア包括和平合意を経て，翌年にはキンシャサで暫定政権が発足し，周辺国の撤兵も始まった。だが，主戦場となった南北キブなど東部の国境地帯では，その後も数多の武装組織が跋扈し，組織的な殺戮やレイプなど人々の生命と生活が深刻に脅かされる状況が続いている。こうした状況がルワンダなど隣国の越境行動をたびたび招くといった構図にも大きな変化はない。背景には，国家権力をめぐる政治勢力間の対立や統治基盤の脆弱な国々の「脱国家的同盟」のダイナミクスのみならず，草の根レベルでの対立——たとえばコンゴ東部でのルワンダ系住民と周辺の民族集団との緊張関係——など，様々な問題が幾重にも横たわっているため，紛争の根本的な解決が今日においても見通せないのである。

3　地域機構と地域協調

(1)　「アフリカの問題のアフリカによる解決」

　上記のDRCの事例を含め，1990年代から2000年代にかけてのサハラ以南のアフリカでは，大規模な武力紛争が各所で頻発し，それらはしばしば周辺地域の国際関係をも大きく揺るがした。このような状況は，アフリカの指導者たちに，地域的な紛争管理の枠組みの構築・強化の必要性を認識させた。また，そ

の背景には，冷戦後の世界におけるアフリカの重要性低下に対する彼らの深刻な危機感もあった。実際，この時期の国際社会は，ソマリアやルワンダの紛争に対する国連平和活動で大きな躓きを経験し，これを受けて，米国を中心とする域外の主要国がアフリカからさらに「撤退」する状況がみられた（久保田2019）。そのようななか，域外の主体から供される「セーフティーネット」に依存するのではなく，アフリカの国自身の力で紛争管理や国家建設といった課題に取り組んでいく機運が高まったのである。「アフリカの問題のアフリカによる解決（African solutions to African problems）」が外交上の一つのキャッチフレーズになった。

　こうした機運に後押しされ，大きな期待を背負って誕生したのが，2002年7月に発足したアフリカ連合（African Union: AU）であった（詳細は Makinda et al. 2016）。今日北アフリカの国々も含め55ヶ国が加盟する AU は，第5章でも触れたアフリカ統一機構（OAU）が改組してできた大陸レベルの地域機構である。

　AU は，OAU と同様，その第一の目的にアフリカの国々の「統一と団結」の推進を掲げているが，制度上いくつかの点で OAU とは大きく装いを変えている。特に画期的といわれているのが，その制定法（Constitutive Act）の第4条にある「重大な状況，すなわち戦争犯罪，ジェノサイドおよび人道に反する罪に際して，連合がその総会の決定に従って加盟国に介入する権利」（第h項）などの原則である。かつて「独裁者のクラブ」とも揶揄された OAU では，主権や内政不干渉原則の絶対性が強調されるあまり，各国内で起きる深刻な人権侵害や人道危機は「国内問題」として座視される傾向が強かった。加盟国内のこうした問題に連合の一定の関与を認める新たな原則が加わることで，AU が武力紛争や人道危機に際して組織として強力に対処しうる道が開かれたのである。

　実際に AU は，今日まで大陸レベルでの紛争の予防と管理のための能力の強化に努めている。その核になるのがアフリカ平和安全保障アーキテクチャ（African Peace and Security Architecture: APSA）である（詳細は落合・ドゥ＝コニング 2019：Engel 2017など）。AU では，その発足直後に，国連の安全保障理事会のように，アジスアベバの本部で加盟国の常駐代表が域内の紛争と平和に関する問題を継続的に議論する平和安全保障理事会（Peace and Security Council: PSC）が設置された。APSA は，この PSC を軸に，その機能遂行を

様々に支える「賢人パネル」「大陸早期警戒システム（CEWS)」「アフリカ待機軍（ASF)」「平和基金」といった要素から構成されている。

　さらに AU は，紛争地への平和支援活動（Peace Support Operation: PSO）の派遣をつうじて，アフリカにおける紛争管理の実践にも深く関わってきた。たとえば，大規模かつ長期にわたる PSO として，国連安保理の授権のもと AU が 2007 年から派遣している AU ソマリア派遣団（AU Somalia Mission: AMISOM）が知られている。長らく崩壊国家の状態にあり，今日もシャバーブといった武装組織の活動により，ソマリア，特にその南部は極めて不安定な状況にある。そのようななかで AMISOM は，派遣国の部隊の多大な犠牲のもと，国際的に承認された脆弱な中央政府——ソマリア連邦政府——を支え続けている（Williams 2018)。

(2)　重層的な地域協調

　アフリカで活動する地域機構は，AU だけではない。アフリカ大陸は，多国間で様々な実務的協調を同時に進めていくにはあまりに広大である。そのため，実際には図12-1のように，AU のほかにも加盟国が部分的に重複する様々な地域機構が存在している。アフリカの大陸全体に対して，西アフリカや東アフリカといったその地理的な構成部分を，単に「地域（region)」と呼んだり「準地域（sub-region)」と呼んだりする。ここでは後者に従うと，アフリカには，西アフリカに西アフリカ諸国経済共同体（Economic Community of West African States: ECOWAS)，アフリカの角には政府間開発機構（Intergovernmental Authority on Development: IGAD）といった具合に，準地域機構がひしめいていることになる。図に示された準地域機構の多くは，AU の政策文書などにおいて「地域経済共同体（Regional Economic Communities: RECs)」として言及される，いわば AU「公認」の機構である。これら以外にも，アフリカの国々は，今日機能していないものも含め実に多くの国際組織をつくってきた（Clapham 1996: 117-121)。

　こうした準地域機構は，もともとは大陸レベルの地域協調とは独立した形で，関係国のその時々の機能的要請に基づいて結成されたものであり，組織としての目的や原則は様々であった。だが，1990年代以降のアフリカ各国の不安

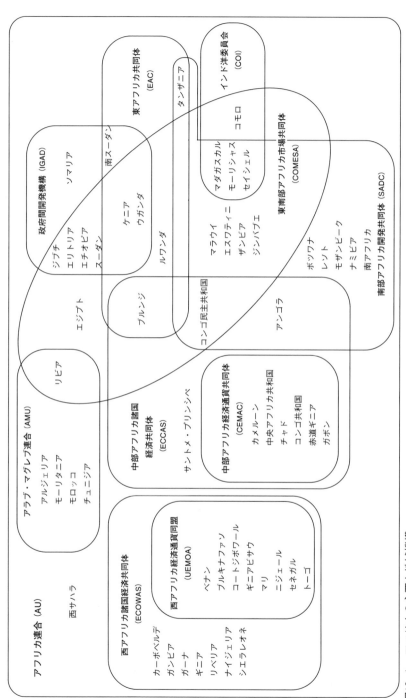

図12-1　アフリカの主要な地域機構

出所：筆者作成。

定化や紛争の深刻化を受け，これらの組織の多くは，それぞれの準地域におけ
る紛争管理の役割をも担うことになる。1990年代のリベリアやシエラレオネな
ど域内の武力紛争に積極的に平和維持軍を派遣してきた ECOWAS は，その最
もよく知られた例であろう。IGAD も，ソマリアや南スーダンにおける紛争の
和平プロセスにおいて一定の政治的役割を果たしてきた。

　AU は，様々な領域でこうした準地域機構との連携も進めてきた。たとえば
RECs という呼称からも窺えるように，これらの機構には，後述するアフリカ
全体の経済統合において各準地域での柱となることが期待されている。また，
AU が認める 8 つの RECs は，それぞれの準地域で待機軍の組織や紛争早期警
戒システムの構築を担うことで，上述した APSA の不可欠な構成要素にもなっ
ている（落合・ドゥ＝コニング 2019）。

(3)　アフリカにおける地域協調の特徴と限界

　以上のような大陸を覆う重層的な地域機構の配置状況とこれら機構間での一
定の連携の進展は，今日のアフリカの地域協調の一つの特徴である。もう一つ
明らかな特徴は，こうした地域協調の焦点として，域内の安全保障，特に紛争
の予防や解決をつうじた各国の安定の維持が突出していることであろう。逆に
いうと，経済統合——ヨーロッパ連合（EU）で典型的にみられた共通市場の
創設や通貨統合にむけた動き——は，アフリカでは十分に進んでいない。

　この点については，OAU 時代のラゴス行動計画（1980年）以降，上述の
RECs それぞれで経済統合を進め，これを基礎に大陸レベルのアフリカ経済共
同体（African Economic Community: AEC）での統合を達成するという青写真は
描かれている。さらに，2018年 3 月に採択されたアフリカ大陸自由貿易圏
（African Continental Free Trade Area: AfCFTA）協定が大陸の大半の国々の批
准を得て発効するなど，AU のもとで経済統合へむけた本格的な動きも始まっ
た。だが，RECs 間での統合の進度のばらつきや各国の経済構造の類似性に由
来する相互依存の低さなど，こうした動きを推進していくうえでなお克服すべ
き課題は多い（詳細は正木 2014など）。

　最後に，アフリカの地域協調の大きな限界として頻繁に指摘されるのが，域
外主体に対する依存の大きさである。特に AU を含むアフリカの地域・準地

域機構は，軒並み財政面での対外依存が著しい。たとえば，アジスアベバの AU 本部のビルは，よく知られているように中国が資金拠出して建設したものである。AU がその活動の中心におく APSA の構築も，資金面で EU などの域外主体に大きく依存している（Engel 2017）。さらに AMISOM など AU が派遣する PSO も，兵員はアフリカの国々が出すものの，人件費を含めその活動資金は，EU やその他の二国間ドナーがもっぱら担ってきた（Williams 2018）。「アフリカの問題のアフリカによる解決」とはいっても，域外からの支えなしにこうした解決を求めるのは，現状では現実的とはいえないのである。

4　域外世界とのつながり

⑴　伝統的な紐帯のいま

　このようにアフリカの国際関係は，今日においても域内では完結せずに域外との関わりを必要とし続けている。このことは，アフリカと伝統的に強いつながりをもってきた国々，特に旧宗主国や米国との二国間の関係をみても明らかである。

　確かに，冷戦終焉を経て，こうした関係の内実は大きく変化した。たとえばフランスを例にとると，フランス語圏アフリカ諸国との間に存在した一体的な関係——「フランサフリック（Françafrique）」——は今日かなりの程度形骸化している（加茂 2019；Taylor 2010: chap. 3）。30年以上フランとの固定レートを維持した旧仏領諸国の共通通貨 CFA フランは，1994年に切り下げられた。また，同年のルワンダのジェノサイドの際に明るみに出た同国の旧政権との緊密な政治・軍事関係は，フランス内外で激しい批判の対象になり，そのアフリカ関与全般に対する見直しの契機となった。それでも，旧仏領諸国を中心にフランスは依然として相当のプレゼンスを維持している。実際，2000年代以降も，コートジボワール・マリ・中央アフリカ共和国といった場所で政情不安や武力紛争が起きると，フランスは，国連などとも連携しながら躊躇なく軍事介入に踏み切ってきたのである。

　米国についても，ソマリアでの軍事介入失敗後の「撤退」のあと，ただ手をこまねいてアフリカの状況をみていたわけではない（久保田 2019）。1990年代

後半以降，「アフリカの問題のアフリカによる解決」の理念をいわば後方から支援する形で，米国はアフリカ各国の軍隊の訓練や教育を継続的に行ってきた。さらに9. 11同時多発テロ事件以降，こうした米国の取り組みは，いっそう大規模かつ多方面で展開されることになる。「テロとの戦い」の旗印のもと，アフリカ各国の軍隊との様々な共同訓練プログラムや警察・司法部門も含めた対テロ支援プログラムなどが相次いで実施され，それらを一手に担う組織として，2007年には米軍に新たな統合軍「アフリカ軍（Africa Command: AFRICOM）」も設置された。2000年代以降の米国の対アフリカ関与としては，そのほかHIV/AIDS対策の支援や経済支援——特定の輸出品に米国市場への特恵的アクセスを認めるアフリカ成長機会法（African Growth and Opportunity Act: AGOA）など——も知られている。

　近年，「テロとの戦い」を大きな動因として，米国など西側諸国はアフリカ，特にアフリカの角やサハラ・サヘル地域に対する直接的な関与を深めている。たとえばサハラ・サヘルでは，2011年のリビアのカダフィー政権の崩壊や2012年のマリ北部でのトゥアレグの反乱を契機に，イスラーム・マグレブのアル＝カーイダ（Al-Qaeda in the Islamic Maghreb: AQIM）をはじめ，いくつかのイスラーム主義武装勢力が急激に拡大した（佐藤 2017）。こうした状況に対し，フランスが2013年1月に軍事介入を行ったほか，大規模な国連平和活動が展開され，「G5サヘル」と呼ばれる域内諸国も合同軍を組織するなど，今日まで，多国間の連携による押さえ込みが図られてきた。従来この地域で対テロ支援を行ってきた米国も，ドローンによる監視や攻撃を実施するなど，その関与はより持続的で直接的なものになっている。

(2)　新興諸国の台頭と進出

　グローバルな安全保障とも連動したこのような動きとともに，今日のアフリカと世界との関わりで大きな注目を集めているのが，中国・インド・ブラジルといったいわゆる新興諸国のアフリカ進出であろう。ここでは，この面で突出している中国に焦点をあてる。

　アフリカの国々に対する中国の関与の歴史は長いが，そのプレゼンスが顕著な形で拡大していくのは2000年代に入ってからである。象徴的には，2000年10

月に北京で開催された第一回中国・アフリカ協力フォーラム（Forum on China-Africa Cooperation: FOCAC）がその端緒となった。実際，前年の1999年にはアフリカと中国との貿易額は65億ドルに過ぎなかったが，15年後の2014年にはその35倍近い2219億ドルに達している。投資額は1999年の6500万ドルから2017年の31億ドルへと50倍近い伸びである（北野 2019：41）。

　こうした経済進出の急拡大をもたらした要因として，原油や銅などアフリカが産出する資源に対する中国側の旺盛な需要が頻繁に指摘されてきた。中国のアフリカ進出の要因を資源需要にのみ帰す見方には強い批判もあるが（Brautigam 2009など），アンゴラ・DRC・スーダン・ザンビアなど，中国と関係の深い国々には実際に資源産出国が少なくない。たとえばDRCの対中輸出は，銅や原油を中心に2000年から2012年にかけて年率100％近い成長率で激増した。その結果，DRCの銅・原油・非鉄金属の輸出に占める中国のシェアは，今日ほぼ100％である（Chakrabarty 2016）。

　アフリカに対する中国のこうした進出は，欧米や日本など伝統的なドナー諸国を中心に大きな警戒感を引き起こしている。また，中国が既存の援助規範に縛られず，アフリカの強権的な政権や腐敗した政権に無分別に援助を与えているといった批判も聞かれるところである。こうした指摘は事実としてはおそらく正しい。だが，民主的でクリーンとは言い難い政権――たとえばDRCの歴代政権――を支えてきた点では，欧米諸国もそれ以外の国々も，中国とさして変わるところはない。むしろ，アフリカの側からみれば，中国など新興諸国の進出が惹起するとされる「新たなアフリカ分割（New Scramble for Africa）」（Carmody 2016）は，アフリカの統治者にとっての対外関係の「選択肢」を増やすことで，その主体性（agency）をいっそう強化しているとさえいえるのである（Harman and Brown 2013: 79）。

⑶　グローバル・ガバナンスのなかのアフリカ

　アフリカを新旧大国間の争奪戦の場としてしか見ないような見方は，そこで展開する国際関係の全貌を見失わせるという意味でも問題である。アフリカをめぐっては，大国間の対立だけではなく，これらの国々を含む多国間の，さらには国際組織や非政府組織（NGO），民間の財団や企業なども含む多主体間の

グローバルな協調が極めて活発に展開しているからである。グローバルな課題
解決に関わるこのような多主体間の協調は，しばしば「グローバル・ガバナン
ス」と呼ばれ，アフリカと関わりの深い問題領域に限定しても，HIV/AIDS か
ら貧困削減に至るまで様々な分野でみられる（Harman and Brown 2013: 80-83;
第 9 章も参照）。

　たとえばアフリカの紛争管理に関わる分野では，国連の安保理を中心とする
グローバルな安全保障ガバナンスが重要である。安保理の常任理事国は，米英
仏ロ中の五大国から構成され，特にシリアやパレスチナといった中東情勢をめ
ぐっては，しばしば互いに鋭く対立してきた。他方で，アフリカについては協
調関係が基調であり，アフリカの紛争の多くで広範な権限を有する大規模な平
和維持活動（PKO）——国連コンゴ民主共和国安定化ミッション（MONUSCO）
や国連マリ多元統合安定化ミッション（MINUSMA）など——が安保理の決議
によって創設され派遣されてきた。実際，冷戦後に急増した PKO ミッション
の半数以上は，アフリカにむけてのものであった（山口 2019：183）。さらに，
国連は AU などアフリカの地域機構とも緊密な関係を維持しているし，上で
触れた AMISOM や G 5 サヘルなど域内諸国の紛争対応も，国連安保理で授権
がなされ，ロジスティックス面でも国連の支援を受けている。アフリカの国家
とその統治者を下支えする地域的な紛争管理枠組みは，グローバルな安全保障
ガバナンスのなかに深く埋め込まれているのである。

参考文献

ヴェーバー，M　2020『職業としての政治』脇圭平訳，岩波書店。

落合雄彦／セドリック・ドゥ＝コニング　2019「アフリカ連合」落合雄彦編『アフリカ
　　安全保障論入門』晃洋書房，211-235頁。

加茂省三　2019「フランスとアフリカ」落合編，前掲書，144-157頁。

北野尚宏　2019「中国のアフリカ進出の現状と課題——中国・アフリカ協力フォーラム
　　（FOCAC）を中心に」『国際問題』682：41-52。

久保田徳仁　2019「アメリカとアフリカ」落合編，前掲書，131-143頁。

佐藤章　2017「イスラーム主義武装勢力と西アフリカ——イスラーム・マグレブのアル
　　＝カーイダ（AQIM）と系列組織を中心に」『アフリカレポート』55：1-13。

正木響　2014「アフリカ経済のグローバル化とリージョナル化」北川勝彦・高橋基樹編
　　『現代アフリカ経済論』ミネルヴァ書房，221-244頁。

山口正大　2019「国連とアフリカ」落合編，前掲書，183-197頁。

Bayart, J. F. 2000. Africa in the World: A History of Extraversion. *African Affairs* 99 (395): 217-267.

Bischoff, P. and K. Aning, A. Acharya 2016. *Africa in Global International Relations: Emerging Approaches to Theory and Practice.* London and New York: Routledge.

Brautigam, D. 2009. *The Dragon's Gift: The Real Story of China in Africa.* Oxford and New York: Oxford University Press.

Callaghy, T. M. and R. Kassimir, R. Latham 2001. *Intervention and Transnationalism in Africa: Global-Local Networks of Power.* Cambridge and New York: Cambridge University Press.

Carmody, P. R. 2016. *The New Scramble for Africa.* 2nd ed. Malden: Polity Press.

Chakrabarty, M. 2016. Growth of Chinese Trade and Investment Flows in DR Congo: Blessing or Curse? *Review of African Political Economy* 43(147): 116-130.

Clapham, C. 1996. *Africa and the International System: The Politics of State Survival.* Cambridge and New York: Cambridge University Press.

Cornelissen, S. and C. Fantu, T. M. Shaw 2012. *Africa and International Relations in the 21st Century.* Hampshire UK and New York: Palgrave Macmillan.

David, S. R. 1991. *Choosing Sides: Alignment and Realignment in the Third World.* Baltimore: Johns Hopkins University Press.

Engel, U. 2017. The Africa Union's Peace and Security Architecture: From Aspiration to Operationalization. In J. W. Harbeson and D. Rothchild (eds.), *Africa in World Politics: Constructing Political and Economic Order.* 6 th ed. Boulder: Westview Press, pp.262-282.

Harman, S. and W. Brown 2013. In from the Margins? The Changing Place of Africa in International Relations. *International Affairs* 89(1): 69-87.

Makinda, S. M. and F. W. Okumu, D. Mickler 2016. *The African Union: Addressing the Challenges of Peace, Security, and Governance.* 2nd ed. London: Routledge.

Reyntjens, F. 2009. *The Great African War: Congo and Regional Geopolitics, 1996-2006.* Cambridge and New York: Cambridge University Press.

Tamm, H. 2016. The Origins of Transnational Alliances: Rulers, Rebels, and Political Survival in the Congo Wars. *International Security* 41(1): 147-181.

Taylor, I. 2010. *The International Relations of Sub-Saharan Africa.* New York: Continuum.

Williams, P. D. 2018. *Fighting for Peace in Somalia: A History and Analysis of the African Union Mission (AMISOM), 2007-2017.* Oxford: Oxford University Press.

●読書案内●

『アフリカ安全保障論入門』落合雄彦編，晃洋書房，2019年
　　国際関係を含むアフリカの安全保障の様々な側面について網羅的に扱って
　　いる。AU や準地域機構による紛争管理の取り組み，米国・中国・国連な
　　ど域外主体のアフリカ関与，海賊やテロ集団など脱国家・非国家主体に関
　　する解説が充実している。

『現代アフリカ経済論』北川勝彦・高橋基樹編，ミネルヴァ書房，2014年
　　アフリカの政治経済全般を幅広く扱っている。内容は国際関係に限定され
　　ないが，本章では十分に扱えなかった地域の経済統合，貿易・投資・援助
　　など域内外の経済交流に関する記述が充実している。

Africa in World Politics: Constructing Political and Economic Order. 6th ed.
Harbeson, J. W. and D. Rothchild. eds., Boulder: Westview Press, 2017
　　アフリカの国際関係について本格的に学ぼうとすると海外の文献に当たら
　　ざるをえない。良書は多数あるが，定番はこの論文集である。30年近くに
　　わたって版が重ねられており，構成や内容も時とともに大きく変化してきた。

現代アフリカの水政治（Hydropolitics）

ナイル川をめぐる流域国間の対立

阪本拓人

　アフリカ連合（AU）の首脳会議など様々な場面で，アフリカの指導者は，同じ大陸の「兄弟国」としての団結や連帯を口にする。だが，アフリカの国際関係で，互いの国益と国益が激しく衝突する局面もないわけではない。ナイル川の利用をめぐる流域国間の対立が一例である。

　飲料水から灌漑まで水需要の大部分をナイル川に依存するエジプトは，上流域の国々の水資源開発に常に神経を尖らせてきた。その直近の事例が，2011年着工のエチオピアの「大エチオピア・ルネサンスダム（Grand Ethiopian Renaissance Dam: GERD）」である。ナイルの支川，青ナイル川のスーダン国境付近で建設が進む GERD の発電所は，完成すれば，発電量5150メガワットのアフリカ最大の水力発電所になる。エチオピアにとっては，国民生活の電化と工業化の劇的な推進が期待される，まさに国家的事業である。他方，下流に位置するスーダンやエジプトでは，ナイルの総水量の85％をもたらす青ナイルでの巨大ダムの建設に対して，懸念と反発の声が上がっている。特にダムの貯水が急速に進むと，ナイル河口に広がる農耕地が深刻な打撃を受けるとの試算もあり，エジプトにとっては国家の存立に対する脅威ともなりうる問題である。エジプトとスーダンは，ダムの貯水の速度抑制や旱魃時の放水の保証など，法的に拘束力のある合意を求めているが，エチオピアはこれを拒んで2020年の雨季よりダムの貯水を開始した。2022年2月には発電も始まっている。

　これまで米国，ヨーロッパ連合（EU），南アフリカ，AU などが仲介に入ったが，いずれも不調に終わった。執筆時点（2022年4月）では国連安保理の関与を求める声が高まっている。2023年のダム完成を前に，流域国間の緊張が和らぐ気配はない。

第13章

日本との関わり

その歴史を辿る

溝辺泰雄

ナイジェリア南東部エヌグ州にある「ジャパンロード」の街並み（コラム⑬参照）
（2008年，筆者撮影）

日本とアフリカの距離は1万 km 以上もあり，歴史的にも密接な関係が
あったとはいえない。とはいえ，古くは安土桃山時代から直接の人的交流
が始まり，昭和初期には日本製の商品がアフリカ大陸で流通していた。本
章では，第二次世界大戦での不幸な関わりを乗り越え，貿易や国際協力の
面での関係強化が進められてきた20世紀の事例を中心に，過去から現在に
至る日本とアフリカの関わりの歴史を辿ることにしたい。

1　20世紀初頭まで――直接の交流の始まり

⑴　戦国時代から江戸時代まで――強いられた移動から始まった人的交流

　アフリカ大陸出身者（以下「アフリカ人」とする）と日本人との直接の出会いの始まりは16世紀までさかのぼる。大航海時代の始まりにより，16世紀以降，アフリカを経由してアジアへと向かうポルトガル船が日本にも到来するようになった。それらの船には奴隷や従者としてアフリカ人たちが乗船していたことがあった。彼らの多くはモザンビークをはじめとするアフリカ東南部の出身とされる。なかでも，日本に現存する資料に初めて記述されたアフリカ人は，安土桃山時代の1581年に織田信長の家来となった「彌介」である（藤田 2005）。イエズス会巡察師ヴァリニャーノの従者として日本にやってきた彌介は，1579年に現在の南島原市の口之津に到着した。2年間九州に滞在した後，大阪の堺を経由して京都に入った彌介は，ヴァリニャーノによって信長に「献上」された（ロックリー 2017）。

　日本に到来したポルトガル人は，日本人も奴隷として取り引きした。日本人奴隷たちはポルトガルの海域ネットワークの拠点で使役労働を強いられた（デ・ソウザ 2021）。彌介が日本に来ていたのとほぼ同じ時期に，そうした日本人奴隷の一人がアフリカ大陸に置き去りにされていたとの記録が確認されている。1593年3月，インドからポルトガルのリスボンにむけて航行中であったポルトガル船「サント・アルベルト」号はアフリカ南東岸に座礁した。海岸まで辿り着いた乗客125名と奴隷160名は，モザンビークの拠点港であったマプートを目指して険しい陸路を徒歩で進んだ。その奴隷たちのなかに日本人が1名含まれていたのである（吉国 1993）。

　江戸時代には，オランダ船に乗せられた「カフィル人（当時のヨーロッパ人が東南部アフリカ地域出身者を指して用いた言葉）」が長崎の出島に滞在していたとの記録がある（藤田 2005）。彼らは日本側の記録に「黒坊」と記されているが，その語が指す対象は肌が褐色の東南アジア出身者も含まれており，すべてがアフリカ人というわけではなかった。フランス革命を発端とする混乱によってオランダ船の来航が一時的に途絶えた1797年から1807年の間には，オランダ

東インド会社の傭船としてアメリカ船が長崎に入港していた。当時のアメリカ船にはアメリカ系アフリカ人が乗っていたため，この期間の文書に記録された「黒坊」のなかにはアフリカ系アメリカ人が含まれていた可能性も指摘されている（古川・古川 2004）。

　いずれにせよ，上述のとおり，江戸末期までの人的交流は，他人によって連行された結果や乗船していた船が停泊したためなど，本人たちが当初から意図した交流ではなかった。

(2)　明治期——次第に高まる互いへの関心

　明治期に入ると，開国と近代化政策によって日本国内の経済構造が変化し，農村部を中心に多くの余剰労働力が生じることになった。その結果，日本人の海外移住が加速化した。19世紀末から20世紀初頭になると，北米や南米，アジアやハワイ，オセアニアに加えて，数は少ないながらもアフリカ大陸に移住する日本人も現れるようになる。この当時の移住先の中心は南アフリカであった。1903年にはケープタウンに20名ほど，1906年にはダーバンに15名ほどの日本人が在留していたとされる（青木 1993）。

　日本人が自らの意思でアフリカを旅するようになったのもこの時期である。1901年に世界一周無銭旅行に出た中村直吉は，アジアからヨーロッパを旅したのち，1903年に南アフリカのケープタウンに上陸した。南アフリカを陸路移動して東部の港に出た中村は，船で現在のモザンビーク，タンザニア，ケニアの港湾都市を訪問した（青木 1993）。世界一周ののちに著した『亞弗利加一周』（中村・押川 1910）は日本初のアフリカ旅行記とされている（西野 1964）。一方，この当時「娘子軍」として東南アジアに派遣されていた日本人娼婦（からゆきさん）の一部が東アフリカのザンジバル島をはじめとする東南部アフリカ地域に渡っていたことも忘れてはならない（白石 1995）。中村による旅行記にも彼女たちの存在が記録されている（中村・押川 1910）。

　明治期は日本によるアジアへの膨張政策が顕在化した時期でもあった。「近代国家」としてヨーロッパ列強と対抗する動きのなかで，日本でもヨーロッパによるアフリカ侵略と植民地支配に注目が集まった。なかでも関心を引き寄せたのは，ケープからカイロを結ぶ，イギリスのアフリカ縦断政策を主導したセ

シル・ローズであった。ブール戦争（南アフリカ戦争，1899～1902年）の終結ま
もない時期に，柳沢泰爾による『南阿奇傑セシル・ローヅ』（1902年）などロー
ズに関する著作が立て続けに出版された。また，アフリカ内陸を探検したスタ
ンレーやリヴィングストンらに関する翻訳本や児童書もこの時期複数出版され
た。しかし，この時期の日本の出版物における「アフリカ」は，未開で野蛮な
暗黒大陸という欧米の言説をそのまま翻訳するものがほとんどであった。

　一方で，日露戦争における日本の勝利は，アフリカの知識人に日本の存在を
意識させるきっかけにもなった。イギリスと貿易関係にあった西アフリカの主
要都市では，19世紀前半からアフリカ人の一部が西洋教育を受けるようにな
り，19世紀後半にはキリスト教の宣教師や学校教員，さらには弁護士などの専
門職に就く者も現れた。彼らのなかには，新聞や著作の出版をとおして言論活
動を行う者もいた（溝辺 2006；2011）。その一人で，イギリス領ゴールドコー
スト（現在のガーナ）出身のJ・M・サーバーは，1906年に出版した著書『ファ
ンティの民族法』のなかで，日露戦争における日本の勝利は西洋列強による植
民地支配下に置かれているアフリカの人々にも勇気を与えるものであると記し
ている（Sarbah 1968: 254）。

(3)　大正期から昭和初期——官民挙げたアフリカ市場開拓

　大正期（1912～26年）以降，日本は自国製品の市場開拓を目的に，政府主導
でアフリカ各地への進出を試みるようになる。1918年に南アフリカのケープタ
ウンに領事館が設置されたのを皮切りに，1930年代までに，エジプトやケニ
ア，エチオピアなどにも領事館が設置された。初期の貿易相手の中心は南アフ
リカであったが，昭和期に入ると東アフリカ市場の開拓が本格化した。1926年
には大阪商船（現在の商船三井）が東アフリカ定期航路を開設し，翌年には商
工省が東アフリカの主要貿易港のモンバサに貿易通信員を設置した（西野
1963）。東アフリカとの貿易では，当初ウガンダ産の綿花の輸入が主であった
が，1930年代以降は日本製の綿織物と雑貨品の輸出が中心になった（北川
1993）。

　1930年以降，日本の市場開拓は西アフリカにも及んだ。1930年10月から翌年
4月にかけて，商工省から委託された日本人商社員2名がエジプトから東アフ

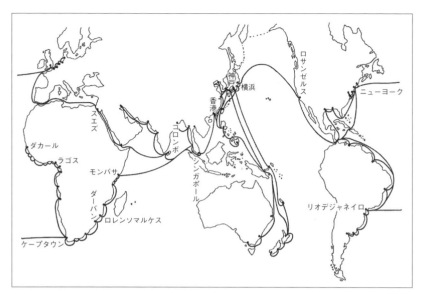

図13-1　1933年の大阪商船の定期航路
出所：大阪商船三井船舶編（1966：84）より筆者作成。

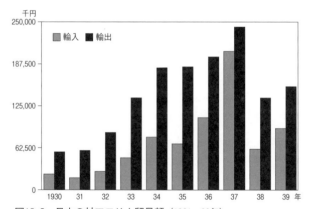

図13-2　日本の対アフリカ貿易額（1931〜39年）
出所：日本貿易振興會（1941）掲載のデータに基づき筆者作成。

リカ経由で西アフリカのシエラレオネまでの市場調査を行った。彼らは神戸商
工会議所での帰国報告で「同地を訪れた際愉快に感じた事は，殊に神戸の輸出
商からの見本に屢々接した事で西阿は努力次第で玆数年間にはモロッコ同様の

有望な市場となるだろう」と述べている（神戸新聞 1931）。こうした調査が複数実施された後，1933年に大阪商船が西アフリカ定期航路を開設し，日本は西アフリカ地域に直接商品を送り込むことが可能になった（図13-1）。

　こうした官民共同でのアフリカ市場開拓によって，日本の対アフリカ貿易額は1930年代以降急速に増加した（図13-2）。しかし，第二次世界大戦開戦直前の国際関係の緊迫化に伴い，日本の対アフリカ貿易額は1938年以降急激に減少し，アジア太平洋戦争の開戦によって断絶することとなった。それに伴い，アフリカ大陸で活動していた日本人も撤退し，少なくとも公文書上においては，アフリカに入国する日本人の記録は1941年以降，途絶えることになった。

2　第二次世界大戦期——アフリカと日本の意図せざる戦い

(1)　幻の東京オリンピックとエチオピア

　1940年に開催が予定されていた第12回夏季オリンピックは東京での開催が決定していたが，第二次世界大戦の勃発によって幻の大会となった。この第12回大会の開催地決定に北東アフリカのエチオピアをめぐる当時の国際関係が影響を与えたとの指摘がある。前節で，1920年代から日本とアフリカの貿易関係が拡大したことを確認したが，エチオピアもその例外ではなかった。1922年から26年までに，日本からエチオピアへの輸出額は2倍に増加した。さらなる関係強化を図る日本は，1930年にエチオピアと修好通商条約を締結し，その翌年にはエチオピアの外交団が訪日して昭和天皇に謁見した（海野 1984）。この訪日団の一員であったエチオピアの皇太子が日本人女性との結婚を希望したことで，千葉県の旧久留里藩主の次女との縁談が取り沙汰されるなど，この時期日本でもエチオピアの話題が大きな注目を集めた（山田 1998）。

　しかし，この縁談はまもなく破談となった。その背景の一つとして，イタリアによる反対があったとされている。19世紀末のアフリカ分割期以降，エチオピアにおける権益確保を狙っていたイタリアは，1920年代後半から急速にエチオピアとの関係強化を図る日本の存在に警戒心を高めていた。エチオピアの皇太子と日本人との縁談を日本のエチオピア進出の象徴と受け取ったイタリアはそれを容認しなかったのである。縁談が破談となった翌年の1935年，イタリア

はエチオピアへの軍事侵攻にむけて動き始める。日本では「白人帝国主義者」による「有色人種」への侵略であるとして，イタリアを批判する世論が高まった。民族主義団体を中心にエチオピアに義勇軍を派遣する運動が起きるなど，日本では親エチオピアの声が高まった（石田 2011）。

　ちょうどこの頃（1935年2月），1940年の夏季オリンピック開催地を決定するための IOC 総会がノルウェーのオスロで開催されていた。このオリンピックの開催地には，東京市が立候補を決めていた。同大会には当初イタリアのローマも立候補予定であったが，日本の万国博覧会開催地の立候補取り下げを条件に，イタリアは日本に譲歩すると見込まれていた。しかし，急遽ローマが立候補の意向を示したことで議論は紛糾し，開催地の決定も先延ばしになった。ところがその8ヶ月後に，イタリアのムッソリーニはオリンピックの東京開催への支持を日本に通告した（竹内 2014）。このときイタリアはエチオピアへの軍事侵攻（第二次エチオピア戦争）を開始したばかりであった。

　軍事侵攻当初，日本政府はエチオピア政府を支持する立場をとった。しかし，1936年5月にイタリアがエチオピアを占領すると，日本政府は立場を一転させイタリアのエチオピア領有を承認した。この判断には，自国のアジア侵略への批判を交わす目的があったとされるが，同時にオリンピックの開催地をめぐる両者の思惑も何らかの形で働いたのではないかと推測する向きもある（竹内 2014）。いずれにせよ，こうした紆余曲折の結果，1936年7月の IOC 総会で1940年オリンピックの東京開催が正式に決定された。しかし，冒頭で述べたとおり，同大会は開催されなかった。そして，その原因となった第二次世界大戦により，アフリカと日本は意図せずして「敵」になってしまうのである。

(2)　アフリカの「敵国」となった日本

　第二次世界大戦は文字どおり世界中の人々を巻き込む大戦争であり，アフリカの人々もその例外ではなかった。彼らは植民地宗主国の軍隊に動員されただけでなく，軍需物資の生産など銃後で働くことも求められた。そして，自ら望むことなく「連合国」の一員とされたアフリカ人兵士はインド＝ビルマ（ミャンマー）戦線にも派遣され，「枢軸国」の日本軍との戦いにも投入されたのである。

　ビルマの戦いで日本軍との交戦に動員されたのはイギリス領植民地の人々で

写真13-1　ガーナ国軍博物館に収蔵されている日章旗（2008年，筆者撮影）

あった。多くは経済的に貧しい地域の出身者で，従軍することで得られるとされた給与や支給品，さらに退役後の恩給を信じて「志願」という名目で徴募された若者たちであった（溝辺 2014）。アフリカを離れた彼らはスリランカ経由でインドに上陸し，日本軍が「インパール作戦」を開始する直前の1944年始めにビルマ戦線に投入された。ビルマでの連合国軍による対日反攻作戦には少なくとも10万人以上の兵士が動員され，そのうちビルマの戦場で日本軍と直接交戦したアフリカ人の数は約5万人と推定されている。作戦の当初は主に西アフリカの兵士が投入され，日本軍が劣勢になり撤退を始めた1944年9月以降は主に東アフリカの兵士が追撃戦に投入された（土井 1982）。西アフリカ・ガーナ中部の都市クマシにあるガーナ国軍博物館には，当時のアフリカ人兵士たちがビルマの戦地で「戦利品」として持ち帰ったとされる日本軍の日章旗や武器などが展示されている（溝辺 2020a）（写真13-1）。

　第二次世界大戦期のアフリカで「日本人」とされる人々が捕虜として抑留された事例も存在する。ガーナの植民地期公文書のなかに，3人の「日本人」が「敵国民」として逮捕・抑留されたことを示す記録がある（溝辺 2020b）。彼らは，第一次世界大戦末期から両大戦間期にかけての時期に，職を求めてイギリスに移り住んだ在英「日本人」移民であった。3人の「日本人」は船員としてイギリス商船に乗船していた。その船が西アフリカのイギリス領ゴールドコースト西部の貿易港タコラディに停泊していたときに，日本軍が真珠湾攻撃を実施して連合軍に対して戦線布告した。これにより，何も知らない彼らは一夜にしてイギリスの「敵国民」となり，ゴールドコースト植民地当局によって1941年12月9日に逮捕されてしまったのである。

　なお，3人のうち日本出身者は1人で，残り2人は朝鮮半島出身者であった。当時朝鮮半島は日本統治下にあったため，国籍上は3人全員が「日本人

（Japanese）」として取り扱われた。植民地として「イギリス」の戦争に巻き込まれた西アフリカのガーナで，朝鮮半島出身の彼らも「日本」の戦争に巻き込まれていたのである。彼らは複数の刑務所での勾留を経て，1942年３月９日に首都アクラに設置された抑留者収容所に９人のヨーロッパ人抑留者とともに収容された。しかし，同年７月に「戦争捕虜」として身柄を軍に移された後の消息は不明である。

(3) 広島と長崎に落とされた原爆とコンゴの隠された関係

第二次世界大戦末期に広島と長崎に投下された原子爆弾は，少なくとも20万人以上もの人々の命を奪うなど，甚大な被害をもたらした。これらの原爆を投下したのはアメリカ軍であるが，その爆弾に用いられた原料のウランは，中部アフリカのベルギー領コンゴ（現在のコンゴ民主共和国）で採掘されたものであった。

コンゴのウランはベルギー統治期の1915年に南部のカタンガ州シンコロブウェ鉱山で発見された（図13-3）。ウランは当初，さほど注目を集めていなかったが，1938年に核分裂反応が発見されると欧米列強間でウランをめぐる争奪戦が生じた。当時，ウランの主要産地はチェコスロバキア（現在のチェコ）とコンゴであったが，チェコの鉱山はすでにドイツの支配下におかれていた。そのためアメリカはイギリスの支援を得て，ベルギーの鉱山会社であるユニオン・ミニエール社と交渉し，シンコロブウェ鉱山のウランの大部分を確保するに至った（Swain 2020）。

アメリカの原爆開発計画（「マンハッタン計画」）は1942年以降本格化する（和田 2014）。シンコロブウェ鉱山にもアメリカ軍の技術者が入り，廃鉱にされていた鉱山も採掘し

図13-3　シンコロブウェ鉱山の位置
出所：筆者作成。

て3700トンものウランがアメリカへ秘密裏に輸出された。アメリカの原爆開発を隠蔽するためシンコロブウェは地図から削除され，現地住民に採掘現場を知らせないために偽の情報を拡散させるスパイまでもが投入されたという（Williams 2016）。アメリカの原爆実験に用いられたウランは，カナダとアメリカの鉱山からも採掘されたが，コンゴ産のウラン鉱石の純度は極めて高く良質であったため，実験で用いられた大部分はコンゴ産が占めていたとされる（Swain 2020）。そして1945年7月，アメリカはウラン型とプルトニウム型の原爆を完成させ，翌月，広島と長崎において無数の人々の命を奪ったのである。

3　20世紀後半——歪な形で進んだ関係の再構築

(1)　国際社会復帰後の日本とアフリカ

　第二次世界大戦後の日本とアフリカの関係は，日本が国際社会に復帰した1950年代に再開する。関係再開を主導したのは貿易であった。1950年代，政府や自治体の支援を得た日本の貿易商社が，日本の繊維製品や軽工業品の売り込みに尽力し，1950年代の対アフリカ貿易額は急速に拡大した。1950年時点で対アフリカ輸出額が日本の輸出総額に占める割合は9％ほどであったが，1957年には17.5％を占めるに至った（岡田 2007）。多くのアフリカ諸国が政治的独立を果たした1960年代以降は，日本が重工業中心の経済構造に変革したことに伴い，アフリカ産の鉱物資源の輸入も拡大した。しかし，1973年の第一次オイルショックをきっかけに日本企業のアフリカ進出は激減し，それ以降貿易関係は一部の例外を除いて伸び悩むことになった。

　一方外交関係では，1956年にエチオピアのハイレ・セラシエ1世皇帝が国賓として訪日し，翌年には駐日エチオピア大使館が開設された。また1960年には，当時の皇太子夫妻（現在の上皇上皇后両陛下）がエチオピアを訪問するなど，日本の国際社会復帰とアフリカ諸国の独立により，両者の関係は強化されるかにみえた。

　しかし，1970年代前半まで日本政府はアフリカ外交に対して消極的な姿勢を続けた。日本の首相や外務大臣がアフリカを訪問することはなく，1973年時点で日本の大使館が開設されたのは43の独立国のなかで19ヶ国にすぎなかった

（小田 1994）。ちなみに，日本の外務大臣が戦後初めてアフリカを訪問したのは1974年（木村俊夫外相）であり，首相として初めてサハラ以南アフリカを訪問するのは21世紀に入った2001年（森喜朗首相）のことである。

(2)　核廃絶にむけた日本とアフリカの連帯

　遅々として進まない外交関係の一方，市民レベルでは1950年代から平和や人権問題に関する交流が行われていた。アフリカの独立期にあたる1950年代後半から1960年代は，東西冷戦の緊迫化に伴う核軍拡競争が過熱化していた時代でもあった。1950年代後半にフランスがサハラ砂漠での原爆実験計画を公表したことにより，核兵器はアフリカにとっても現実的な脅威となった。核兵器に対する不安を高めたアフリカの人々は，各地で抗議運動を実施した。なかでも，サハラ以南アフリカで最初に独立を果たしたガーナのクワメ・ンクルマ首相は，独立まもないガーナで核兵器の廃絶を求める国際会議を複数回主催するなど，アフリカの核兵器廃絶運動を主導した。

　1960年，フランスは当時植民地支配下においていたアルジェリアで原爆実験を強行した。それに対してンクルマは，1960年に「アフリカの平和と安全保障のための積極行動会議」，1962年には「爆弾なき世界のためのアクラ会議」を開催し，欧米諸国による核爆弾実験への抗議と核兵器廃絶へむけての国際運動体の創設を模索した。こうしたアフリカ主導の核廃絶運動に日本人も参加していたことはあまり知られていない。1960年の「積極行動会議」には元参議院議員で平和活動家の高良とみが，1962年の「アクラ会議」には高良に加えて，広島市長の浜井信三と日本被団協理事長の森瀧市郎が日本から招待され，世界各国から集まった平和運動家や研究者たちと西アフリカのガーナで核兵器廃絶にむけて議論を行っていたのである（溝辺 2020c）。

　また日本が主導した核兵器廃絶運動にもアフリカの民間人が参加していた。1954年の第五福竜丸事件をきっかけに一気に高まった全国的な反核運動を受けて，翌1955年に広島で第1回原水爆禁止世界大会が開催された。1957年の第3回大会にはエジプトからも代表が参加し，アジア・アフリカ諸国代表らが核兵器と植民地主義に反対する共同宣言を発表した。1960年の第5回大会では，日本の反核運動が「アジア，アフリカおよびラテン・アメリカの民族独立運動と

結びついている」ことが確認され，アルジェリアの民族自決権やコンゴの独立を求める決議が採択された（日本平和委員会 1969）。また，1963年に開催された第9回原水爆禁止世界大会には，ガーナの詩人で後に同国の国連大使にもなるコフィ・アウォノーを含む8人がアフリカから参加した（原水爆禁止日本協議会編 1963）。

(3) アパルトヘイトと日本

先に述べたとおり，日本とアフリカの貿易関係は1970年代のオイルショック以降停滞した。しかし，唯一例外が存在した。それが南アフリカであった。アパルトヘイト政策を強行する国民党政権の南アフリカは，1960年のシャープビル虐殺（パス法に反対する群衆に警察隊が無差別発砲を行い，69人の死者と186人の負傷者を生んだ事件）でさらなる国際的な非難を浴び，国際社会において孤立を深めつつあった。しかしその翌年，日本は南アフリカと外交関係を再開する旨公表し，1962年には南アフリカの総領事館が東京に，1964年には日本領事館がケープタウンにそれぞれ開設された。そして日本人は，「非白人」に「白人」と同等の権利を認めない南アフリカ政府から「名誉白人」の地位を得て貿易を拡大させていった（木下 2009）。

第一次オイルショック後の1970年代半ば以降，日本の対アフリカ貿易の主目的は鉄鉱石や銅，マンガンなどの鉱物資源の獲得となり，資源国の南アフリカは日本にとって重要な貿易相手国となった。さらに東西冷戦の状況下において，アメリカの外交戦略に追従せざるをえない日本の立場も，西側諸国にとってのアフリカの「砦」であった南アフリカとの外交関係の維持を促した。国連総会が「アパルトヘイト犯罪の抑圧及び処罰に関する国際条約」を採択した1973年，日本の対南アフリカ貿易額は輸入が前年比163％，輸出が同130％も増加した。1980年代に入り，アメリカ，イギリス，西ドイツという西側の主要国が徐々に南アフリカとの貿易額を減らすなか，日本はほぼ同水準を維持し，1987年にはアメリカを抜いて世界一の貿易相手国になったのである（森川 1988）。

こうした状況にすべての日本人が沈黙していたわけではなかった。日本における反アパルトヘイト運動は1963年に端を発する。この年，タンガニイカ（現タンザニア）のモシで開催されたアジア・アフリカ人民連帯会議に参加したア

フリカ研究者の野間寛二郎らが，アフリカ民族会議（ANC）の代表団から反ア
パルトヘイト運動を要請された。これをきっかけに，日本でもアパルトヘイト
に反対する市民によるグループや団体が設立され，1969年には「アフリカ行動
委員会」が発足した。1970年3月に来日したANCのマジシ・クネーネに触発
された同委員会は，同年6月に東京で最初のデモ活動を実施した。これ以降，
大阪や京都，名古屋，静岡などにアパルトヘイトに反対する市民グループが誕
生することになった（楠原 2015）。その後も市民による活動は継続され，ネル
ソン・マンデラが釈放された1990年には，ネルソン・マンデラ歓迎日本委員会
が結成された。同委員会は，同年10月のマンデラ来日時に大阪や東京で歓迎集
会を開催し，大阪で開催されたネルソン・マンデラ歓迎西日本集会には2万
8000人もの参加者が詰めかけた（吉田・下垣 1992）。

4　20世紀末から現在まで——新しい関係構築を目指して

(1)　開発支援政策の積極的推進

　1970年代末の第二次オイルショックを受けて，日本政府は資源外交を積極的
に推進した。これにより，日本政府はアフリカを「資源大陸」として重視する
ようになり，それまで消極的だった対アフリカ外交への姿勢を転換させた（小
田 1994）。この時期，アフリカとの関係強化の媒介としての役割を果たしたの
が開発支援であった。1978年以降，アフリカ向け政府開発援助（ODA）の拠出
額は急増した。1989年のサハラ以南アフリカ向けODAは，1978年と比べて3
倍以上の1630万ドルまで増加し，すべての開発途上国向けODAのなかで
17.4％を占めるまでに至った（図13-4）。ただ，その拠出先はナイジェリアや
ケニアなど日本との貿易関係が強い国々とザンビアやザイール（現在のコンゴ
民主共和国）などの資源国に集中しており，アフリカへの開発支援政策が当時
の資源外交の一翼を担っていたことがうかがえる。
　東西冷戦構造が崩壊した1990年代になると，それまで積極的にアフリカに介
入していたアメリカやソ連，その他主要国がアフリカから距離をおきはじめ，
アフリカ向け支援も減少傾向となった。しかし，1980年代から続く経済の低迷
に加えて，紛争や感染症の問題により苦境を迎えていたアフリカ地域へのさら

なる支援が求められていた。

　そうした状況のなか，日本政府は1991年の国連総会において，アフリカに対する国際社会の関心を改めて喚起し，アフリカの状況改善にむけての取り組みを支援する目的で，アフリカの開発を議論する日本主導の国際会議の開催を提唱した（アフリカ協会 1993）。この提案は承認され，1993年に第1回「アフリカ開発会議（TICAD: Tokyo International Conference on African Development）」が，アフリカ48ヶ国の代表を含むおよそ1000名の参加者を迎えて東京で開催された。同会議で採択された「東京宣言」では，援助強化の必要性を強調する一方で，自助努力の重要性も確認され，アジアの経験をアフリカにも活かす南南協力の推進も明記された（外務省 1993）。TICAD はその後，5年ごとに日本で開催されていたが，2016年の第6回は初めてケニアのナイロビで開催され，それ以降は3年に一度，アフリカと日本で交互に開催されることになった（表13-1）。

(2)　民間ビジネスを中心とした関係構築へ

　2003年に日本政府は，1992年に制定された ODA 大綱を改定し，ODA の目的を「国際社会の平和と発展に貢献し，これをつうじて我が国の安全と繁栄の確保に資すること」（外務省 2003）にあると明示した。そのうえで，持続的成長を実現するために「民間の活力や資金を十分活用しつつ，民間経済協力の推進を図る」との文言が加えられた。ODA 大綱は2015年の再改定の際に「開発協力大綱」と名称変更され，開発協力をつうじて「国益の確保に貢献する」（外務省 2015）という表現が明記された。同大綱では，それまで対象外とされてきた援助受入国の軍への支援も，民生目的や人道活動などに限定して「個別具体的に検討」できるものとされた。しかし，この点については，資金や物資が間接的に軍事転用される可能性が懸念されている。

　一方で，新しい開発協力大綱においても「民間部門の活動が開発途上国の経済成長を促す大きな原動力となっている」として，開発協力における民間のビジネスの役割が重視されている。そこでは，政府の ODA を活用してインフラストラクチャーなどを整備することで日本の民間ビジネスの進出を促し，現地経済の成長と貧困削減につなげることなど，官民連携の開発協力によって相手国と日本の双方にとってのメリットを生むことが想定されている。2016年にケ

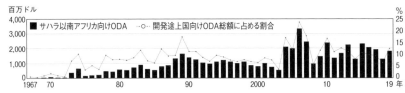

図13-4　サハラ以南アフリカ向け ODA 拠出額と ODA 総額に占める割合（1967〜2019年）
出所：OECD のデータをもとに筆者作成。

表13-1　第 1 回以降のアフリカ開発会議（TICAD）

回	開催年	開催都市	首相	採択された宣言・計画
I	1993	東京	細川護熙	「アフリカ開発に関する東京宣言」の採択
II	1998	東京	小渕恵三	「東京行動計画」の採択
III	2003	東京	小泉純一郎	「TICAD10周年宣言」の発表
IV	2008	横浜	福田康夫	「横浜行動計画」の採択
V	2013	横浜	安倍晋三	「横浜宣言2013」と「横浜行動計画2013-2017」の採択
VI	2016	ナイロビ（ケニア）	安倍晋三	「ナイロビ宣言」の採択
VII	2019	横浜	安倍晋三	「横浜宣言2019」の採択
VIII	2022	チュニス（チュニジア）		

出所：JICA を参考に筆者作成。

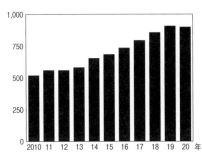

図13-5　アフリカにおける日系企業*の
　　　　拠点数（2010〜20年）
出所：外務省（2021）より筆者作成。
注：*ここでいう「日系企業」とは日本企業と現地法
　　人，日本企業の支店から現地法人化された日系企
　　業，出資する海外の現地法人・日本人が海外で興
　　した企業などが含まれる。

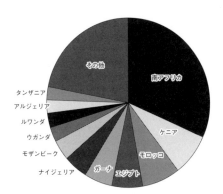

図13-6　日系企業拠点数の国別内訳
　　　　（2018年10月時点）
出所：外務省（2021）より筆者作成。

ニアの首都ナイロビで開かれた TICAD VI には，商社や製造業など70社以上の企業が経済ミッションとして現地入りし，製品の展示会を開催した。このとき採択された「ナイロビ宣言」では，三つの優先事項の一つとして「経済の多角化・産業化などをつうじた経済構造改革の推進」が明記された（外務省2016）。

　こうした動きを受けて，日系企業がアフリカにおく拠点数も増加傾向にある（図13-5）。その数は南アフリカが依然として突出しているが，西アフリカのガーナや南部アフリカのモザンビーク，さらには東アフリカ内陸部のウガンダやルワンダにも拠点が増えつつある（図13-6）。2019年時点の業種別の拠点数では，製造業（約27％）と卸売／小売業（約25％）で全体の半分以上を占め，ついでサービス業が全体の10％程度となっている（外務省領事局「海外在留邦人数調査統計」）。2020年に日本貿易振興機構（JETRO）が実施した調査によると，企業がアフリカへ進出する理由として挙げたもののなかで最も高かったのは「市場の将来性」の79.1％であった。「日本のODA」とした企業は全体の17.0％で，2007年の24.3％から低下し，「天然資源」とした企業も2007年の29.9％から2020年は14.5％に低下している（日本貿易振興機構 2020）。

⑶　これからの日本とアフリカ

　これまでみてきたように，日本とアフリカの関係は安土桃山時代以降，細々ながら着実に継続されてきた。21世紀に入ってからは，20世紀後半の開発支援中心の関係からビジネスをとおした民間レベルのつながりも強化されつつある。2013年の TICAD V で提案された「アフリカの若者のための産業人材育成イニシアティブ（African Business Education Initiative for Youth: ABE イニシアティブ）」により，2020年時点で1200人を超えるアフリカの若者が日本の大学院での教育や日本企業におけるインターンシップに参加してきた（外務省2020a）。また，1965年に導入された青年海外協力隊制度をとおして，2020年9月30日時点でこれまでに1万5000人以上の日本の若者たちがアフリカでのボランティア活動に参加している（国際協力機構 2020）。

　一方で，2020年の日本の対外貿易全体に占めるアフリカの割合は輸出，輸入ともにわずか1％台（日本貿易会 2020）であり，2019年時点でアフリカに在留す

る日本人の数は永住者と長期滞在者の合計でも7489人と，すべての海外在留邦人の0.5％にすぎない（外務省 2020b）。他方，日本に在留するアフリカ人の数は2020年12月末時点で１万8595人と，すべての在留外国人の6.4％ほどである（出入国在留管理庁 2021）。

　COVID-19によって世界は物理的な交流を一時的に断絶されることになった。日本とアフリカの間で行き交う人の流れも大幅に減少し，やりとりされるモノの量もやや減少した。未曾有のパンデミックを経験した後の日本とアフリカの関係はどうなるのであろうか。一つだけ明らかなことは，貿易や援助だけの関係では，これまでと同じ歴史を繰り返してしまうかもしれないということである。21世紀に入ってから拡大しつつあったビジネス分野でのアフリカ進出の動きは，1960年代以降の文脈では新しい動きの芽生えのようにもみえる。しかし，もう少し長いスパンで見つめ直すと，それは昭和初期の官民挙げたアフリカ市場開拓の現代版であるようにもみえてくる。新しい関係に移行していくためには，留学や観光，文化交流なども含めた，様々なレベルで一人でも多くの人々が互いの地を訪れ，学び合うことができる状況を増やしていくことが求められる。

参考文献（ウェブサイトの最終閲覧日はいずれも2022年３月31日）

青木澄夫　1993『アフリカに渡った日本人』時事通信社。

アフリカ協会　1993「東京で『アフリカ会議』開催」『月刊アフリカ』33（10）：4-5。

石田憲　2011『ファシストの戦争――世界史的文脈で読むエチオピア戦争』千倉書房。

海野芳郎　1984「第二次イタリア・エチオピア戦争と日本」『法政理論』16（2）：188-240。

大阪商船三井船舶編　1966『大阪商船株式會社80年史』大阪商船三井船舶。

岡田茂樹　2007「日本とサブサハラ・アフリカとの貿易・投資」武内進一編『成長するアフリカ――日本と中国の視点』https://www.ide.go.jp/library/Japanese/Publish/Reports/Kidou/pdf/2007_03_03_5_okada_j.pdf

小田英郎　1994「日本のアフリカ政策――その一考察」川端正久編『アフリカと日本』勁草書房，80-96頁。

外務省　1993「アフリカ開発に関する東京宣言（仮訳）」https://www.mofa.go.jp/mofaj/area/ticad/tc_senge.html

――　2003「政府開発援助大綱の改定について」https://www.mofa.go.jp/mofaj/gaiko/oda/shiryo/hakusyo/04_hakusho/ODA2004/html/honpen/hp203010000.htm

――― 2015「開発協力大綱」https://www.mofa.go.jp/mofaj/gaiko/oda/seisaku/taik
ou_201502.html

――― 2016「TICAD Ⅵナイロビ宣言」https://www.mofa.go.jp/mofaj/af/af1/page3_00
1784.html

――― 2020a『令和2年版外交青書』日経印刷。

――― 2020b「海外在留邦人数調査統計（令和2年版）」https://www.mofa.go.jp/mof
aj/toko/tokei/hojin/index.html

――― 2021「海外進出日系企業拠点数調査」https://www.mofa.go.jp/mofaj/ecm/ec/
page22_003410.html

北川勝彦　1993「日本と東アフリカの経済関係」『日本－アフリカ交流史――明治期か
ら第二次世界大戦期まで』同文館，97-136頁。

木下郁夫　2009『大使館国際関係史――在外公館の分布で読み解く世界情勢』社会評論
社。

楠原彰　2015「反アパルトヘイト運動の経験を振り返る――アフリカ行動委員会の運動
を中心に」『アフリカNOW』102：4-14。

原水爆禁止日本協議会編　1963『第9回原水爆禁止世界大会議事要録（1）』原水爆禁
止日本協議会。

神戸新聞　1931「我国将来の新市場西アフリカ――シエラレオネを中心に横瀬，羽柴両
氏講演」1931年9月29日。

国際協力機構（JICA）　2020「JICAボランティア事業の概要――青年海外協力隊／海
外協力隊　事業実績／派遣実績」https://www.jica.go.jp/volunteer/outline/publica
tion/results/jocv.html

出入国在留管理庁　2021「在留外国人統計（旧登録外国人統計）統計表」http://www.
moj.go.jp/isa/policies/statistics/toukei_ichiran_touroku.html

白石顕二　1995『ザンジバルの娘子軍』社会思想社。

竹内正浩　2014『地図で読み解く東京五輪――1940年・1964年・2020年』ベスト新書。

デ・ソウザ，ルシオ　2021『大航海時代の日本人奴隷――アジア・新大陸・ヨーロッ
パ』中公選書。

土井茂則　1982「日本・東アフリカ関係史の一考察」『アフリカ研究』21：90-96。

中村直吉・押川春浪　1910『亞弗利加一周』五大州探検記第4巻，博文館。

西野照太郎　1963「両大戦間におけるアフリカ経済調査――日本におけるアフリカ研究
史の一駒として（上)」『アフリカ研究』1（2)：19-29。

――― 1964「明治期における日本人のアフリカ観」『東洋文化研究所紀要』32：151-188。

日本平和委員会　1969『平和運動20年資料集』大月書店。

日本貿易会　2020『日本貿易の現状2021』日本貿易会。

日本貿易振興機構・海外調査部中東アフリカ課　2020「アフリカ進出日系企業実態調査
　　（2020年度調査）」https://www.jetro.go.jp/ext_images/_Reports/01/a0ebbac802bb
　　502b/20200022.pdf

日本貿易振興協會　1941『阿弗利加洲向本邦雑貨輸出貿易の分析　昭和14年』日本貿易
　　振興協會。

藤田みどり　2005『アフリカ「発見」——日本におけるアフリカ像の変遷』岩波書店。

古川博巳・古川哲史　2004『日本人とアフリカ系アメリカ人——日米関係史におけるそ
　　の諸相』明石書店。

溝辺泰雄　2006「19世紀後半イギリス領ゴールド・コーストの新聞事情」『アフリカ研
　　究』68：45-63。

——　2011「帝国による『保護』をめぐる現地エリートの両義性——初期植民地期イ
　　ギリス領ゴールドコーストの事例から」井野瀬久美恵・北川勝彦編『アフリカと帝
　　国』晃洋書房，204-224頁。

——　2014「第二次世界大戦期のビルマ戦線に出征したローデシア・アフリカ人ライ
　　フル部隊（現ジンバブウェ）のアフリカ人兵士からの手紙　全文訳（1/2）」『明
　　治大学国際日本学研究』6（1）：235-256。

——　2020a「ガーナ国軍博物館における第二次世界大戦期の旧日本軍関連収蔵品に
　　かんする調査報告」『明治大学国際日本学研究』12（1）：235-243。

——　2020b「第二次世界大戦期の英領黄金海岸植民地における『日本人』抑留者に
　　関する実態調査」『明治大学人文科学研究所紀要』87：157-194。

——　2020c「脱植民地化期の西アフリカ・ガーナが主導した核兵器廃絶運動と日本
　　の平和運動——3名の日本人による経験を通して」『国際武器移転史』10：3-26。

森川純　1988『南アフリカと日本——関係の歴史・構造・課題』同文館。

山田一廣　1998『マスカルの花嫁——幻のエチオピア王子妃』朝日新聞社。

吉国恒雄　1993「アフリカに渡った日本人」日本ペンクラブ編『海を渡った日本人』福
　　武文庫，93-99頁。

吉田昌夫・下垣桂二　1992「日本の民衆によるマンデラ来日歓迎の記録」マンデラ歓迎
　　日本委員会『ポスト・アパルトヘイト』日本評論社，199-250頁。

ロックリー，T　2017『信長と弥助——本能寺を生き延びた黒人侍』不二淑子訳，太田
　　出版。

和田長久　2014『原子力と核の時代史』七つ森書館。

Sarbah, J. M. 1968 (1906). *Fanti National Constitution*. 2nd ed. London: Frank Cass.

Swain, F. 2020. "The Forgotten Mine That Built the Atomic Bomb", BBC Future,
　　August 4, 2020, https://www.bbc.com/future/article/20200803-the-forgotten-mine-
　　that-built-the-atomic-bomb

Williams, S. 2016. *Spies in the Congo: The Race for the Ore That Built the Atomic Bomb.*
London: C. Hurst & Co.
（ウェブサイト）
JICA「これまでの TICAD」https://www.jica.go.jp/africahiroba/ticad/index.html
OECD "OECD.Stat" https://stats.oecd.org

●読書案内●

『アフリカ「発見」――日本におけるアフリカ像の変遷』藤田みどり，岩波書店，2005年
アフリカ出身の人々が日本に初めて到来したとされる安土桃山時代から昭
和期にかけて，日本人は「アフリカ」をどのようにイメージし，認識して
きたのだろうか。その問いに答える一冊が本書である。

『ルワンダ中央銀行総裁日記』増補版，服部正也，中公新書，2009年
著者の服部氏は，独立まもないルワンダに6年間中央銀行総裁として赴任
した人物。「ルワンダ人の福祉とは，ルワンダ人が望ましいと思うことを実
現すること」を信条とする著者の考えは，現代に生きる私たちにも「アフ
リカ」との向き合い方を学ばせてくれる。

『季刊民族学』176号「特集：隣のアフリカ人」
千里文化財団，国立民族学博物館協力，2021年
現在の日本で暮らすアフリカの人々や彼らによる音楽やダンスなどの文化
活動，さらにはモノの交流史などに関する10編の論考が収録されている論
集。日本とアフリカの関係の「いま」を知るための事例が豊富に紹介され
ている。

【コラム⑬】

ナイジェリアの「日本通り（ジャパンロード）」

溝辺泰雄

　「私の大学の近くに『ジャパンロード』と名づけられた通りがある。第二次世界大戦期のナイジェリアとイギリス，そして日本との関係を示す場所だから，いつか見に来てほしい。」

　2008年にアメリカで開催された第二次世界大戦期のアフリカに関する国際ワークショップで報告を終えた私に，参加者の一人であったナイジェリア大学のチュクマ・オパタ氏が声をかけてくれた。その数ヶ月後，私は初めてナイジェリアを訪れた。東南部のエヌグ州にある国立ナイジェリア大学で再会した我々は，車で30分ほどのところにある「ジャパンロード」に向かった。

　「ここだよ。」オパタ氏が指差す方向を見ると，道路沿いに小さな商店が並んでいた。西アフリカでよく見かける地方の街並みだ。そこに日本をモチーフにしたモニュメントなどがあるわけではない。しかし，商店や看板に記された住所には「JAPAN ROAD」とあり，正式な地名であることを知った。

　この地になぜ日本に因んだ名前がつけられるようになったのか。1930年代，日本と西アフリカの貿易が徐々に拡大していたことは本文で触れた。ナイジェリアのエヌグでも安価な日本製品が人気を集めるようになっていた。

　しかし，当時ナイジェリアを支配していたイギリスは自国の製品を保護する目的で日本製品に高い関税をかけるようになった。さらに第二次世界大戦の勃発により，イギリスは日本製品の取り扱いを禁止した。

　戦争による不況も相まって，エヌグの商人たちは苦境に陥った。不満を高めた彼らは宗主国イギリスに対する不満の表明として，イギリスと戦う日本に因み，この地を「JAPAN ROAD」と改名したのである。終戦前年の1944年のことであった。

図1　ジャパンロードの位置（エヌグ州のオグルテ・エヌグ＝エズィケ地区）

251

あとがき

　本書の企画が本格化したのは，2年ほど前の2020年春のことである。多忙極まりない編者の一方（遠藤）から声をかけられたもう一方（阪本）が，陰に陽に前者の意向を確認しながら，章立ての構想と執筆陣の選定に着手した。アフリカに関心をもつ初学者に分かりやすくアフリカを伝えるといったことは当然として，この段階で特に重視したのは，日本のアフリカ研究の最前線にあってその牽引役になろうとしている中堅・若手の研究者に執筆を担ってもらうことであった。編者の阪本は，アフリカ研究者としては比較的新参者で，こうした目的にかなった研究者を選び出す眼力と招き寄せるコネクションに欠けていたため，様々な方に相談に乗っていただいた。特に，各章やコラムの執筆者としても加わっていただいた慶應義塾大学の佐川徹さん，横浜国立大学の松本尚之さん，東京外国語大学の武内進一さんに深く感謝申し上げたい。

　こうしたご協力の甲斐あって，万全の執筆陣を揃えることができた。各章の内容は基本的に執筆者におまかせであったが，本書全体の構成面で編者として心がけたことはそれなりにある。一つは，前半（第1～5章）でアフリカの自然と社会と歴史を広く導入し，後半（第6～13章）で現代のアフリカが直面する様々なテーマを日本との関わりも含めて多角的に解説する，事実上の2部構成を意識したことである。これは編者の阪本が，勤務先の大学でこのように授業を組み立ててきたというやや身勝手な事情もあるが，本書が想定する読者層の幅広い問題関心にも十分応えうる構成になっていると考えている。もう一つ心がけた点は，特に後半の各章のテーマを選定するにあたって「人間の安全保障」を一つのキーワードとした点である。これも編者の二人がこのキーワードを冠する大学院プログラム（東京大学大学院総合文化研究科「人間の安全保障」プログラム）に深く関与している点に起因しているが，近年，「人間の安全保障」に関わるテーマ——紛争，貧困，移民・難民，感染症，教育，社会的排除など——を起点にアフリカに接近する学生が増えているという実感に根ざした判断でもあった。

もちろん，本書は「シリーズ地域研究のすすめ」の一冊であるので，アフリカという地域を初学者に広く分かりやすく学んでもらうことを第一に編まれていることは言うまでもない。そのため上記のような観点を前面に出して，ことさらに自己主張をするようなことはしていないが，数あるアフリカの入門書にはない特徴として，こうした編者なりの考慮を読者のみなさんにうっすらとでも感じ取っていただければ幸いである。

　思えば本書の執筆と編集の作業は，最初から最後までコロナ禍のなかで進められた。対面でのコミュニケーションが十分に行えないなか，構成や人選の相談はオンライン，編者と執筆者の初回顔合わせもオンライン，原稿をめぐる以後のやりとりも出版社を介した電子メールと郵送のみというような状況であった。このようなコミュニケーション上の明白な制約にもかかわらず，今こうしてアフリカに関する新たな教科書が概ね順調に仕上がり，その内容を世に問うことができるのも，各章と各コラムを担当した個々の執筆者の力量あってのことであり，編者として感謝の念に堪えない。また，本書の執筆を様々にサポートしていただいた方々，特に元毎日新聞社の城島徹さん，東京大学の元大学院生の舩越陽香さん，現大学院生の反後元太さんと後藤結理さんにもあわせてお礼を申し上げたい。

　最後に，このような状況での本書の出版は，昭和堂の編集者・松井久見子さんのご尽力なしには考えられなかったであろう。時機を得た鋭いプッシュで力強く原稿の執筆を後押しするだけではなく，各章の内容にも細かく目を配っていただき，事実上編者に代わって一冊の教科書としてのクオリティとインテグリティを保っていただいた。松井さんには感謝してもしきれない。

　残念なことに，本書の企画から2年以上経た今日においても，コロナ禍は続いており，相変わらず先が見通せない状況である。以上書き記したお礼の気持ちをご本人たちに面と向かってお伝えできる日々，本書に対するご意見を様々な方から直接うかがえる日々，そして何よりもアフリカと自由に行き来できる日々を心待ちにしながら，筆を置くことにしたい。

　2022年4月

阪本拓人

索　引

あ行

アイデンティティ　35, 44, 63, 75, 79, 104, 108, 119

悪魔　67

アグロフォレスト　23, 28

アジャミー　76, 84

アニミズム　54

アパルトヘイト（人種隔離体制）　90, 242, 243

アフリカ開発会議（TICAD）　244-246

アフリカ軍（AFRICOM）　224

アフリカ縦断政策　233

アフリカ成長機会法（AGOA）　224

アフリカ世界　143, 144, 154, 157

アフリカ大戦（第二次コンゴ戦争）　217, 218

アフリカ大陸自由貿易圏（AfCFTA）　222

アフリカ統一機構（OAU）　95, 213, 219, 222

アフリカの毒　7

アフリカの年　87, 90

アフリカの若者のための産業人材育成イニシアティブ（ABE イニシアティブ）　246

アフリカ平和安全保障アーキテクチャ（APSA）　219, 222, 223

アフリカ民族会議（ANC）　243

アフリカ連合（AU）　172, 213, 219-223, 229

アフリカ連合ソマリア派遣団（AMISOM）　220, 223

アメリカ（米国）　69, 70, 73-75, 79, 87, 91, 96, 97, 99, 115, 123, 129, 134, 155, 156, 162, 166, 174, 219, 223, 224, 229, 233, 239, 240, 242, 243, 251

アラビア語　76, 84

暗黒大陸　69, 145, 165, 234

イギリス（英国）　4-7, 44, 61, 75, 77-79, 86, 88, 104, 115, 131, 136, 149, 165, 196, 233, 234, 237-239, 242, 251

「異常」　198, 202, 203

イスラーム　6, 60, 61, 72, 75, 76, 180
——主義勢力　2, 109, 224
——世界　69, 70, 73, 75, 76, 79

一次産品　94, 122-126, 133

遺伝子　84

移動　31, 33-40, 42, 45, 46, 71, 72, 143-146, 148-154, 156, 157, 159, 164, 165, 172, 185, 199, 232, 233
——の女性化　150, 159

委任統治　78

移民　45, 75, 78, 79, 93, 119, 145-156, 159, 238

インクルーシブ教育　184

インターネット　154, 155, 157, 189, 193

インド洋貿易　72

インフォーマルセクター　188, 199, 201

ウィッチハント　61, 62

ウジャマー　94

エジプト　2, 60, 163, 229, 234, 241

エチオピア　3, 17, 35, 40, 86, 95, 97, 99, 103,

114, 115, 151-153, 155, 162, 179-181, 186, 193, 210, 211, 229, 234, 236, 237, 240
　——革命　97
エボラウイルス病　161, 171-173, 177
エリトリア　93, 114, 136, 151, 155, 157
遠隔教育　190

オガデン戦争　95, 97

か行

ガーナ　36, 40, 87, 88, 92, 93, 95, 121, 122, 131, 132, 141, 188, 234, 238, 239, 241, 242, 246
外向性　119, 216
開発協力大綱　244
顧みられない熱帯病　163, 172, 177
カガメ，ポール　217, 218
カビラ，ジョセフ　218
カビラ，ローラン　217, 218
換金作物　39, 78, 122, 128, 131
慣習　41, 44, 53, 104, 105, 129, 131, 181, 182, 185, 203
環太平洋世界　69, 70
官僚国家　5

擬似国家　90
強制移動　152, 153, 159
行政国家　5
共通語　43
共同体　57, 105, 186, 196, 197, 203, 215
漁労　37-39

供犠　51, 57
クライエンティリズム　107
グレートジンバブエ遺跡　72

クレジット・ユニオン　132
グローバル化　108, 143, 144, 149, 157, 164, 167
グローバル・ガバナンス　225, 226
グローバル・ヘルス　167, 168

景観　11-13, 16, 18, 21-25, 27
　——生態学　13
ケープタウン　20, 233, 234, 242
結核　163, 168, 170
ケニア土地自由軍（KLFA／マウマウ）　88
権威主義　112, 115
言語　18, 32, 33, 37, 40, 42-44, 55, 70-72, 76, 79, 84, 172, 180, 187
原初的公共領域　106, 107
現地調査　6, 7, 9

考古学　84
高山　11, 22
構造調整　129, 199, 200
　——政策　4, 180
　——プログラム　98, 129, 130, 167
公的社会保障　197
高等教育　185, 187, 193
鉱物資源　97, 121-123, 240, 242
公民的公共領域　106, 107
高齢者　200-202
コーポラティブ　131, 132
国債　136
国際移動　45, 148-150, 152, 159
国際金融市場　123, 133, 136-138
国際刑事裁判所　119
国民形成　6, 32
国連平和維持活動（PKO）　108, 226
コモディティ　123

コンゴ　16, 36, 40, 87, 90, 91, 201, 217, 218, 239, 240, 242

　──動乱　90, 91, 102

　──民主共和国（DRC ／ザイール）　36, 92, 93, 96-98, 102, 110, 111, 153, 154, 172, 173, 217, 218, 225, 226, 239, 243

ゴンドワナ大陸　16, 17

さ行

ザイール→コンゴ民主共和国

採集→狩猟採集　25, 29, 37, 38

採取産業　122

　──透明性イニシアティブ　133

債務　94, 97, 98, 121, 125, 132-134, 136-138, 140, 167

砂漠　11-14, 20

　──化　70, 71

サバクトビバッタ　8

サハラ　2, 25, 55, 70-72, 84-87, 90, 96, 98, 122, 141, 149, 150, 199, 214, 218, 224, 241, 243

サハラ砂漠　2, 20, 55, 71, 145, 153, 241

サバンナ　11-14, 20, 28, 29, 192

差別　156, 162, 203, 208, 212, 242

サヘル　2, 19, 224, 226

ジェンダー　181, 182, 185, 202, 210-212

時間　55, 56

資源　2, 22, 24, 27-29, 38, 98, 102, 107-109, 119, 122, 123, 125, 131, 141, 146, 170, 189, 215, 216, 218, 225, 229, 242, 243

持続可能な開発目標（SDGs）　177, 181, 184, 188

失敗（破綻）国家　110, 111, 216

ジハード運動　75, 76

自発的結社　147, 148, 157

資本逃避　132

社会関係　33, 36, 37, 40, 57, 199

社会的排除　197, 198

宗教　6, 54, 55, 60, 61, 108, 130, 172, 180, 212

集権化された専制政治　105

重債務貧困国　134

従循環性　125

呪術　53-55, 58, 60, 61, 203, 204, 208

狩猟　29, 37, 38, 55, 56

狩猟採集　28, 55, 70-73, 79, 145, 186, 187

障害者　182, 184, 185, 198, 201, 202, 208, 210

情報通信技術（ICT）　154

職業訓練　188

食文化　29, 74

植民地　33, 35, 42, 44, 45, 49, 52, 60-63, 77-79, 84, 86-88, 90, 93-95, 103-106, 122, 123, 128, 129, 131, 133, 146, 149, 164-166, 180, 196, 197, 199, 204, 210, 212, 233, 234, 237-239, 241

　──化／──統治　36, 39, 54, 60, 61, 69, 73, 75, 77-79, 84, 86, 104-106, 122, 144, 145, 150, 165

　──主義　162, 241

　──政策　196

女性　150-152, 157, 159, 160, 181, 182, 187, 198, 199, 202, 204, 205, 210-212

初等教育　180, 181, 183, 186, 188

新家産主義　97, 98, 103, 107, 112, 113

新型コロナウイルス感染症（COVID-19）　8, 46, 156, 157, 162, 163, 170-174, 178, 189, 247

人口　2, 33-35, 43, 46, 73, 74, 128, 130, 144, 145, 149, 150, 153, 156, 165, 182, 198-200, 207

――成長　127, 128

新自由主義　4, 115, 117

人種隔離体制→アパルトヘイト

人種差別　74, 75

親族組織　40, 41

人類学　7, 8, 32, 34, 40, 53, 54, 64, 70, 78, 79, 116, 144, 146, 159, 205, 210

神話　54, 55, 57, 58, 60, 62-64, 66

生業　24, 29, 33, 36-39, 55, 56, 70, 73, 79, 145, 180, 185, 186, 199, 201

政治的部族主義　105, 106

製造業　94, 114, 121, 125-127, 130, 133, 246

生態資源　25, 29

性的マイノリティ　198, 204-206, 208

政府開発援助（ODA）　243-246

政府間開発機構（IGAD）　220, 222

政府間科学政策プラットフォーム（IPBES）　21, 25

生物多様性　21-26

――ホットスポット　25, 26

世界観　9, 51-56, 60, 61, 66

世界貿易機関（WTO）　169, 170, 174

世界保健機関（WHO）　162, 166, 168, 172, 173, 189

セク・トゥーレ，アフメド　96

選挙暴力　109

ソーシャルメディア　193

た行

大エチオピア・ルネサンスダム（GERD）　229

大湖地域　217

大西洋奴隷貿易　73, 74, 77, 84, 122, 145

対テロ戦争→テロとの戦い

大統領一極主義　107, 113, 114

第二次コンゴ戦争→アフリカ大戦

第二次世界大戦　78, 79, 87, 128, 166, 214, 231, 236-240, 251

脱国家的同盟　215, 217, 218

脱植民地化　86-88, 90, 92, 95

多様性　12, 22, 31-34, 38, 42, 48, 51, 88, 101, 205

地域機構／準地域機構　218-222, 226, 228

地域経済共同体（RECs）　220, 222

地域研究　1, 4, 8, 32, 79, 195, 198, 199, 201, 204-206

地球規模問題群　3, 9

地図　13, 17, 32, 44, 45, 143, 144, 240

秩序　40, 41, 51, 52, 54, 56, 58, 64, 66, 105, 116, 215

知的財産権　170, 174

中国　2, 72, 103, 123, 126, 128, 137, 145, 149, 160, 216, 223-225, 228

中国・アフリカ協力フォーラム（FOCAC）　225

中等教育　181, 183, 186, 190

通過儀礼　52, 187

ディアスポラ　7, 119, 155

ディシプリン　8

テロとの戦い（対テロ戦争）　112, 224

伝統社会　104, 186

伝統信仰　53

伝統的権威　93, 116, 117

天然資源　2, 133, 140, 246

毒託宣　59

都市　23, 35, 36, 39, 42-45, 72, 75, 105, 110,

128, 143-148, 153, 154, 159, 160, 181, 183, 192, 198-201, 207, 210, 234, 238
　――化　42, 75, 145, 148
土地所有権　104, 105, 131

な行

ナイジェリア　1, 35, 36, 39, 75, 87, 93, 95, 106, 109, 122, 123, 128, 130, 141, 143, 144, 160-162, 164, 165, 171-173, 178, 183, 210, 231, 243, 251
ナイル川　229
ナイロビ　7, 23, 43, 146, 147, 244-246
ナショナリズム　6
ナミビア共和国　29
難民　62, 63, 119, 150, 152-154, 157, 159, 185, 186, 198, 210, 216, 217

ニエレレ，ジュリウス　94, 96
西アフリカ諸国経済共同体（ECOWAS）　220, 222
日露戦争　234
日本　3, 9, 17, 52, 53, 84, 126, 130, 131, 137, 143, 156, 157, 160, 168, 173, 174, 192, 210, 225, 231-247, 250, 251
人間の安全保障　6

熱帯雨林　11, 12, 15, 19, 20, 22-24, 28, 55, 192
熱帯収束帯　19
年齢組織　40, 41

農業生産性　128, 129
農耕　23, 29, 36-38, 48, 55, 70-73, 79, 229

は行

ハイブリッド・ガバナンス　116

ハイレ・セラシエ1世　240
破綻国家→失敗国家
パトロン・クライエント関係　98, 107, 108
パン・アフリカニズム　75, 94, 95
ハンセン病　198, 202, 203
バンツー系の諸民族の移動　35, 71, 72
万人のための教育（EFA）　180, 184

ビアフラ戦争　93
憑依　61, 67
ビルマ→ミャンマー

ブッシュ，ジョージ（父）　102
プライマリ・ヘルス・ケア　167
ブラック・ライヴズ・マター運動（BLM運動）　156
フランサフリック　96, 223
フランス　69, 77, 78, 86, 96, 119, 126, 149, 162, 165, 196, 223, 224, 232, 241
フルベ　39, 70, 71, 75, 76
フロンティア　34, 35, 48
分権化された専制（政治）　93, 105
紛争　2, 6, 25, 42, 49, 52, 62, 91, 99, 103, 108-111, 114, 116-118, 134, 152, 153, 155, 164, 181, 185, 196, 212, 214, 216-220, 222, 223, 226, 228, 243

平和構築　42, 52
ベルギー　77, 87, 90, 91, 239
ベルリン会議　77
ペンテコステ・カリスマ系教会　67

崩壊国家　6, 110, 111, 118, 216, 220
包摂　146, 184, 195, 197, 198, 201, 203, 204, 207, 208, 210

牧畜　24, 29, 34, 37-39, 42, 55, 56, 70-73, 75, 145, 187
保全　21, 25-28
ポップミュージック　74
ボランティア　246
ポリオ　164, 170-173
ポルトガル　75, 77, 88, 90, 95, 101, 232

ま行

マウマウ→ケニア土地自由軍
マラリア　163, 165-168, 178
マリノフスキー，ブロニスワフ　79
マルーラ　24, 29
マンデラ，ネルソン　243

緑の革命　129, 130
南アフリカ　6, 12, 20, 22, 23, 42, 64, 94, 97, 122, 126, 141, 169, 174, 189, 204, 211, 212, 218, 229, 233, 234, 242, 246
南スーダン　41, 51, 55, 59, 62, 63, 108, 153, 185, 222
ミャンマー（ビルマ）　237, 238
民衆の認識論　51, 64, 65
民主化　4, 43-45, 102, 109, 112, 113, 115
民主主義　91, 92, 109, 112, 113, 115
民族　28, 31-33, 35, 38-45, 58, 60-63, 71, 72, 84, 91, 109, 118, 146, 147, 159, 196, 198, 200, 218, 234, 237, 241, 242, 250
民族考古学　84

モブツ，ジョセフ（モブツ・セセ・セコ）　91-93, 97, 98, 102, 217
モラル・エスニシティ　106

や行

焼畑　24, 36, 38, 48

彌介　232
野生動物　12, 24, 29, 165
ユーロ債　136, 137
ユニセフ（UNICEF）　167, 168, 172, 189
妖術　53, 55, 58-63, 67

ら行

ラゴス大学　178
リープフロッグ現象　154
類人猿　21, 22
ルムンバ，パトリス　91, 102
ルワンダ・ジェノサイド　1, 110, 111, 118, 217, 223
冷戦　3, 4, 90, 91, 94, 95, 97-99, 102, 112, 166, 167, 216, 217, 219, 223, 226, 241-243
歴史　9, 31, 33-35, 38, 40-42, 44, 45, 48, 52, 54, 56, 60, 63, 65, 69, 70, 79, 83-86, 101, 113, 118, 133, 135, 145, 149, 156, 163, 170, 196, 204, 205, 207, 231, 247
レント　107
老人　200
労働市場　188, 198, 199, 201, 210
ローズ，セシル　233

わ行

賄賂　5
若者　41, 43-45, 156, 185, 188, 199, 200, 202, 204, 205, 238, 246
ワクチン　162, 166, 171-174

ん

ンクルマ，クワメ　92, 95, 241

略語

ABE イニシアティブ→アフリカの若者の

ための産業人材育成イニシアティブ

AfCFTA →アフリカ大陸自由貿易圏

AFRICOM →アフリカ軍

AGOA →アフリカ成長機会法

AMISOM →アフリカ連合ソマリア派遣団

ANC →アフリカ民族会議

APSA →アフリカ平和安全保障アーキテ
クチャ

AU →アフリカ連合

BLM 運動→ブラック・ライヴズ・マター
運動

COVID-19→新型コロナウイルス感染症

DRC →コンゴ民主共和国

ECOWAS →西アフリカ諸国経済共同体

EFA →万人のための教育

FOCAC →中国・アフリカ協力フォーラム

GERD →大エチオピア・ルネサンスダム

HIV/AIDS　163, 167-170, 177, 200, 205,
224, 226

ICT →情報通信技術

IGAD →政府間開発機構

IPBES →政府間科学政策プラットフォーム

KLFA →ケニア土地自由軍

OAU →アフリカ統一機構

ODA →政府開発援助

PKO →国連平和維持活動

RECs →地域経済共同体

SDGs →持続可能な開発目標

TICAD →アフリカ開発会議

UNICEF →ユニセフ

WHO →世界保健機関

WTO →世界貿易機関

■執筆者紹介（執筆順）

遠藤　貢
　　＊編者紹介参照

藤岡悠一郎（ふじおか　ゆういちろう）
　　九州大学大学院比較社会文化研究院准教授。博士（地域研究）。地理学。主要著作は『朽木谷の自然と社会の変容』（共編，海青社，2019年），『サバンナ農地林の社会生態誌——ナミビア農村にみる社会変容と資源利用』（昭和堂，2016年）など。

佐川　徹（さがわ　とおる）
　　慶應義塾大学文学部准教授。博士（地域研究）。アフリカ地域研究，文化人類学。主要著作は『遊牧の思想——人類学がみる激動のアフリカ』（分担執筆，昭和堂，2019年），『暴力と歓待の民族誌——東アフリカ牧畜社会の戦争と平和』（昭和堂，2011年）など。

川口博子（かわぐち　ひろこ）
　　早稲田大学地域・地域間研究機構国際和解学研究所次席研究員（研究所講師）。博士（地域研究）。アフリカ地域研究，文化人類学。主要著作は『遊牧の思想——人類学がみる激動のアフリカ』（分担執筆，昭和堂，2019年），「紛争による死をめぐる真実の相貌——ウガンダ北部アチョリ社会における紛争経験への日常的対応」（『平和研究』44，2015年）など。

橋本栄莉（はしもと　えり）
　　立教大学文学部准教授。博士（社会学）。文化人類学。主要著作は『アフリカで学ぶ文化人類学』（共編，昭和堂，2019年），『エ・クウォス——南スーダン，ヌエル社会における予言と受難の民族誌』（九州大学出版会，2018年）など。

村津　蘭（むらつ　らん）
　　東京外国語大学アジア・アフリカ言語文化研究所助教。博士（地域研究）。文化人類学，アフリカ地域研究。主要著作に「悪霊との情交——西アフリカ，マミワタの憑依におけるペンテコステ・カリスマ系教会の役割」（『史苑』82（1），2022年），「悪魔が耳を傾ける——ベナン南部のペンテコステ・カリスマ系教会の憑依における想像と情動」（『文化人類学』86（4），2022年）など。

中尾世治（なかお　せいじ）
　　京都大学大学院アジア・アフリカ地域研究研究科准教授。博士（人類学）。歴史人類学，アフリカ史研究。主要著作は『西アフリカ内陸の近代——国家をもたない社会と国家の歴史人類学』（風響社，2020年），『生き方としてのフィールドワーク』（共編，東海大学出版部，2020年）など。

阪本拓人
  ＊編者紹介参照

武内進一（たけうち　しんいち）
  東京外国語大学現代アフリカ地域研究センター・センター長。博士（学術）。アフリカ研究，国際関係論。主要著作は *African Land Reform under Economic Liberalisation: States, Chiefs, and Rural Communities*（編著，Singapore: Springer, 2021），『現代アフリカの紛争と国家——ポストコロニアル家産制国家とルワンダ・ジェノサイド』（明石書店，2009年）など。

出町一恵（でまち　かずえ）
  東京外国語大学大学院総合国際学研究院准教授。博士（経済学）。国際経済学，開発経済論，国際金融論。主要著作は『現代アジアをつかむ』（分担執筆，明石書店，2022年），『ブラック・ライブズ・マターから学ぶ——アメリカからグローバル世界へ』（分担執筆，東京外国語大学出版会，2022年）など。

松本尚之（まつもと　ひさし）
  横浜国立大学都市イノベーション研究院教授。博士（文学）。文化人類学。主要著作は『移民現象の新展開』（共著，岩波書店，2020年），『アフリカで学ぶ文化人類学』（共編，昭和堂，2019年）など。

川口幸大（かわぐち　ゆきひろ）
  東北大学大学院文学研究科教授。博士（文学）。文化人類学。主要著作は『宗教性の人類学——近代の果てに，人はなにを願うのか』（共編，法蔵館，2021年），『中国の国内移動——内なる他者との邂逅』（共編，京都大学学術出版会，2020年）など。

玉井　隆（たまい　たかし）
  東京女子大学現代教養学部准教授。博士（学術）。アフリカ地域研究，医療人類学。主要著作は「ナイジェリアにおける COVID-19の経験——ロックダウン下において生起する暴力」（『アフリカレポート』59，2021年），『治療を渡り歩く人びと——ナイジェリアの水上スラムにおける治療ネットワークの民族誌』（風響社，2020年）など。

有井晴香（ありい　はるか）
  北海道教育大学教育学部准教授。博士（地域研究）。アフリカ地域研究。主要著作は *Contemporary Gender and Sexuality in Africa: African-Japanese Anthropological Approach*（分担執筆，Langaa RPCIG, 2021），『子どもたちの生きるアフリカ——伝統と開発がせめぎあう大地で』（分担執筆，昭和堂，2017年）など。

仲尾友貴恵（なかお　ゆきえ）
　　国立民族学博物館・日本学術振興会特別研究員（PD）。博士（文学）。アフリカ地域研究，社会学，社会人類学。主要著作は『不揃いな身体でアフリカを生きる——障害と物乞いの都市エスノグラフィ』（世界思想社，2022年），『雑草たちの奇妙な声——現場ってなんだ?!』（分担執筆，風響社，2021年）など。

眞城百華（まき　ももか）
　　上智大学教授。博士（国際関係学）。エチオピア史，国際関係学。主要著作は『エチオピア帝国再編と反乱（ワヤネ）——農民による帝国支配への挑戦』（春風社，2021年），『現代エチオピアの女たち——社会変化とジェンダーをめぐる民族誌』（分担執筆，明石書店，2017年）など。

溝辺泰雄（みぞべ　やすお）
　　明治大学国際日本学部教授。博士（学術）。アフリカ学，日本アフリカ関係史。主要著作は『食と農のアフリカ史——現代の基層に迫る』（分担執筆，昭和堂，2016年），*Ethnicities, Nationalities, and Cross-Cultural Representations in Africa and the Diaspora*（分担執筆，Carolina Academic Press, 2015）など。

■編者紹介

遠藤　貢（えんどう　みつぎ）
　　　東京大学大学院総合文化研究科教授
　　　DPhil（Southern African Studies）　比較政治，国際政治
　　　主要著作は *African Politics of Survival: Extraversion and Informality in Contemporary World*（共編，Langaa RPCIG, 2021），『紛争が変える国家』（共編，岩波書店，2020年）など。

阪本拓人（さかもと　たくと）
　　　東京大学大学院総合文化研究科教授
　　　博士（学術）　国際関係論，アフリカ研究，計算社会科学
　　　主要著作は「『アフリカ研究』1号〜99号の動向——掲載論文・記事の内容分析を中心に」（『アフリカ研究』100, 2021年），『領域統治の統合と分裂——北東アフリカ諸国を事例とするマルチエージェント・シミュレーション分析』（書籍工房早山，2011年）など。

シリーズ地域研究のすすめ②

ようこそアフリカ世界へ
Introduction to African Area Studies

2022 年 7 月 25 日　初版第 1 刷発行
2024 年 10 月 25 日　初版第 2 刷発行

編　者　　遠　藤　　　貢
　　　　　阪　本　拓　人

発行者　　杉　田　啓　三

〒 607-8494　京都市山科区日ノ岡堤谷町 3-1
発行所　株式会社　昭和堂
振替口座　01060-5-9347
TEL（075）502-7500 ／ FAX（075）502-7501
ホームページ　http://www.showado-kyoto.jp

石坂晋哉
宇根義己
舟橋健太
編

シリーズ地域研究のすすめ①
ようこそ 南 アジア 世界 へ

定価2、640円

川島 真 編

シリーズ地域研究のすすめ③
ようこそ 中 華 世 界 へ

定価2、970円

石森大知
黒崎岳大
編

シリーズ地域研究のすすめ④
ようこそ オ セ ア ニ ア 世 界 へ

定価2、970円

松本尚之
佐川徹
石田慎一郎
大石高典
橋本栄莉
編

アフリカで学ぶ文化人類学
——民族誌がひらく世界

定価2、420円

太田至
曽我亨
編

遊 牧 の 思 想
——人類学がみる激動のアフリカ

定価3、630円

日本アフリカ学会 編

ア フ リ カ 学 事 典

定価17、600円

昭和堂
（表示価格は税込）